BEWUSSTSEINS®
AKADEMIE

Kristina Hazler

Erwachen im MenschSein
DAS EXPERIMENT

Erwachen im MenschSein

DAS EXPERIMENT

Kristina Hazler

2. Auflage, 2015

Dieses Buch ist auch als ebook erschienen

Umschlaggestaltung: BewusstseinsAkademie, Wien
Satz & Layout: BewusstseinsAkademie, Wien
Korrektorat & Lektorat: BewusstseinsAkademie, Wien
Printed in Germany by Amazon Distribution GmbH
ISBN: 978-3-903014-03-9

www.BewusstseinsAkademie.com

Das SelbstErkennen während

des Lesens dieses Buches ist nicht

zufällig, sondern möglich.

Viel Spaß beim Lesen

[illegible]

Wien 6.3.2017

Ich sehe, dass ich nicht weiß, was ich sehe,

ich höre, dass ich nicht weiß, was ich höre,

ich nehme wahr, dass ich nicht weiß, was ich wahrnehme.

Ich spreche und ich weiß nicht, was ich ausdrücke,

ich tue und ich weiß nicht, was ich bewirke,

ich suche und ich weiß nicht, was ich finde.

Ich weiß, dass ich nicht weiß.

– Kristina Hazler –

Inhalt

Vorwort

Dieses Buch ist ein Bewusstseinsroman zur Selbsterkenntnis. Es ist eine fiktive Geschichte von Personen in besonderen Situationen und ein Spiegel der menschlichen Verhaltensweisen. Sie beschreibt Lebenssituationen, in denen sich jeder Mensch immer wieder finden kann. Seine Vorstellungen, Begrenzungen und Behinderungen des (Selbst)Ausdrucks und der (Selbst)Wahrnehmung werden transparent und sichtbar gemacht.

Beide Hauptfiguren (Jan und Klara) kommen aus verschiedenen Welten und erfahren die Begrenztheit und die Ausschließlichkeit ihres Lebens. Durch ihre Beziehung lernen sie, die selbst erschaffene Realität zu hinterfragen, neue Sichtweisen zuzulassen und sich auf eigene Ängste und Traumen einzulassen. Gemeinsam beginnen sie ihr Leben neu, bewusster zu erfahren und das Menschsein auf neue, mehrschichtige Art zu verstehen.

Bei der Entstehung des Buches habe ich nicht geahnt, in welche Dimensionen und Tiefen sogar mich selbst die Geschichte führen würde. Aus der therapeutischen Praxis sind mir menschliche Verhaltensmuster durchwegs vertraut, trotzdem war ich über die Dynamik, die aufgrund des Lesens in meiner Welt entstand, mehr als überrascht. Beim Lesen taten sich mir immer neue Ebenen auf, die ich in dieser Form noch nicht gekannt und nicht erwartet hatte.

Dieser Roman bietet dem Leser die Möglichkeit, seiner eigenen Wahrheit näher zu kommen. Für mich war es eine interessante Erfahrung, beim Lesen die scheinbar verborgene, unsichtbare Energie des Buches und darin beschriebenen Welten zu spüren. Die Worte führten mich in verschiedene Ebenen meines Bewusstseins – scheinbar leicht spielerisch und doch mit sehr viel Tiefgang. So liegt es bei jedem selbst, sich in seiner individuellen Art von der Energie auf den Weg zu sich führen und leiten zu lassen.

– *Erwin Hazler* –

Wenn man in die Tiefe gehen will

Sie können probieren, dieses Buch als ein Begleitmittel zu Ihrem Unbewussten oder einfach zu sich selbst zu benutzen. Nicht nur die Worte, sondern die Energie, die Qualität zwischen den Zeilen könnte Sie zum Selbst-Erkennen bewegen. Die Geschichte könnte helfen, das Eingefahrene, das Starre für einen Moment oder länger aufzuheben, den Blickwinkel zu verschieben, um die eigene Problematik aus einer anderen, neuen Perspektive zu betrachten, um das vielleicht bis jetzt Verborgene, nicht Bewusste anzuschauen. Je nach Ihrer Überzeugung und inneren Einstellung können Sie während des Lesens Ihre innere Stimme, innere Führung bitten, Sie zu unterstützen. Sie können dann auf Ihre innere Stimme, Ihr Gefühl achten, um zu spüren, was für Sie stimmig ist, was Ihrer momentanen Wahrheit, Ihrer Überzeugung entspricht und wo, bei welchem Thema Sie auf inneren Widerstand und/oder Ablehnung stoßen. Ich persönlich vertrete die Meinung, dass innerer Widerstand und Ablehnung psychische, sogar physische Blockaden verursachen, oder auf diese hindeuten können. Eine Blockade bedeutet meistens einen mentalen „Knopf", bzw. emotionale Kränkung – die ich in diesem Buch anzusprechen, aufzuzeigen versuche. Wenn Sie tatsächlich um die Führung beim Lesen gebeten haben, können Sie u.a. auch auf die unmittelbaren Ereignisse in Ihrem Leben achten (Begegnungen mit den Menschen, Situationen, „Zufälle", Synchronizitäten, Launen, Empfindungen, Gedanken usw.), die dann möglicherweise im Zusammenhang mit gerade Gelesenem oder mit dem, was erst gelesen wird, stehen. Diese Ereignisse können helfen, Ihre eigene innere Welt kennen zu lernen, transparenter zu machen, einfach gesagt – zu spiegeln. Ich selbst wurde beim Schreiben zum Selbsterleben des Geschriebenen eingeladen und in die tieferen Schichten des Unbewussten geführt.

Die Geschichte wurde in einen abgeschlossenen, geschützten Raum platziert, in dem sich zwei scheinbar verschiedene Welten – die äußere und innere – begegnen. Sie beschreibt eine Form von Isolation, Ausgrenzung und Enge, die mehr oder weniger jeder von uns in einer bestimmten Form in sich trägt, oder in seinem Leben einmalig oder wiederholt erfährt.

Diese Geschichte war meine Geschichte, solange ich sie schrieb, wobei das Wort „schreiben" hier nicht wirklich zutreffend ist. Immer wieder setzte ich mich vor meinen Computer, um nicht zu schreiben, sondern selbst zu lesen, zu erfahren, was weiter geschieht.

Jetzt gebe ich sie weiter und Sie können daraus Ihre eigene, persönliche Geschichte machen. Sie können das Buch mit gewissem Zeitabstand wieder und wieder lesen – und Sie werden merken, dass sich die Geschichte vor Ihnen immer auf einer neuen Ebene öffnet und Sie in einen tieferen Bereich des Selbst führt. Sie beginnen immer dort, wo Sie sich gerade in Ihrer aktuellen Entwicklung befinden, so, wie und wer Sie in diesem Moment sind oder zu sein glauben. Mit der Zeit können Sie so auch Ihre Weiterentwicklung, Ihren Fortschritt erkennen und beobachten.

Damit Sie das Geschriebene auch wirklich zu Ihrer eigenen, individuellen Geschichte umwandeln können, geht die Beschreibung und Schilderung von Umgebung und Personen nicht ins Detail. Sie können alles in Ihrer Fantasie entstehen lassen, oder in Ihre unmittelbare Umgebung platzieren. Ich wünsche Ihnen viel Spaß beim Lesen.

– Kristina Hazler –

Teil 1

Die Isolation

Der Anfang

Das Leben auf der Straße pulsiert, täglich kommen und gehen tausende Menschen aus verschiedensten Gründen hierher. Die Schaufenster glänzen und locken mit ihren Angeboten. Die Restaurants und Cafés verbreiten eine einladende Duftnote. Straßenkünstler zaubern den Vorbeigehenden ein Lächeln auf das Gesicht, Zeitungsverkäufer verkünden die neuesten Schlagzeilen, Touristen knipsen mit ihren Kameras. Aktives Leben und buntes Treiben herrscht hier. Alles ist in Bewegung, alles verändert sich und verändert sich doch nicht von Sekunde zu Sekunde. Trotz all der wechselnden Besucher, immer neuer Ware, neu geöffneter und mancher wieder geschlossener Geschäfte, trotz Umbaugeräuschen und Baustellen, behält sich die Straße irgendwie ihre unverwechselbare Ausstrahlung, eigene Identität. Was ist es, was einen „das Gesicht" dieser Straße zwischen Tausenden anderen sofort erkennen lässt? Was ist es, was sie so vertraut macht? Vertraute Ecken und Plätze, Lokale, Geschäfte – diese lassen einen immer wieder hierher kommen. Mitten in der Menge sitzend und doch irgendwie allein, aber geschützt, geborgen, saugt man mit jedem Wimpernschlag das vorbeitreibende Leben in sich ein. Die alltäglichen Sorgen werden für eine Weile auf die Seite geschoben. Neuer Elan, neue Ideen rauschen plötzlich im Kopf. Das Leben der Straße befruchtet mit Energie, Vitalität, Hoffnung. Gedankenwelten von unzähligen Menschen aus allen Ecken der Welt paaren sich miteinander und lassen gänzlich neue und doch nicht unbekannte Ideen entstehen.

So kam es auch zu der Idee, gerade inmitten so einer Einkaufsstraße ein einmaliges Experiment zu starten, das untersuchen soll, was mit einem Menschen geschieht, der sich in eine künstliche Isolation begibt, bewusst abgeschirmt von allem Treiben und wie sich sein Leben, sein Denken, seine Einstellung und seine Welt dadurch verändert. Arrangiert er sich unter solchen extremen Bedingungen mit sich selbst und seiner Umwelt? Beginnt er, sich seine eigene Realität zu bilden? Kann er auch unter beengenden Umständen glücklich sein?

Regeln

Mehrere Interessenten haben sich für dieses Experiment beworben. Bei der Auswahl wurde darauf geachtet, dass es keine Sensationssüchtigen, sondern solche Menschen sind, die sich ernsthaft interessieren, die tiefen Ebenen des eigenen Selbst zu erforschen und eine ungewöhnlich intensive Erfahrung zu machen, ohne im Vorhinein zu wissen, was einen erwartet und wie lange das Experiment dauert.

Nach mehreren Vorbereitungsmonaten wurde für dieses, noch nie dagewesene Experiment ein junges Pärchen ausgewählt, das alle vorstellbaren und von Psychologen und Wissenschaftlern festgelegten psychischen und physischen Kriterien für extreme Umstände erfüllt hatte.

In der Vorbereitungsphase wurde auch ein spezieller Raum, eine Art Container entwickelt, der den Anforderungen des Experiments zu entsprechen hatte. Dieser Raum sollte für viele Monate, vielleicht Jahre, den Wohn- und Lebensraum, das neue Zuhause für die Freiwilligen darstellen. Kurz vor dem offiziellen Start des Experiments wurde der Container mitten in die vertraute Einkaufsstraße, mitten in das „wahre" Leben und Treiben platziert. Die Wände wurden schall- und sichtgedämmt präpariert, weil kein einziges Geräusch aus der Straße, wie sensibel das menschliche Ohr auch sein mag, durchdringen und kein auch noch so kleines Guckloch einen Blick nach außen – auf das Leben – ermöglichen durfte.

Für das, im Rahmen des Möglichen, bequeme Überleben der Protagonisten wurde gesorgt. Im Container musste es alles, angefangen vom künstlichen Licht, Essen, Wasser, bis zu Unterhaltungs- und

Schlafmöglichkeiten sowie einen künstlich beleuchteten Garten, geben. Was es nicht geben durfte, waren Dinge, die sie an die Außenwelt, an das allgemeine, aktuelle menschliche Geschehen erinnern könnten, also kein Fernsehen, keine Zeitung, keine Bücher. Sie sollten aber genug Papier, Stifte und andere Dinge haben, um eigene „Bücher" schreiben, eigene Spiele entwickeln, Musik komponieren, Bilder malen zu können und sonst so einiges, was ein Mensch braucht, um seine Fähigkeiten und seine Kreativität zu entfalten und/oder um sich die Zeit zu vertreiben.

Die allgemeine Versorgung der Teilnehmer sollte durch mit ihnen besprochene Grundnahrungsmittel erfolgen. Diese sollten immer in der gleichen Menge, zur gleichen Zeit, durch eine speziell dafür entwickelte Luke zugestellt werden, so dass ein Begegnen der Außen- und Innenwelt ausgeschlossen wird.

Wichtig ist noch zu erwähnen, dass das Pärchen jederzeit die Möglichkeit haben sollte, das Experiment aus eigener Initiative, aus eigenem Bedürfnis abzubrechen und aus der Sache auszusteigen. Sie sollten auf keinen Fall so etwas wie Gefangene sein Niemand dürfte ihnen vorschreiben, ob sie einen Tag oder zehn Jahre drinnen bleiben sollen. Sie sollten selbst entscheiden, wann sie wieder in das normale Leben, in das Tageslicht zurückkehren wollen. Speziell für diesen Zweck wurde im Container eine Einrichtung installiert, eine Art Alarm oder Glocke, die deutlich gekennzeichnet wurde. Sie sollte die Bewohner die ganze Zeit daran erinnern, dass sie jederzeit die Möglichkeit haben, sich nur durch die einfache Betätigung des roten Knopfes aus dem beengenden, isolierten Raum wieder zu befreien und zurück zu den Menschen, in das Leben zu kehren. Bis es soweit sein sollte, dürfte keiner von den Außenstehenden, nicht einmal die Organisatoren erfahren, was im Container vor sich geht, also keine installierten Kameras im Inneren, keine Beobachtung, keine Übertragung! Erst dann, wenn sie eines Tages wieder nach außen kommen, werden sie ihre Berichte und ihre Aufzeichnungen den Experimentatoren zur Auswertung übergeben und ihre Geschichte, ihre Erfahrungen erzählen können.

***

Der Tag „X“ nahte. Mitten in der Straße platzierte eine renommierte Baufirma, die sich entschieden hatte das Experiment zu unterstützen, den speziellen Container. Bis zum Countdown dürfte das Pärchen jederzeit ohne Einschränkung die Baustelle besichtigen, sich auch im Inneren des Containers bewegen und selbst eventuelle Verbesserungsvorschläge und Wünsche einbringen. Das Leben im Container sollte nicht spartanisch, sondern den Umständen entsprechend so angenehm wie möglich sein.
Der Raum um den Container wurde mit einer hohen Mauer und mehreren Zäunen abgeriegelt und ununterbrochen bewacht. Keine Schaulustigen oder eventuelle Randalierer dürften an den Container herankommen, ihn beschädigen oder das Leben im Container in irgendeiner Weise bedrohen oder beeinflussen können. Es herrschten höchste Sicherheitsmaßnahmen.

Das Experiment konnte gestartet werden …

Das Experiment

Es waren bereits Jahre vergangen. Am Anfang hatte das Pärchen mit der Sehnsucht nach der Außenwelt gekämpft, mit der Versuchung, den roten Knopf der Erlösung zu betätigen, um seine Lieben wieder sehen zu können. Irgendwann wurde das Leben innerhalb dieser Kulisse zum Alltag. Eine Zeit lang träumten sie gemeinsam von ausgedehnten Spaziergängen in der freien Natur, schwelgten in Erinnerungen. Am meisten ging ihnen die wahre Sonne, ein frischer Windhauch, der Regen und – was sie nicht erwartet hätten – der Lärm einer menschengefüllten Stadt ab.

Die Wohnung, in der sie lebten, war großzügig gestaltet. Jeder hatte seine Rückzugsmöglichkeit, jeder hatte seinen Hobbyraum. Der Innenraum des Containers war einem größeren Einfamilienhaus mit einem künstlichen Garten nachempfunden.

Am Anfang lauschten sie in die Leere und versuchten, ein noch so kleines Geräusch von der Außenwelt zu erhaschen. Am Abend bei Kaminfeuer in einer gemütlichen Atmosphäre rätselten sie, was die Menschen auf der Straße, die von ihnen nur einige Meter entfernt waren, wohl machten. Dass das wahrhafte Leben, das Pulsieren der Stadt gleich hinter der Wand, an die sie sich gerade anlehnten, stattfindet, war kaum mehr vorstellbar.

Ihr Leben entrückte immer mehr in eine eigene Welt. Sie fühlten sich auf einmal wie die einzigen Überlebenden, die nach einer Katastrophe auf einer einsamen Insel gestrandet waren. Der Verstand, die Wahrnehmung und der Körper schienen sich nach und nach den Bedingungen anzupassen und die Realität in das „richtige“ Licht zu rücken. Ein „Gnadenlicht“, das die Umstände milderte, Mitleid mit den sehnsüchtigen Herzen hatte und so dem Ganzen eine ertragbare Form gab. Sie malte immer wieder Bilder von schönen Stränden, sie malte Himmel, Sonne, Menschen, Einkaufsstraßen und hing sie an die Wände. Er bastelte neue Einrichtungen in Form von Tieren, Bäumen und anderen Dingen, die ihm am Anfang abgingen. So füllte sich ihre Bleibe nach und nach mit der Wärme einer untergehenden Sonne, ein wunderschöner, blauer Himmel zierte die Decke, Menschenporträts machten es möglich, einige Zwiegespräche mit den Zurückgelassenen zu führen.

Es gab auch einige Momente, wo es ihnen nicht besonders gut ging. Die Energie und die Lebenslust schien einmal den Einen und dann wieder den Anderen zu verlassen. In solchen Augenblicken war die Versuchung groß, den Container zu verlassen. Ihre Liebe und ihr Ehrgeiz ließ sie aber diese schweren Krisen überstehen, bis sie merkten, dass sie kaum mehr ein Bedürfnis auszubrechen verspürten. Es war sogar angenehm, sich nicht mehr im üblichen Konkurrenzkampf durchsetzen zu müssen, jeden Tag aufs Neue Sorge um eine gute Arbeitsstelle und um das notwendige Geld zum Überleben haben zu müssen. Umgekehrt, es schlich sich langsam eine neue, seltsame Angst ein. Die Vorstellung, die Sicherheit der eigenen vier Wände, das Gewohnte zu verlassen, versetzte sie in Panik. Sie konnten sich nicht mehr vorstellen, was sie draußen erwarten würde, wie würden sie da draußen mit den Menschen und mit dem "normalen" Leben zurechtkommen. In solchen Momenten malte ihnen ihre Fantasie zerstörte Welten, wütende Menschen, apokalyptische Umstände aus und im Vergleich mit diesen kam ihnen ihre eigene Welt wie ein Paradies, wie der Himmel auf Erden vor. Sie fühlten Dankbarkeit dem Schicksal gegenüber, dass sie die Auserwählten waren, die der Apokalypse entgehen und ihr Lebensende in Sicherheit, Glück und Liebe verbringen durften. Über die schöne Welt da draußen sprachen sie nur mehr in der Vergangenheitsform. Die Welt der verschiedenen Düfte und Töne, Natur und Kultur, Zivilisation und Geschichte hatte es für sie damals gegeben – es war, als wäre diese Welt für immer verschwunden.

***

Ihre kleine Welt wurde perfekter, als sie einen Sohn bekamen. Sie nannten ihn Jan. Der Tag wurde mit der Beschäftigung mit dem Kleinen, mit seiner Erziehung und Schulung verbracht. Aus Angst davor, dass er eines Tages Fragen stellen könnte und die Neugierde ihn aus der eigenen Welt nach außen treiben könnte, entfernten sie mit Wehmut alle selbstgemalten Bilder wieder von den Wänden und verbrannten alle Schnitzereien, die an das Außenleben erinnerten. Notizen und Aufzeichnungen wurden vor dem Buben sicher versteckt und sie verbaten sich, in seiner Anwesenheit über die Außenwelt zu sprechen. Der Sohn sollte im Glauben an die

Das Unbekannte

Aufgrund der Angst vor dem Unbekannten halten wir uns unbewusst an einem unangenehmen und auch oft verhassten Zustand fest. Er stellt eine bestimmte Sicherheit, eine, wenn auch unangenehme Stabilität in unserem Leben dar, die wir schwer loslassen können.

Unbewusst unterstützen, provozieren, erneuern und fordern wir oft den ungünstigen Lebensumstand heraus, der ein Teil von uns geworden ist.

Die Angst davor, die letzte Sicherheit, das Bekannte und einen Teil von sich zu verlieren, ist häufig die Ursache, die uns daran hindert, unser Leben, unsere Situation zu verändern, auszubrechen und andere, neue Möglichkeiten zu entdecken.

S. 321

sichtbare, kleine Welt aufwachsen. Sie meinten, dies sei zu seinem Besten. Sie wollten ihn schützen. Sie wollten vermeiden, dass ihm eines Tages seine jugendliche Neugier und Tatkraft die Grenzen durchbrechen lässt. Sie waren sich bewusst, dass sie nicht fähig waren, ihn auf die großen Gefahren, die ihm begegnen könnten, genügend vorzubereiten. Sie meinten, wenn er von der Außenwelt nie etwas erfahren würde, würde sie ihm auch nicht fehlen. Sie glaubten, für ihn würde das Leben innerhalb der Grenzen normal sein, er würde sie nicht als Einengung empfinden, wenn er nichts anderes kennen lernt.

Der Junge wuchs heran. Sein Körper, seine Wahrnehmung und sein Verstand passten sich den Umständen an. Scheinbar fehlte es ihm an nichts. Alles funktionierte wie selbstverständlich. Er lernte nicht Fragen zu stellen. Seine Eltern erklärten ihm vorsichtshalber „alles". Er wunderte sich also nicht, von wo jeden Tag das Essen kam, es war einfach immer da. Die dafür eingerichtete Luke zauberte pünktlich jeden Tag die Nahrungsmittel, aus denen sie dann gemeinsam verschiedene Köstlichkeiten zubereiteten. Und er fragte sich genauso nicht, von wo das Wasser zum Trinken und Waschen kam – es floss doch ganz einfach und selbstverständlich aus dem Wasserhahn. Wie alles andere, war es Gottes Geschenk, das bei jeder Betätigung des Hahns gerade so viel Wasser gab, wie viel er brauchte. Deswegen fragte er sich genauso nicht, von wo die Luft zum Atmen kam. Jan sah die Luft nicht, also gab es für ihn in seiner Wirklichkeit auch keine – er atmete einfach, weil er atmete.

Es kam die Zeit und seine Eltern starben. Und er wunderte sich nicht, weil sie ihm darauf eingestimmt hatten. Er vergrub sie, wie sie es ihm einst zeigten – im Garten. Jan wurde unbekannt traurig, weil er plötzlich zum ersten Mal im Leben alleine war, was er nicht kannte. Aber er wusste schon länger, dass solche Zeit kommen würde, darauf hatte ihn seine Mutter sorgfältig vorbereitet. Er wusste, das war der natürliche Lauf der Dinge!

***

Die Außenwelt war inzwischen gespalten. Das Leben auf der Straße hatte sich weiterentwickelt. Neue Häuser und Einkaufszentren wurden gebaut, die Straße bekam einen neuen Look verpasst. Der Container wurde in das Bild der Straße erfolgreich integriert, ohne dass er noch das kritische Auge der Passanten und Architekten störte. Die Initiatoren des Experiments waren mittlerweile auch verstorben, eine andere, neue Generation wuchs heran.

Für die Kids der Straße war der Container nichts Ungewöhnliches. Er gehörte dazu, zum Bild der Straße. Man erzählte sich verschiedene Geschichten darüber, aber das Interesse der Öffentlichkeit flaute nach und nach ab. Die paar Menschen, die das Experiment weiter betreuten, wussten damit nicht so recht etwas anzufangen. Es gab Regeln, die ihnen genau diktierten, was zu tun war. Sie sorgten täglich für das Essen, Wasser, frische Luftzufuhr und Abwasser. Alleine aufgrund der Menge von Müll und zurückfließendem Abwasser wussten sie, dass irgendjemand im Container noch lebte. Sie merkten aber auch, dass sich der Verbrauch reduzierte, also gingen sie davon aus, dass höchstwahrscheinlich nur noch eine Person im Container war.

Bei jeder Neugestaltung der Straße beantragten die Stadtplaner den Abbruch des Experiments und die Beseitigung des Containers, aber die Regeln des Experiments mit einer Schutzklausel wurden über Jahrhunderte im Gesetz fest verankert. Niemand von außen durfte das Experiment unterbrechen, außer es wurde aufgrund von

Lebensmittelabnahme und Abwasser innerhalb des Containers kein Leben mehr nachvollziehbar.

Die Begeisterung der neuen Experimentatoren hielt sich in Grenzen. Offiziell waren sie zwar für das Experiment verantwortlich, aber sie hatten gar nichts zu experimentieren. Ihnen blieb nur zu warten und zu hoffen, dass es bald soweit sein würde, dass endlich jemand innerhalb des Containers den roten Alarmknopf betätigt und sie endlich etwas tun könnten.

Mit der Zeit bildete sich eine Gruppe von Forschern, die immer wieder Zweifel an der Menschlichkeit und der Richtigkeit des Experiments aufwarfen. Sie meinten, dass ein Mensch, der so lange in solchen isolierten Verhältnissen lebte, selbst gar nicht mehr im Stande wäre, die Situation abzuschätzen und aus freiem Willen die Tür zurück in die Wirklichkeit zu öffnen.

Aufgrund dieser Annahme starteten sie eine Reihe von neuen Untersuchungen. Sie erschufen neue Container, wo sie aber alle Freiwilligen die ganze Zeit über beobachteten und filmten, um sie dann zu einem gewissen Zeitpunkt wieder herauszuholen. So lernten sie die Veränderungen des menschlichen Organismus und seiner Psyche kennen. Erstaunt stellten sie die Geschwindigkeit fest, mit der sich der menschliche Verstand an die beengenden Verhältnisse anpasste und sie relativierte. Immer wieder kam es vor, dass sich die Protagonisten weigerten, zum vereinbarten Zeitpunkt den Container zu verlassen. Immer wieder gab es Probanden, die bei der Vorstellung, die Sicherheit der vier Wände zu verlassen und wieder mit dem Außen konfrontiert zu werden, panische Angst bekamen. Kaum jemand von ihnen fühlte sich der „freieren“ Welt noch gewachsen. Scheinbar bedurfte es einer länger betreuten Übergangsphase als beim Starten des Experiments angenommen. Psychologische Betreuung wurde über längeren Zeitraum notwendig. Die befreiten Containerbewohner zogen sich immer wieder zurück und waren fähig, Tage, Wochen – als hätten sie jegliches Zeitgefühl verloren – in Abgeschiedenheit zu verbringen.

Das skeptische Team experimentierte weiter mit verschiedenen Befreiungsarten ...

Einmal holten sie einen Versuchsbewohner trotz seines Widerstandes fast mit Gewalt heraus, dann versuchten sie einem anderen zuzureden, ihm seine Angst zu nehmen, dann brachten sie das Leben, also andere Menschen zu ihm in den Container, die ihn für die Außenwelt wieder begeistern sollten. Dann ließen sie wieder Türen und Fenster einbauen, um seine Neugier zu wecken und langsam den Lärm der Straße in den Container durchklingen zu lassen. Einem anderen gaben sie ein Fernsehgerät, ließen ihm jeden Tag die aktuelle Zeitung zukommen, um ihn so am Außenleben teilhaben zu lassen, um dadurch vielleicht seine Scheu davor abzubauen.

Keine dieser Methoden zeigte wirklich Erfolge. Nach einer gewissen Zeit im Container sah sich kaum einer in der Lage, sich der Außenwelt zu stellen, ihr gerecht zu werden.

Als sie einem Versuchsbewohner der isolierten Welt Fenster einbauten und die Schalldichtung der Wände entsorgten, merkten sie, dass er seine Wahrnehmung wie absichtlich reduzierte. Er blendete von sich aus den Schall und das Leben auf der Straße aus und verhielt sich so, als gäbe es die begrenzende Isolation immer noch. Und auch wenn sie seine Tür offen gelassen hatten, kehrte er freiwillig immer wieder in den Container zurück, um sich dort zu erholen und die

Abstände, bis er wieder von alleine nach außen ging, verlängerten sich von Mal zu Mal deutlich.

Nur ein Fall, der eher ein Zufall war, gestaltete sich anders:

Die Experimentatoren schleusten eine junge Frau, eine Psychologin zu einem Protagonisten ein, die ihn langsam auf die Außenwelt vorbereiten sollte. In diesem Probefall sollte alles mit Leichtigkeit und im Tempo des Freiwilligen ablaufen.

Die Psychologin wollte während ihres Aufenthalts im Container gleichzeitig ein besseres Verständnis für das Leben in der Isolation und für das Innenleben des Isolierten bekommen und wie es der „Zufall" wollte, verliebten sich die beiden ineinander und die Experimentatoren staunten nicht schlecht! Aus Liebe zu dieser Frau war der Protagonist auf einmal schneller als die anderen Probanden bereit, die sicheren vier Wände zu verlassen. Die Liebe schien ihm Kraft zu geben, sich mit dem Ungewissen, Ungewohnten im Außen zu konfrontieren, zu begegnen. Er vertraute der Psychologin. Die Liebe stützte und begleitete die beiden. Aufgrund ihrer Liebe konnte sie sich auf ihn besser einstellen, mit ihm mitfühlen, verstehen, was in ihm vorging. Er schien die vier Wände gerne für sie und die Liebe zu tauschen. Statt in den vier Wänden glaubte er sich sicher und zu Hause dort zu fühlen, wo sie zu Hause war. Die Psychologin selbst konnte jederzeit aus dem Container gehen und der Freiwillige bekam mit der Zeit das Bedürfnis, sie zu begleiten, um ihre Welt – und dadurch sie – besser kennen zu lernen.

Nach einer den Umständen entsprechend kurzen Zeit konnte er sich sogar in das normale Leben wieder eingliedern. Wegen dieses unerwarteten Erfolges wurden er und die Psychologin als Berater zu dem

Hauptexperiment geholt und gebeten, eine Rückholaktion des noch lebenden Bewohners entwickeln zu helfen.

***

Jan ahnte in seinen eigenen vier Wänden selbstverständlich von all den Aktionen nichts. Hätte er gewusst, dass man ihn mit so viel Aufwand zu retten versuchte, hätte er sich ganz schön gewundert. Seine Welt war doch perfekt, sie bedurfte keine Veränderung, er konnte sich keine andere vorstellen. Er träumte wie immer sehr viel. Manchmal sah er in den Träumen seltsame Dinge, die er zwar nicht verstand, aber sie beunruhigten ihn auch nicht, weil sie schon seit der Kindheit zu seinem Leben, seiner Welt gehörten. Manchmal versuchte er sogar während des Tages, bei vollem Bewusstsein in diese Träume wieder einzutauchen. Er ahnte eine besondere Welt dahinter. Mit viel Übung und Konzentration hoffte er, sie eines Tages auch außerhalb seines Schlafs erreichen zu können und in seinem Inneren so zu festigen, dass diese beim Aufwachen nicht mehr verschwindet. Sein Wunsch war es, sich in wachem Bewusstsein gleichzeitig auch in dieser Welt bewegen zu können. Er spürte, das musste möglich sein.

Um sich zu helfen, malte er die Fetzen seiner Erinnerung auf und während des Tages versuchte er, diese Bilder zu betrachten und sich vielleicht so in die Traumwelt zu versetzen. Er ahnte nicht, dass in ihm und in seinen Genen die Erinnerung an die Außenwelt noch lebte. Obwohl er selbst die Welt nie erblickt hatte, hatten seine Eltern ihm ihr Wissen, ihre Erfahrungen in Form von unbewussten Informationen und Bildern vererbt, die in seinem Energiefeld abgespeichert waren. Ohne je physisch da gewesen zu sein, bewegte er sich in seinen Träumen wie selbstverständlich auf den Straßen, die

Autos flitzten an ihm vorbei, er schaute in die Schaufenster hinein, beobachtete die eilenden Menschen und genoss den Duft der Blumen, der Wiese und die wärmende Sonne.

Eines Tages, während er längere Zeit mit seinen Bildern übte, passierte es! Wie durch einen Blitzschlag wurde er in eine Welt versetzt, die bunter, quirliger, lauter, lebendiger war als die, die er sich bis dahin vorstellen konnte. Es schien ihm, als könnte sich, würde er noch einen Schritt nach vorn tun, die Tür in diese faszinierende Welt vor ihm vollkommen öffnen und er könnte für immer in sie eintauchen. Er erschrak. Er spürte die Anziehungskraft, die Faszination des Neuen, des Unbekannten. Er konnte sich nicht vorstellen, was passieren würde, wenn er noch einen Moment länger verweilte, wenn er in seinem Inneren noch einen Schritt nach vorne wagte. Er fühlte sich, als hätte er niemals mehr zurückkehren, als hätte ihn diese Welt voll erwischen, schlucken und beschlagnahmen können.

Jan bekam es mit der Angst zu tun ...

Was passiert mit ihm, wenn ihn diese Welt in ihren Bann zieht? Wenn er nicht mehr Herr seiner Sinne ist? Was passiert, wenn er nicht mehr zurückkehren kann? Bleibt er in einem Bild, einer Vorstellung, in einer Illusion stecken? Was wird mit seinem Körper passieren? Und wenn er doch zurückkehren sollte, könnte er je mit seiner gewohnten Welt noch zufrieden sein? Wird es nicht zu einer Sucht? Wird er nicht immer länger und öfter vor seinen Bildern in einer Erstarrung sitzen und sich nach dem Fremden sehnen? Wird er noch seinen täglichen Pflichten nachgehen können? Was passiert, wenn er zum Beispiel einmal vergisst die Essensluke zu leeren? Wird Gott, der ihn jeden Tag mit diesem Essen beschenkt, nicht wütend werden? Wird ihm dann die Nahrung nicht entzogen? Und was ist, wenn die Welt, in die er sich hineingeträumt hat, irgendetwas Verbotenes, Böses ist? Vielleicht ist Gott schon jetzt über seinen Sohn verärgert. Vielleicht noch ein Fehler, noch ein Ausflug in diese Welt, noch ein Traum – und es ist aus, für immer aus.

Jans Angst steigerte sich ins Unerträgliche und er beschloss, die ganze Sache ruhen zu lassen und den täglichen Pflichten mit mehr Fleiß und Begeisterung denn je nachzugehen, damit Gott sehen kann, dass er sich wieder gefangen hat, seine Fehltritte bereute und wieder ein folgsamer Sohn sein wollte, so wie es ihm seine Mutter beigebracht hatte.

In die entfernteste und dunkelste Ecke versteckte er aus Angst vor Verlockung und Verführung seine Bilder. Er schaffte es nicht, sie zu vernichten, zu verbrennen. Die Versuchung war doch zu groß. Er redete sich ein, dass Gott doch egal sein konnte, ob er sie vernichtete oder in einer Schublade

Sinn

Das mangelnde Vertrauen in die übergeordnete Führung, das mangelnde Vertrauen, dass alles, was uns in unserem Leben begegnet, einen Sinn und einen Zweck hat, uns in eine bestimmte Erfahrung lenkt, um wachsen, erkennen, bewusster werden zu können, lässt uns wie automatisch viele Impulse und Möglichkeiten in einem bedrohlichen Licht sehen.

Wir bekommen es mit der Angst zu tun, hören auf, unserem Gefühl zu vertrauen, schalten um auf den Verstand, lassen unsere Wahrnehmung verkümmern und verwenden unsere gesamte Energie für das krampfhafte Aufrechterhalten des Alten, des Gewohnten.

Als Folge des Nichthörens auf die innere Stimme macht sich Frust und Schuldgefühl in uns breit.

S. 322

versteckte. Hauptsache, sie verschwanden aus seinem Blickfeld und sanden keinen Lockruf mehr aus. Um Gott auch zu zeigen, dass er es wirklich ernst meinte und wieder „brav“ sein wollte, versuchte er sich dieser Ecke nicht einmal mehr zu nähern. Er entschloss sich sogar, das Zimmer, in dem er die Bilder verstaute, niemals, außer in ernsten Notfällen, zu betreten. Mit einer bewussten Ablehnung ignorierte er sogar jedes Mal wenn er vorbeiging, die Tür zu diesem Raum. Er versuchte sie komplett aus seiner Wahrnehmung und seinem Gedächtnis auszublenden.

Nach und nach kehrte Jans Leben endlich in die gewohnten Bahnen zurück. Fast …

Er spürte in sich immer wieder eine gewisse, bis dorthin unbekannte Unruhe. Er ahnte, von welcher Seite der Wind weht, aber er wagte nicht dorthin zu schauen, seinem Gefühl nachzugehen. Irgendein unfolgsamer Teil von ihm war sich scheinbar nicht ganz sicher, ob es eine gute Idee war, die Bilder zu verstecken und mit dem Erforschen der Welten aufzuhören.

Er schämte sich sehr für diesen Teil!

Er versuchte ihn zum Schweigen zu bringen, ihn zu beruhigen. Aber er spürte ihn immer in sich. Auch wenn er nichts tat und ruhig war, wusste Jan, er ist da. Er durfte sich keinen Gedankenfehler leisten, der Teil durfte nicht geweckt werden.

Also begann sich Jan immer neue Tätigkeiten und Beschäftigungen auszudenken, damit er und sein ungehorsamer Teil abgelenkt würden. „Er“ dürfte keine Zeit zum Erwachen haben. „Er“ dürfte keine Zeit haben, seine Gedanken und seine Aufmerksamkeit in die verbotene

Ecke zu lenken. Nein, Jan lernte fast mit Gewalt seine Gedanken und seinen Verstand zu kontrollieren, ihnen jede Minute neue Nahrung und Ausrichtung zu geben. Aber er spürte, es ist nicht genug. Egal, wie sehr er sich bemühte, wie sehr er sich konzentrierte, wie schnell er sich woandershin ablenkte, er spürte immer diese winzig kleinen Löcher, stille Pausen, die eine große Gefahr darstellten, wie ein Wasserdamm, der jede Minute zu bersten drohte. Er wusste, dass sich irgendetwas in ihm so angestaut, aufgetürmt hatte, dass es ihn zu überrollen, zu überfluten drohte. Er spürte, wenn seine Kontrolle, seine Aufmerksamkeit nachgeben würde, ist er nicht mehr zu retten.

Sein Gefühl der Schuld und des schlechten Gewissens Gott gegenüber wuchs von Tag zu Tag. Er wusste, Gott weiß alles, also muss er auch seine „unzüchtigen" Gedanken und Sehnsüchte kennen, die irgendwo in ihm keimten, ohne dass er selbst merkte wie. Er spürte, wie sich der Tag, an dem er vor Gott treten muss, nähert. Er stellte sich vor, wie Gott mit Entsetzen und Ablehnung den Blick von ihm abwenden würde. Dieses Bild war unerträglich. Gott war doch der Einzige, den er noch hatte, der ihm wichtig war. Für Gott wollte er alles richtig tun, sich seine „Sohnschaft" ehrlich verdienen, sich ihrer würdig erweisen, so dass Gott eines Tages stolz sagen kann: „Das ist mein Sohn, ich habe mich in ihm nicht getäuscht."

***

Jan bemühte sich, jeden Tag, jede Minute und Sekunde das Richtige zu tun. Er lernte seine Gedanken und sein Handeln zu kontrollieren. Er war im Stress, den wenigen Verpflichtungen, die er hatte, genau, pünktlich und mit großem Respekt nachzugehen. Irgendwann fühlte er sich total überfordert. Es schien ihm, als ob er mit seinem Können den Anforderungen, die Gott an ihn stellte, nicht mehr nachkommen könne. Er fühlte sich getrieben. Er hetzte von einer Aufgabe zur anderen. Immer öfter vergaß er, zum richtigen Zeitpunkt den Müll in die Luke zu stellen und der Müll begann sich zu stapeln. Dann kam er zu spät, um die Lebensmittel abzuholen und es waren auf einmal keine mehr da. Die Luke war einfach leer! Er war am Verzweifeln ... Er hatte plötzlich sein Leben nicht mehr im Griff. Er war nur noch ein gehetzter Schatten seiner selbst. Wie ein Geist, verloren in den Weben seiner „göttlichen" Vorstellungen und Gedanken, lief er unruhig in seinem Heim hin und her und versuchte sich zu fangen, eine Lösung und Erlösung zu finden.

Er hatte Angst, sich an Gott zu wenden; er wollte zuerst alles in Ordnung bringen, um mit erhobenem Haupt wieder vor Gott treten zu können. Er hoffte, dass Gott dann mindestens seine Mühe bedenken, schätzen würde.

***

Eines Tages geschah etwas Unvorstellbares. Das Wasser, das so selbstverständlich zu seinem Leben gehörte, hörte auf, aus dem Wasserhahn zu fließen. Die Strafe Gottes kam!

Er erschrak und irgendetwas in ihm brach zusammen. Auf so eine Situation hatten ihn seine Eltern nicht vorbereitet. Er wusste nicht, ob er ohne Wasser überleben kann. Was wird passieren, wenn er sich niemals mehr waschen, wenn er niemals mehr trinken kann? Was hat er Böses angestellt, dass Gott so wütend geworden war? Jan ließ sich auf die Knie fallen und richtete sich an seinen Gott. Er bat um Verzeihung für alles, was er getan hatte. Er bat stundenlang. Er bat um Wasser. Er bat um ein Zeichen, um Erbarmen. Er hatte Angst, sein Gebet zu unterbrechen. Er hatte Angst, einen anderen Gedanken zu denken, etwas Anderes zu tun als zu beten. Alles könnte gefährlich sein. Er war nicht mehr Herr seiner Sinne. Es schien, als ob in ihm jede Sekunde, wie von selbst, irgendetwas Unvorhergesehenes keimen könnte, das gegen Gottes Willen wäre.

Hilfe

Oft hoffen wir auf ein Wunder, flehen nach Hilfe, einem Impuls, einer Veränderung. Unbewusst halten wir aber an einer genauen Vorstellung davon fest, wie diese Hilfe, die Veränderung geschehen soll und lassen dadurch bestimmte kreative, klärende, heilende Energien und Situationen gar nicht zu.

Tage-, monatelang drehen wir uns in einem Kreis der Gedanken, aus dem wir beim besten Willen nicht aussteigen können und sehen das nicht, was in unserer unmittelbaren Nähe für uns bereit liegt. Wir ahnen, dass wir uns verfahren, dass wir in diesem Moment keinen Weitblick haben, dass wir in uns verfangen, benebelt und beengt sind und trotzdem glauben wir zu wissen, was für uns das Beste ist.

S. 323

Das menschliche Bedürfnis des Körpers zwang ihn letztendlich aufzustehen und auf die Toilette zu gehen. Er ging wie in Trance. Seine Seele schien nicht mehr im Körper zu sein. Die körperliche Hülle schritt wie ferngesteuert zur Badezimmertür und automatisch verrichtete sie das, was zu verrichten war. Gedankenlos, aus Gewohnheit, betätigte er die Spülung und … erwachte im gleichen Moment. Das Wasser war wieder da! Ein Wunder! Ein Wunder! Gott hatte ihn erhört! Der liebe Herrgott hatte Erbarmen mit ihm! Er gab ihm noch eine Chance, er gab ihm ein Zeichen! Das Beten hat sich wirklich gelohnt! Glücklich und euphorisch wie ein kleines Kind tänzelte er in der Wohnung umher. Sein Herz öffnete sich. Nach langer Zeit bekam er das Gefühl, endlich etwas richtig gemacht zu haben. Er versprach Gott, ab jetzt jede freie Minute mit einem Gebet zu verbringen – nur, er solle bitte das Wasser fließen lassen!

Ein paar Tage vergingen und Jan schwelgte jedes Mal bei der Betätigung des Wasserhahns im Glück. Für ihn war es ein Zeichen dafür, dass er alles richtig machte, dass er auf dem richtigen Weg war. Er richtete im Haus einen besonderen Platz ein. Einen Altar. Nur für Gott. Jeden Tag arbeitete er daran. Es half ihm, so mit Gott im Zwiegespräch zu sein. Es musste alles perfekt sein. Nur das Beste konnte für Gott gut genug sein. In seinen Gebetsstunden kniete er vor diesem Altar und immer wieder erzählte er Gott, wie sehr er seine früheren Taten, seine Unfolgsamkeit und Unaufmerksamkeit dem Göttlichen gegenüber bereute. Es schien wieder alles in bester Ordnung zu sein. Seine Nerven beruhigten sich, der Körper regenerierte sich, er schaffte es wieder den Pflichten ohne Stress nachzugehen. Das Essen kam immer pünktlich, alle Müllreste hatte er schon entsorgt, das Wasser floss und sein Leben hatte einen Sinn. Er lebte für Gott. Bis … eines Tages wieder etwas Schreckliches, etwas Unvorstellbares geschah …

Das Licht ging aus!

In Sekundenschnelle breitete sich eine unvorstellbare Dunkelheit im Haus und Garten aus. Eine Dunkelheit, die Jan vorher noch nie gesehen hatte. Er wusste nicht, was es war. Er sah nichts! Nicht einmal sich selbst, seine eigenen Hände, Beine, einfach nichts! Gott musste diesmal wirklich sehr verärgert sein, weil er vor dieser unheimlichen Dunkelheit nicht einmal den Altar verschonte. Der Boden unter Jans Füßen schien sich zu bewegen, er verlor das Gleichgewicht und fiel nieder. Die Welt brach für ihn zusammen. Die Kraft verließ ihn. Er konnte sich nicht vorstellen, was er diesmal angestellt, was er nicht richtig gemacht hatte, dass der Zorn seines Gottes so groß geworden war. Diese Dunkelheit … war es das?! War er gestorben? War er tot? War er in der Hölle? Jans Herz schien stehen zu bleiben, er lag regungslos da, bis er das Bewusstsein verlor …

***

Als er wieder zu sich kam, konnte er sich an nichts erinnern. Er wunderte sich, wieso er auf dem Boden lag, wieso er dort eingeschlafen war. Im Haus schien alles in Ordnung zu sein. Der Altar stand in seiner Pracht direkt in seiner Sichtweite. Er rannte in die Küche und drehte den Wasserhahn auf. Mit Erleichterung stellte er fest, dass alles in Ordnung war – das Wasser floss wie gewohnt. Vielleicht ist er nur im Gebet zu Gott eingenickt, erklärte er sich. Nichts deutete auf irgendetwas Ungewöhnliches hin.

***

Die Tage vergingen wieder. Nur die Freude konnte sich bei Jan nicht mehr so richtig einstellen. Eine Unruhe keimte in ihm. Er spürte sie

Ausrichtung

Es müssen scheinbar unerwartete Dinge geschehen, die wir uns augenblicklich nicht erklären können.

Das Ziel solcher Momente scheint zu sein, unser eingefahrenes Denken zu durchbrechen, unsere Vorstellungen aus der Bahn zu werfen, den erstarrten Blick zu verschieben, um unserem Geist eine neue Ausrichtung zu geben.

Unsere Angst, unsere Schuldgefühle, emotionale und mentale Programme, die in uns, unseren Zellen gespeichert sind, scheinen uns daran zu hindern, die reichende, helfende Hand hinter diesen Ereignissen zu sehen.

In Panikreaktion, Furcht und Sorge lehnen wir ahnungslos des Öfteren gerade die Hilfe ab, auf die wir so sehnsüchtig gewartet haben.

S. 324

und bekam Angst. Um sich abzulenken und Gott seine Treue noch besser zu zeigen, begann er sogar das ganze Zimmer zu einem Altar umzubauen. Der gesamte Raum sollte nur Gott gehören. Gott, der so gütig war und ihm tagtäglich mit dem versorgte, was er zu seinem Leben brauchte.

Rückholaktion

Auf der Straße, jenseits von Jans Wahrnehmung herrschte helle Aufregung. Das Interesse der Öffentlichkeit an dem Experiment war wieder entflammt.

Viele Menschen kamen täglich absichtlich an dem Container vorbei, um sich so besser in den geheimen Bewohner hineinversetzen zu können. Die Medien berichteten ununterbrochen über die Vorbereitungen zur Rückhol- und Rettungsaktion. Spendenkonten für noch mehr und schnellere Forschung wurden eingerichtet. Fernsehshows entwickelten mehrere Formate, in denen Interessierte ihre eigenen, individuellen Rettungsvorschläge der ganzen Öffentlichkeit vorstellen konnten. Das Volk schien einem Wettbewerbsfieber verfallen zu sein. Es bildeten sich Gruppen von Hobbyrettern, die sich eigene Container in ihren Straßenblocks erbauten und ihre Ideen umzusetzen versuchten. Das echte Experimentatorenteam bekam ein Meer an Bewerbungen. Jeder wollte dabei sein, jeder wollte mit seinem Können beitragen.

***

Die Psychologin arbeitete mit ihrem Partner fieberhaft an weiteren Rettungsmaßnahmen. Es sollte alles perfekt sein und bedacht werden. Nichts sollte schief laufen. Sie waren sich bewusst, dass ihr kleines Ersatzexperiment, das nur ein paar Jahre lang gedauert hatte, nicht genau die Situation wiedergab, die sich im echten Container abspielte. Was waren schon ein paar Jahre in einer bewussten Isolation gegenüber einem ganzen Leben, das man im Glauben an die eine einzige Welt, in den eingeschränkten vier Wänden verbrachte?

Die große Aufregung im Team entflammte an dem Tag, an dem in der Luke zum ersten Mal seit Anfang des Experiments kein Müll vorzufinden war. Alle erschraken. Waren sie zu langsam mit ihrer Rettungsaktion? Waren sie zu spät? War alles vorbei? War das Experiment zu Ende? Mit dem Tod des einsamen Bewohners, ganz weit weg von anderen Menschen, in einer traurigen Isolation?

Obwohl diese schockierende Angelegenheit nur im kleinen Kreis der Experimentbetrauten untersucht und besprochen wurde, einem Kreis, wo strengste Schweigepflicht galt, gelangte die Information darüber innerhalb von einigen Stunden trotz aller Geheimhaltung an die Öffentlichkeit.

Die Reaktion der Masse war gespalten. Für einige war es ein Anlass zu Wutausbrüchen und zum Randalieren. Sie überhäuften das Experimentteam mit allen möglichen Vorwürfen, Beschuldigungen und Beschimpfungen. Sie wollten Rechtfertigung, sie wollten die Verantwortlichen büßen sehen. Andere waren erleichtert – endlich war alles zu Ende und das Leben auf der Straße könnte bald in die gewohnten Bahnen zurückkehren.

Die Überraschung war dementsprechend groß, als der Müll zwei Tage später, so als wäre nichts geschehen, wieder in der dafür vorgesehenen Luke lag. Ganz normal, wie immer.

Die Nachrichtensender richteten sofort Spezialsendungen ein. Stündlich wurde über diese unerwartete Entwicklung berichtet. Das Interesse am Experiment und an dem Bewohner stieg wie noch nie zuvor. Es mussten sogar spezielle Straßensperren aufgestellt werden und eine neue, für diesen Zweck ausgebildete Bewachungs- und Schutzeinheit wurde positioniert. Mehrere, neu installierte Kameras zeigten vierundzwanzig Stunden am Tag den Container und seine Umgebung live. Sie zeigten immer wieder dasselbe Bild. Immer wieder der gleiche Container, die Wachen, die Passanten und einige Randalierende oder Spekulanten, die so vor die Kamera gelangen wollten, wechselten sich im Fernsehen ab. Die Shows bekamen einen neuen Auftrieb. Auf jedem Sender wurde über das Leben und Aussehen der Containerbewohner spekuliert. Menschen konnten ihre Ideen präsentieren. Sie tänzelten tagtäglich in verschiedenen Masken und eigenen Kreationen, die ihre Vorstellung von den Insassen darstellten, auf den Bildschirmen vor den Augen der Zuschauer herum.

Das Expertenteam beschloss aufgrund der Massenhysterie die ganze Sache nunmehr geheim zu behandeln. Um das Misstrauen der Öffentlichkeit nicht zu wecken, wurden Journalisten mit speziell entwickelten Nachrichten gefüttert. So konnten die Psychologin und ein paar Vertraute weiter in Ruhe an der Rückholaktion arbeiten. Die Sache mit dem Müll brachte sie auf eine Idee. Warum ist es ihnen nicht schon früher eingefallen? Es war doch so einfach. Jede Unregelmäßigkeit im gewohnten Lauf der Dinge musste doch beim Containerbewohner irgendetwas bewirken, ihn aus seinem Stereotyp, aus seiner Starre herausreißen, bis er sich vielleicht eines Tages fragte, was das Ganze zu bedeuten hatte. Vielleicht hilft es, dass er sich dann so aus sich selbst heraus doch noch ans Tageslicht trauen würde. Sie entwickelten also ein psychologisches Konzept, wonach in verschiedenen unregelmäßigen, aus der Sicht des Bewohners unabsehbaren Abständen irgendetwas, für ihn Ungewöhnliches, passieren sollte.

Der erste absichtlich von den Experten ausgetüftelte, geplante Schritt, als Antwort auf den fehlenden Müll, war das fehlende Essen in der Luke. Dann kamen das mehrstündige Abdrehen des Wassers und das kurzfristige Abstellen des Stroms. Was sich in diesen Momenten im Container und bei Jan abspielte, konnten sie aber leider nur weit entfernt erahnen.

***

Währenddessen wurde es im Container eng. Jan kam es vor, als falle ihm das so selbstverständliche Atmen immer schwerer. In der Brust schmerzte es, als würde ihm ein riesengroßer Stein das Herz erdrücken wollen.

Er verstand Gott und die Welt nicht mehr …

Er war am Rande des Nervenzusammenbruchs …

Die Launen Gottes konnte er bei bestem Willen nicht mehr nachvollziehen.

Einmal hatte ihm sogar Gott das Licht ausgeschaltet, während er gerade – in dem für Gott wunderschön hergerichteten Zimmer – in einer tiefen Meditation zu ihm weilte. Da brach in ihm endgültig irgendetwas zusammen. Er schleppte sich in sein Bett und gab auf. So lag er Stunden, tagelang und fühlte nichts. Eine große Leere breitete sich in ihm aus. Er fühlte seinen Körper nicht. Er hatte keinerlei Gedanken. Er nahm sich selbst kaum wahr. Er wollte so liegen bleiben, bis alles vorbei wäre.

Nach drei Tagen erwachte Jan endlich wieder und spürte plötzlich einen unangenehm drückenden Schmerz im Herzen. Eine große Trauer erfasste ihn und breitete sich in seinem gesamten Wesen aus. Er brach in Tränen aus und wollte nur noch sterben. Diese tiefe Traurigkeit war kaum auszuhalten. Er weinte sich seine Seele aus. Sein Weinen wechselte immer wieder zwischen Wutanfällen, Selbstmitleid und Schmerz, bis es immer ruhiger wurde. Letztendlich weinte nur noch der Körper. Die Tränen flossen in einer heiligen Ruhe Jans Wangen entlang. Der Druck in der Brust schien gewichen zu sein, der Kopf klärte sich.

Jan beobachtete sich selbst, wie er da so hilflos lag. Irgendetwas bewegte sich in ihm. Eine unglaubliche Wärme weitete sich in seinem Brustkorb aus. Die Tränen trockneten langsam, der Atem wurde immer regelmäßiger und plötzlich geschah es!

Bei „vollem“ Bewusstsein kamen wieder diese Bilder und er erschrak nicht einmal. Er lag ruhig da und ließ es geschehen. Es war so, als würde er von einer magischen Kraft betreut, die ihn immer wieder beruhigte und zuflüsterte: „Es wird alles gut.“ Er selbst war erstaunt darüber, dass er

HEILUNG

Manchmal haben wir selbst erkannt, dass wir eine Heilung benötigen.

Nur unsere Vorstellungen, wie diese Heilung erfolgen soll, wie sie sich anfühlen soll und wie wir uns fühlen sollen, wenn wir gesund und heil sind, gerade diese Vorstellungen und Erwartungen, die unseren Ängsten, Mustern, Überzeugungen und vergangenen Erfahrungen entspringen, genau diese können den gesamten Heilungsprozess und das Heilwerden blockieren.

Die Umstände müssen sich scheinbar verschärfen, bis irgendetwas – der Verstand, die Überzeugung, die Vorstellung – in uns aufgibt, loslässt. Erst dann sind wir fähig, etwas Neues, Wunderbares, bis dahin Unbekanntes zu empfangen und durchfließen zu lassen.

S. 325

diesem Unsichtbaren vollkommen vertraute. Kein Körnchen Angst regte sich in ihm. Nur eine sanfte Wärme floss noch immer durch seinen Körper, während diese bekannt unbekannten, gefürchteten und doch faszinierenden, bunten, früher erträumten Welten wieder in sein Bewusstsein flossen.

Jan kam sich vor wie damals, als er noch ein kleiner Junge war und seine wunderschöne, herrlich duftende Mutter jeden Abend an seinem Bettchen saß, ihm eine Geschichte erzählte und mit ihrer weichen Hand sein Haar und sein Gesicht streichelte. Es war sehr beruhigend. Die Wärme strömte aus ihrem gesamten Wesen zu ihm und kaum war die Geschichte zu Ende, schlief er schon. Die Erinnerungen an seine Kindheit und an seine Mutter wurden wach. Er glaubte, das strahlende Gesicht seiner Mutter direkt vor sich zu sehen und sie flüsterte noch immer: „Es wird alles gut. Es wird alles gut. Du machst alles richtig, du bist ein guter Junge.“ Erschöpft schlief er so wie damals ein. Ein heilsamer Schlaf erfasste ihn. Der Körper regenerierte sich wie von selbst, die Kraft und der Lebensmut kehrten zu ihm zurück. Als er die Augen wieder aufschlug, wusste er es!

Es konnte ihm nichts passieren!

Er wusste, er wurde beschützt, betreut. Seine Mutter war und ist bei ihm. Das war das Wichtigste! Wer, wenn nicht seine Mutter, sollte wissen, ob er ein guter Junge war oder nicht?

Vielleicht ist er tatsächlich einem Wahn verfallen. Vielleicht hatte das ganze stressige Geschehen mit dem Wasser und dem Strom doch nichts mit Gott zu tun. Vielleicht hatte Gott gar nicht von ihm erwartet, dass er ihm diesen Altar einrichtet. Vielleicht war es etwas anderes, das ihn verwirren wollte! Mit einer ungeahnten Kraft geladen lief Jan zur Essensluke. Jetzt war die Priorität nicht zu schauen, was Gott von ihm wollte, sondern das, was er selbst brauchte. Viele Pläne und Ideen wälzten sich in seinem Kopf und in seinem Herzen. Euphorie und Tatendrang erfassten ihn. Er hoffte nur, dass das Essen da wäre, weil er schon viele Tage nicht in die Luke geschaut hatte. Trotzdem hatte er aber keine Angst. Von irgendwo wusste er, dass jetzt alles anders war. Seine Mutter war jetzt bei ihm. Er konnte sie spüren und hören. Er konnte sie bei jedem Problem und jeder Angst rufen, sich an sie erinnern, auf sie besinnen. Er wusste, sie würde sich bei ihm melden und ihm eine Antwort, einen Rat geben. Er öffnete die Luke ... und die Nahrungsmittel waren noch da. Sie waren zwar nicht mehr so frisch wie sonst, aber sie waren da. Erleichtert nahm er sie und mit fröhlichem Pfeifen trug er sie in die Küche. Er freute sich auf ein leckeres, ausgiebiges Frühstück. Er wollte es sich gemütlich machen. Er wollte sich ohne Stress in den Gartenstuhl setzen und das saftige, beruhigende Grün, die bunten Blumen beobachten. Auf diese Weise wollte er seinen Gedanken endlich mal wieder, so wie früher, freien Lauf lassen. Soweit kam er aber gar nicht! Während er die Lebensmittel auspackte, fiel ihm ein Stück Papier heraus ...

Ein Bild!

Das Gesicht seiner Mutter lächelte ihn an. Das konnte doch nicht wahr sein!? Perplex wie er war, mit den Karotten in einer und dem Foto in der anderen Hand, setzte er sich unterhalb der Küchenzeile auf den Boden, ließ die Karotten fallen und betrachtete erstaunt das Gesicht.

Nein, das konnte kein Zufall sein! Sie sah genauso aus wie früher, als sie ihm noch Gutenachtgeschichten vorgelesen hatte. Prompt vergaß Jan sein gesamtes Frühstück. Er lief in den Garten, setzte sich in den Schaukelstuhl und zeigte das Bild der ganzen Welt. Tränen der Rührung flossen wieder aus seinen Augen. Er konnte sein Glück kaum fassen. Er presste das Foto an sein Herz und diese unglaubliche, sanfte Wärme breitete sich wieder in ihm aus. Er verschwand in seinen Kindheitserinnerungen. Er hörte der Mutter wieder zu, wie sie ihm die Welt erklärte, wie sie ihn lehrte und ihm viele Tätigkeiten im Haushalt beibrachte. Er musste laut lachen, als er sich erinnerte, wie sie ihm sogar das Nähen beibringen wollte und wie ungeschickt er war, wie sie dabei beide nur lachten und es auch gleich wieder sein ließen. Damals, als die Mutter da war, war alles noch so leicht und strahlend. Sie wusste immer was zu tun war. Sie wusste immer einen Rat.

Irgendwann meldete sich doch der Hunger bei Jan. Er trug das Bild vorsichtig in das Schlafzimmer und hängte es über dem Bett auf. So konnte er jetzt immer vor dem Einschlafen mit der Mutter kommunizieren.

***

Jan konnte sich nicht erinnern, wann ihm das Essen das letzte Mal so gut schmeckte. Er machte sich noch eine und noch eine Portion und konnte kaum genug bekommen. Während er so vor sich hinschlemmte, erschienen ihm viele alte, vergessene Ideen und Pläne. Sein Kopf und sein Herz bebten vor Aufregung. Das letzte Stück Kuchen ließ er letztendlich liegen und begab sich in das verbotene Zimmer.

Er öffnete weit die Tür, stellte das Licht auf die optimale Helligkeitsstufe ein und näherte sich langsam „DER“ Schublade. Ganz wohl war ihm nicht dabei, aber er ließ sich von seinem schlechten Gewissen nicht mehr einschüchtern. In diesem Moment konnten ihm diese Gedanken nichts anhaben. Das Herz raste, die Anspannung und Erwartung steigerte sich. Er atmete tief ein und öffnete endlich „DIE“ Schublade.

Es waren Jahre vergangen, seitdem er dieses Zimmer zum letzten Mal betreten hatte. Jetzt lächelten ihn seine alten Bilder an. Sie schienen nichts Bedrohliches an sich zu haben, er nahm sie heraus und schaute sich langsam im Zimmer um.

Wieso hatte er vor diesem Zimmer so große Angst? Es war doch nur ein normales, eigentlich ganz gemütlich wirkendes Zimmer. Man spürte nur, dass hier schon lange keiner mehr war. Er wunderte sich über sich selbst: Wo war er denn so lange? Wo war er die ganze Zeit? In welcher Welt lebte er da überhaupt? War er verrückt? Unglaublich! Wie konnte er nur zulassen, dass aus ihm so ein Angsthase, so ein lebendes Wrack geworden war?

Die Gedanken der Selbstvorwürfe hielten Einmarsch in Jans Wesen und waren dabei, ihn gleich zu übermannen. Plötzlich sah er wieder die Mutter mit einem mahnenden Gesicht und erhobenem Zeigefinger:

„Achtung!“, schien ihre Erscheinung zu sagen.

Jan kam wieder zu sich. Er schloss eilig die schicksalhafte Schublade und mit einem Arm voller Bilder marschierte er in das verhängnisvolle Zimmer. Es musste eine radikale Veränderung her! Entschlossen betrat er das „Gotteszimmer“ … und sein Herz zog sich sofort mit einem kleinen, stechenden Schmerz zusammen. In der Kehle wurde es eng. Er glaubte, am Rande des Erstickens zu sein, so dick war die Luft in dem einst „erhobenen“ Raum, gefüllt mit seiner eigenen vergangenen Angst, seinem Stress und seiner Demut. Er sah genau noch seinen eigenen Abdruck – sein früheres Selbst – vor dem Altar sitzen und Gott anbettelnd, dass er ihm endlich nicht mehr böse sein sollte, dass er ihn weiter leben lassen, dass er ihm endlich sagen sollte, was er noch machen, wie er sich verändern könnte, damit er seinen Zorn in Zukunft nicht mehr weckt. Mit Verachtung schaute er zu seinem vergangenen Ich ... und er verabscheute es!

„Dieser Nichtsnutz! Dieser Schwächling! Dieser Versager! Dieser Kniekriecher! So werde ich niemals mehr sein! Ich schwöre es! Ich lasse es niemals mehr mit mir geschehen! Ich verspreche es, meiner Mutter wegen, sie soll ihren Sohn niemals mehr so kriechen sehen!"

Geladen mit Scham über sich selbst begann Jan resolut, fast wütend das Zimmer zu räumen. Zornig riss er all die wunderschönen Stoffe, die den Raum für Gott schmückten, herunter und ... da war er schon wieder ...

... der erhobene Finger seiner Mutter.

Jan kam sofort zu sich. Beschämt ... mit einem Stoffballen in der Hand setzte er sich verzweifelt auf den Boden. In den Armen spürte er noch die wütende, heftige Bewegung, mit der er den Stoff von der Decke heruntergerissen hatte. Erschrocken hörte er noch seine eigenen Zähne knirschen und er schien sich auf einmal durch die Augen seiner Mutter zu sehen ...

Wo ist der brave Junge geblieben? Wie sollte er besser sein als sein vergangenes, kriechendes Ich, wenn er noch immer wie ein in seinem Stolz verletzter und vom Rivalen geschlagener Löwe umherwütet? Mit Dankbarkeit, aber ein wenig beschämt schaute er zu seiner

Mutter hin und bedankte sich dafür, dass sie ihn eingebremst hatte. Er wusste, vor seiner Mutter brauchte er sich nicht zu schämen. Sie kannte doch ihren Jungen. Er schämte sich jetzt nur noch vor sich selbst.

So saß er da, mitten im Zimmer. Der Stoffballen ruhte noch immer in seinem Schoß. Erstaunt sah er vor seinen Augen seine eigenen verschiedenen Gesichter, seine verschiedenen Ichs. Einmal der Euphorischglückliche, dann wieder der Trübsalblasende, dann wieder der Schreiende und Anklagende. Der Kleinhilflose, der in Selbstmitleiderstickende, der Angstausgelieferte, der Zornigwütende und dann wieder der Zahmkreative.

„Wer bin ich wirklich?

Welche von diesen Persönlichkeiten bin tatsächlich ich? Welcher von ihnen repräsentiert eigentlich mein wahres Ich?“, fragte er sich erstaunt.

Versprechen

Unsere eigenen Versprechen, Schwüre, Drohungen uns selbst, den anderen, oder sogar dem Leben gegenüber, entstehen oft in einem emotional stark geladenen Zustand. Dieser Zustand erzeugt ein Energiefeld, das mit uns möglicherweise, jenseits von Zeit und Raum, verbunden ist.

Egal, ob wir unsere Versprechen längst vergessen haben, sie als nicht mehr aktuell betrachten, die ursprüngliche Absicht, die starke emotionale Energie lebt oft noch und schreit nach Umsetzung, nach Verwirklichung.

Durch unser Unbewusstes werden wir dann in Situationen geführt, die von uns einen bestimmten oder besonderen Einsatz fordern ...

S. 326

So hat sich Jan noch nie gesehen – seine vielen Facetten. Auf Anhieb wurde ihm sein innerer Kampf, seine Verzweiflung klar. Wie sollte er nicht verzweifelt sein, wenn er nicht einmal wusste, wer er wirklich war und …

… wer wollte er sein? Welcher von all diesen Jans würde er eigentlich sein wollen? Auf welchen würde er gerne verzichten? Geht das? Könnte er sich für einen oder zwei Jans entscheiden und die anderen in die Wüste schicken?

Er sah die Mutter ruhig neben sich stehen. Sie schaute ihm nur zu und schien Verständnis für ihn zu haben. Bei dieser Aufgabe konnte sie ihm nicht helfen, keinen Rat geben – das war sein Job!

***

Während Jan das „Gotteszimmer" ab- und in einen Hobbyraum umbaute, in dem er seine versteckten Bilder wieder aufhängen und sich mit seinem Dilemma befassen konnte, gingen die Rettungsvorbereitungen der Experimentatoren in die entscheidende, letzte Phase.

Nachdem das Essen mehrere Tage aus der Luke nicht abgeholt worden war, erschraken wieder alle. Die Luft in den abgeschirmten Räumen des Rettungsteams schien für einige Tage stehen zu bleiben. Kaum jemand traute sich zu atmen. Sie wussten, entweder ist alles vorbei, weil sie mit ihren Wasser- und Stromtricks zu weit gegangen waren, oder ist innerhalb des Containers gerade eine starke Krise ausgebrochen. Diese wurde von ihnen zwar beabsichtigt, sie sollte doch den Insassen zum Umdenken bewegen, aber die Auswirkung und den Ausgang dieser Krise und in welche Richtung sie bei dem Bewohner umschlug, konnte niemand voraussagen. Eines war klar: Das Auslösen einer Krise war eindeutig das Ziel ihrer Handlungen. Sie glaubten, nur eine Krise kann in so einer eingefahrenen Situation eine Veränderung, eine Umwälzung hervorrufen. So entschieden sie sich, ein Foto der sicher bereits verstorbenen Mutter des Bewohners, das ihnen noch aus der Zeit vor dem Experiment zur Verfügung stand, in den Container hineinzuschmuggeln. Es sollte eigentlich ein Zeichen dafür sein, dass die Krise nichts Schlechtes ist. Ein Zeichen dafür, dass außerhalb des Containers auch ein Leben und jemand ist, der sich um den Bewohner sorgt.

Große Aufregung und Freude entstand, als unerwartet und so schnell eine Antwort kam. Ein Stück Papier, ein Bild mit einer wunderschön gemalten roten Rose und dem Wörtchen „Danke!" drauf.

Wusste der Bewohner über die Außenwelt Bescheid?

Haben sie sich viele Sorgen unnötig gemacht? Haben die Eltern das Kind ausführlich in das Experiment eingeweiht? Wusste es, wer ihm das Essen immer vorbereitet hatte, von wo das Wasser, die Luft und der Strom kamen?

***

Eine neue Psychotherapeutin wurde Mitglied des Teams. Sie war die Auserwählte, die dem Bewohner einen Besuch abstatten sollte. Sorgfältig beobachtete sie das Geschehen. Ihr Herz war voll von sprühenden Ideen und Plänen. Sie konnte kaum den Tag erwarten, wenn das grüne Licht fällt und sie den Container betreten kann.

Sie hatte langjährige Erfahrung in der Betreuung von Obdachlosen und asozialen Fällen der Gesellschaft. Sie war auf diesem Gebiet bekannt – eine Kapazität, weil sie ungewöhnlich hohe Integrationsquoten hatte. Von ihr Betreute fanden schneller in die Gesellschaft zurück und wurden nur in wenigen Fällen wieder rückfällig. Sie schien ein goldenes Händchen für Sonderfälle zu haben, aber trotz ihrer Erfahrung wurde sie von Experten über ein Jahr lang auf ihre Mission gründlich vorbereitet und trainiert.

Aufgrund der gesammelten Erfahrung aus den nachgestellten Containersituationen gingen sie mit ihr einzelne Möglichkeiten der Begegnung mit dem Bewohner durch. Schon der erste Augenblick der Begegnung konnte alles entscheiden. Würde er erschrecken und weitere Kommunikation und Begegnungen ablehnen und sich dann noch mehr zurückziehen? Oder würde es ihr gelingen, ihn neugierig zu machen? Und ist sie überhaupt einer solchen Situation gewachsen? Was, wenn sie im Container ein Monster erwartet? Eine gefährliche, aggressive Kreatur, die instinktiv ihr Revier verteidigen wird?

Aus ihrer Praxis wusste sie, dass fast in jedem noch so heruntergekommenen Menschen ein weicher Kern, ein Funke Menschlichkeit ist. Sie wusste, dass man mit Geduld und individuell gewählter Sprache fast bei jedem eine Neugier wecken kann. Und die Neugier war das Tor. Es war das, was die meisten zu weiterer Arbeit an sich selbst motivierte. Man musste nur das richtige Thema finden, das die Neugier des Einzelnen weckte. Dann dürfte man sich von den scheinbaren Misserfolgen und dem Zeitfaktor nicht einschüchtern lassen. Nur das Geschlecht des zukünftigen Klienten war noch unklar. Das erschwerte es ihr ein wenig, sich gänzlich auf die kommende Begegnung optimal vorzubereiten. Sich selbst und ihrer Qualität als Therapeutin und „Menschenfreund“ war sie sich bewusst. Sie glaubte, auf diese außerordentliche Aufgabe gut vorbereitet zu sein.

***

Die Wochen vergingen. Das Team experimentierte noch weiter mit dem Einschleusen von verschiedenen neuen Gegenständen durch die Luke. Einmal schickten sie ein Foto von der Straße – aus der Zeit, als das Experiment begann. Dann schickten sie dem Containerbewohner wieder Kinderspielzeug und Plüschtiere. Nachdem jedes Mal eine Reaktion kam, die man als positiv werten konnte, trauten sie sich, ein Bild von der Psychotherapeutin, die Klara hieß und die den Unbekannten bald besuchen sollte, in den Container zu schicken …

Besuch

Der mahnende Mutterfinger hatte Jan noch rechtzeitig erreicht, bevor er alles, was ihn an seine Gebete und seine mit Gott verbrachten Stunden erinnerte, zerstören und vernichten konnte. Er war sich nicht ganz sicher, wie er vorgehen sollte, aber er musste zugeben, dass das Handeln in Wut und Aggression nicht die beste Voraussetzung war, um klar sehen zu können, was man eigentlich wollte. Diese Einsicht ist nicht einfach nur so in ihm entstanden. Er merkte, dass die Wärme in seinem Herzen jedes Mal dann zu schwinden und das Bild der Mutter zu verblassen begann, wenn er sich ärgerte. Er wollte aber ohne diese mollige Wärme nicht mehr sein. Bei der Vorstellung, dass er sie wieder verlieren würde erschrak er und das half ihm, sich zu besinnen, wieder zu sich zu kommen und sich zu beruhigen.

So überließ er für einige Tage den früheren Gebetsraum sich selbst und wartete, bis ihn eine Idee beflügeln würde, wie er ihn umgestalten sollte. Eines war er sich aber sicher – es sollte kein stickiger Raum mehr sein, den er nur mit gesenktem Kopf betreten kann. Er versuchte dazu auch seine Mutter zu befragen, aber sie nickte nur verständnisvoll mit dem Kopf und schien sich nicht einmischen zu wollen. Als könnte er machen, was er wollte. Als hätte niemand, außer ihm selbst eine Erwartung an ihn. Als wäre nur die Art, wie er das machte, oder seine Absicht wichtig.

Mit der Zeit lernte er die Anwesenheit der Mutter in seinem Inneren zu spüren und wahrzunehmen. Er merkte, dass bei seinen gewissen Gedanken der warnende Finger für ihn mehr wahrnehmbar und sichtbar wurde. Meistens waren es Momente, wo er wieder in Zweifel verfiel, oder wo ihm nichts gut genug war, nicht einmal er selbst.

Letztendlich verbrachte er Tage mit der Umgestaltung des Zimmers. Er hatte jetzt viel mehr Zeit, da er nicht stundenlang beten und flehen musste. Er hängte seine Bilder aus der früheren Zeit erneut auf und betrachtete sie immer wieder. So, als würde er irgendetwas suchen. Er betrachtete sie stundenlang und spürte, dass er nach einer Antwort suchte. Aber wie kann man eine Antwort finden, wenn man die Frage nicht kennt? Irgendwie fühlte er die Antwort in sich. Dazu kam noch dieses unheimliche kurze Herzklopfen, wenn er den Raum betrat, ein kleines Stechen in der Schulter, wenn er vor bestimmten Bildern stand, als würde ihn jemand schubsen und sagen: „Schau dir gerade dieses Bild genau an.“ Und er schaute und schaute … Er spürte, sie ist dort – die Antwort, aber er konnte sie leider noch immer nicht sehen. Und nicht genug davon! Er begann wieder in diesen seltsamen Bildern zu träumen. Genauer gesagt – die Bilder träumten sich selbst. Er konnte es nicht beeinflussen. Sie waren einfach wieder da! Sie hatten sich ein wenig verändert. Irgendwie waren sie klarer und weicher. Als würde man sie aus einem anderen Winkel, bei einem anderen Licht betrachten.

Eines Tages kramte Jan sein Malzeug wieder heraus, stellte es mitten in seinem Bilderzimmer auf und malte die Träume wieder. Eine seltsame Aufregung stieg jedes Mal während des Malens in ihm hoch. Er konnte kaum erwarten, das Bild fertig zu malen und es zusammen mit den anderen zu betrachten. „Vielleicht fehlt mir nur irgendein spezieller Teil, ein Baustein. Vielleicht erst, wenn ich das eine, bestimmte Bild gemalt habe, wird das, was ich suche, für mich sichtbar“, dachte er sich und malte und malte, was seine Hand und die Pinsel aushielten.

Größer konnte seine Überraschung eines Tages gar nicht sein. Ein neues Bild in der Luke brachte sein Herz für einen kurzen

Augenblick fast zum Stehen. Er wusste nicht, ob er erschrecken oder sich wie ein Verrückter freuen sollte.

War es die gesuchte Antwort? War sie dort auf diesem Bild?

Ohne sich viele Gedanken darüber zu machen, woher das Bild kommen konnte, lief er in sein Malzimmer und suchte nach einem bestimmten Bild.

Und da war es!

Ein von ihm gemaltes Bild, das dem, welches er in der Hand hielt, sehr ähnelte.

Unglaublich!

Vor Aufregung zitterte Jan am gesamten Körper. Sein Herz schlug wie wild. Er wusste, die Antwort ist da, aber er konnte sie nicht erfassen. Wie verrückt musterten seine Augen einmal das eine, dann das andere Bild und – nichts. Aber es war sicher da gewesen! Er wusste es! Er wusste es … So eine Gewissheit

ANTWORT

Die ersehnten Impulse und Antworten, nach denen wir so lange gesucht, auf die wir gewartet haben, befinden sich oft in unserer unmittelbaren Nähe – in uns selbst.

Sie warten auf einen Augenblick, wenn Schichten von Trauer, Schmerz, alten Vorstellungen und Überzeugungen abfließen, von uns losgelassen werden und den Impuls, das Gesuchte für uns sichtbar, wahrnehmbar machen.

Es bedarf oft keiner speziellen Technik oder Erkenntnis. Es bedarf nur des Vertrauens auf unsere Führung, unseren Körper, uns selbst. Das Vertrauen, dass alles im Plan ist und zu jedem Zeitpunkt das Optimale passiert.

Wenn wir losgelassen haben, sind unsere Seele, unser Körper und unser Energiesystem im Stande, mit göttlicher Führung den notwendigen Reinigungsprozess zu starten …

S. 327

hatte er überhaupt noch nie im Leben verspürt. Eine beruhigende Wärme begann sich wieder in seinem Körper auszubreiten. Die Stimme der Mutter war in seinem Kopf deutlich zu hören: „Beruhige dich! Atme tief durch und versuche dich zu beruhigen, erst dann kannst du es sehen." Es fiel ihm schwer auf die Stimme zu hören. Er konnte die Augen von den Bildern nicht lassen. Letztendlich musste er selbst feststellen, dass er so nicht weiterkommen würde. Mit dem Bild in der Hand und den Augen bei seinem Gemälde setzte er sich auf den Boden und ohne zu wissen warum, begann er zu schluchzen und zu weinen und wunderte sich dabei über sich selbst: „Wieso weine ich jetzt? In so einem freudigen Augenblick? Wieso weine ich, wenn ich gerade glücklich und nicht traurig bin?"

War Jan wirklich nicht traurig?

Seine Augen fielen von der Wand und kehrten in sich. Irgendetwas brach wieder einmal in ihm zusammen. Eine unendliche Trauer erfasste den ganzen Körper und er ließ ihn einfach weinen. Seltsamerweise lächelte trotzdem irgendetwas in ihm und beobachtete in aller Ruhe unbeteiligt das weinende Geschehen.
Jan wunderte sich nicht mehr und ließ es passieren. Intuitiv spürte er, dass der Augenblick der Lösung des Rätsels direkt vor ihm stand und wie gerufen, mitten im Tränenvergießen ging ihm auf einmal das richtige Fenster auf und plötzlich sah er es …

Es waren Menschen!

Genau solche Menschen wie sein Vater, seine Mutter und er. Das Bild, das er in der Hand hielt und das er in der Luke fand, war voll davon, aber die Bilder, die er selbst malte, waren menschenleer. Er wusste nicht, dass es so viele Menschen überhaupt geben kann, er wusste gar nicht, dass sie in seinen Traumwelten fehlten. Er dachte, es waren nur seine Welten, Welten, die ihm gehörten, in denen er sich alleine bewegte.

Was hatte das zu bedeuten? – und da war sie! Eine Frage! Die Frage? War es tatsächlich die gesuchte Frage, die die Antwort mit sich bringen könnte? Wieso jetzt? Wieso ausgerechnet jetzt eine Frage? Hatte er doch nicht gerade die Antwort, das Gesuchte gefunden?

Jan wurde plötzlich unendlich neugierig. Eine ungeahnte Kraft wurde in ihm geweckt. Der Forschergeist meldete sich. Er studierte und studierte die Gesichter der Menschen, als würde er sie lesen wollen, als würde er sie zum Reden bewegen wollen. Er wollte, dass ihm jeder einzelne Mensch seine eigene Geschichte erzählt. Wieso waren plötzlich so viele beisammen? War es der Himmel? War es der Ort, über den seine Mutter immer sprach, den sie nach ihrem Tod

Vertrauen

Zu vertrauen heißt auch, darauf zu bauen, dass in jedem Augenblick gerade das Richtige für uns passiert, dass wir in dem jeweiligen Moment alle Mittel, Kräfte und Fähigkeiten zur Verfügung haben – auch wenn es uns gerade anders erscheint – um zu erkennen, zu ertragen, zu meistern. .

Zu vertrauen heißt auch, darauf zu vertrauen, dass wir nicht alleine sind, dass wir in jedem Moment betreut, begleitet, geführt und beschützt werden und dass alles, was in unserem Leben passiert, zu unserem Besten ist.

S. 328

betreten wollte? Trifft man dort alle Individuen, die in ähnlichen Welten lebten wie er? Könnten sie sich nach dem Tod endlich begegnen und austauschen? Schauten ihre Welten genauso wie die seinen aus? War es tatsächlich der Himmel, den er in seinen Träumen träumte? Waren seine Träume vielleicht der Zugang zu Gott? Oder war es auf dem Bild eine vollkommen andere Welt als die seine. Eine Welt, die Gott irgendwo erschaffen hat, damit Menschen auch gemeinsame Erfahrungen machen könnten, so wie er sie einst gemeinsam mit seiner Mutter und seinem Vater gemacht hatte? Wo ist diese Welt und wie kommt er dorthin?

„So viele Fragen! Wie kann ich sie alle beantworten?“ In Jans Kopf ratterte es um die Wette. Wo waren die schönen Zeiten geblieben, als er noch gar keine Fragen hatte?

Voller Hoffnung schaute Jan die einzelnen Gesichter auf dem Foto an und bekam eine Idee …

***

Seine Traurigkeit und sein Weinkrampf waren längst vergessen. Im Bilderzimmer nahm er einen Pinsel und begann die Gesichter aus dem Foto seinen Bildern beizufügen. Diese Arbeit machte ihm unheimlich viel Spaß. Während er in das Malen vertieft war, hatte er das Gefühl mit den Menschen kommunizieren zu können. Er konnte es zwar nicht mit seinen Gedanken erfassen, aber im Bauch fühlte er das Leben der Unbekannten.

Der nächste Schreck kam, als er merkte, dass ihm seine Farbe, die er für die Gesichter brauchte, ausging. Auf so etwas war er nicht vorbereitet. Die Versorgung mit allem Notwendigen geschah in seinem

Leben automatisch. Jan hatte immer alles, was er benötigte – bis jetzt! Aus Gewohnheit wollte er wieder aufgeben, niedergeschlagen sein, aber bevor sich der Finger seiner Mutter heben konnte, bekam er wieder eine Idee. Er legte in die Luke eine leere Farbdose und ein kleines, selbst gemaltes Bild, in dem gerade diese ausgegangene Farbe eindeutig fehlte. Vielleicht passiert ein weiteres Wunder und die Dose kommt gefüllt zurück – hoffte er.

Man kann sich die Größe seiner Freude vorstellen, als zwei Tage später eine mit der richtigen Farbe voll gefüllte Dose zurückkam, samt seinem Bild, das von den Unbekannten fertig gemalt worden war. Nicht genug der Freude, es kam noch etwas Neues: ein kleiner, roter Gegenstand, der sich auch auf dem Foto befand. Er konnte sich selbst bewegen, rollte ruhig vor sich hin und im Inneren befanden sich wieder Menschen.

Jan fügte dieses Gerät auch seinem neuen Bild hinzu, aber es interessierte ihn nicht besonders, er studierte lieber die Menschengesichter weiter, die interessierten ihn am meisten. In den Träumen tauchten sie jetzt auch auf und er konnte mit ihnen sogar direkt kommunizieren. Er stellte ihnen Fragen und sie antworteten. Leider verstand er nicht immer ihre Antworten, aber die Kommunikation schien sich von Traum zu Traum zu verbessern. Schade nur, dass er sich in der Früh meistens an nichts erinnern konnte. Nur eine vage Ahnung, ein Gefühl war da, das sich während des Malens verstärkte und er spürte die Antworten auf seine Fragen in sich keimen. Eine Gewissheit wuchs in ihm, dass er eines Tages auch diese Antworten entziffern und verstehen würde.

Eine neue Belebung seiner Welt, eine neue Beschäftigung war die Kommunikation mit der Luke. Er experimentierte damit und ließ sich immer wieder Sachen einfallen, die er in die Luke legte und gespannt auf die Antwort wartete. Er schickte sogar auch dem Foto in Großformat nachgemalte Gesichter hin und eines Tages kam von den Unbekannten ein anderes Portrait zurück. Es war wieder ein Foto mit dem Gesicht einer Frau drauf, die seiner Mutter sehr ähnelte. Tagelang betrachtete er das Gesicht. Die Augen faszinierten und irritierten ihn zugleich. Die Sprache dieses Gesichts konnte er nicht verstehen. Er versuchte es zu malen. Immer wieder. Immer aufs Neue, aber es gelang ihm nicht, es wiederzugeben. Das Foto schien sich jeden Tag zu verändern, als wäre es von seiner eigenen Laune abhängig. Kaum dachte er, die Gesichtszüge erwischt und in Farbe und auf Papier zum Ausdruck gebracht zu haben, fühlte sich am nächsten Tag das Bild ungültig und unbefriedigend an. Jeden Morgen glaubte er neue Züge und neue Details im Gesicht dieser geheimnisvollen Frau, die am Abend zuvor nicht da gewesen waren, zu erkennen. Wie machte sie das nur?

In Träumen war diese seltsame Frau die Einzige, die mit ihm nicht kommunizierte. Sie war nur da und beobachtete ihn, als würde sie seine Fragen, seine Sprache nicht verstehen. Einmal lächelte sie, nächstes Mal zeigte sie einen strengen Blick, der aber nicht bedrohlich wirkte. Langsam schien Jan sie zu kennen und freundete sich mit der Möglichkeit an, dass es Menschen geben musste, die sich dauernd veränderten, die er einfach nicht erwischen konnte.

An die Überraschungen langsam gewöhnt, war sein Schreck nicht so groß wie befürchtet, als sie – diese mysteriöse Frau – eines Tages in seiner Welt körperlich manifest wurde. Jan dachte zuerst, dass es wieder nur ein Traum war, in dem sie ihn beobachtete, aber dann realisierte er, dass es Wirklichkeit war und dass sie mehr als real, voll greifbar, mitten in seiner kleinen Welt saß. Unglaublich, aber wahr!

Es entstand eine Situation, die keiner Wörter bedurfte, weil sie nicht zu beschreiben war. Eine Situation, in der es keine Worte gab. Eine Situation, die aufgrund seines Erstaunens erstarrte und in der er sich zu ängstigen vergaß.

***

Zum ersten Mal seit fast siebzig Jahren wurden die Türen des Containers geöffnet. In der Nacht wurde die Therapeutin Klara zu Jan in den Container eingeschleust. Sie selbst war auf das Schlimmste vorbereitet, aber im Container war alles ruhig. Sie war von der Ordnung und der gemütlichen Atmosphäre, die im Container herrschte, überrascht. Sie hatte ein Chaos, stickige Luft und Haufen herumliegender alter, vergammelter Sachen erwartet, so wie sie es von manchen sozialen Fällen gewöhnt war, stattdessen betrat sie einen, zwar ein wenig altmodisch, aber sehr harmonisch wirkenden Haushalt.

Der Bewohner schlief zu der Zeit in einem abgelegenen Zimmer, also konnte sie sich in Ruhe ein wenig orientieren, umsehen, um sich auf die Begegnung besser vorzubereiten. Sie wusste noch immer nicht, welches Geschlecht der Bewohner hatte. Die Ordnung im Haushalt deutete eigentlich auf eine Frau hin, aber das konnte täuschen. Sie kannte viele Männer, die fähig waren, ihrem Heim eine genauso gemütliche und harmonische Note zu verpassen. Nichts schien auf irgendein außerordentliches Einsiedlerleben zu deuten. Alles war auf seinem Platz, so wie man es in tausenden Haushalten gewöhnt war. Man konnte sich leicht orientieren und einen Überblick bekommen. Klara fand mühelos die Küche, die noch frischen Lebensmittel, den Garten mit seinem Schwimmteich, das Bad, das nur so vor Sauberkeit glänzte, und dann fand sie auch das Bilderzimmer. Mit Erstaunen stand sie beim Eingang und starrte auf die unzähligen Bilder, die verschiedene Aspekte der realen Straße in verschiedenen Perspektiven und Betrachtungsweisen zeigten. Das hatte sie nicht erwartet! Hier schien ein Künstler zu leben, der eine genaue Vorstellung über das Leben da draußen hatte. Wie konnte es möglich sein? War das Experiment nur eine Farce? Wurde sie reingelegt? Wurden die Menschen über hundert Jahre um ihr Interesse zu halten, mit falschen Informationen gefüttert. Was für einen Sinn hätte das haben sollen? War sie in ihrem großen Auftrag, mit ihrem Idealismus jemanden zu retten gekommen, der gar nicht gerettet werden musste? Jemand, der unbemerkt von der Öffentlichkeit immer wieder raus und reinging? Was machte es aber für einen Sinn, dass da jemand überhaupt wohnte? Vielleicht wurde alles nur ihretwegen nachgestellt, das Innere des Containers gefüllt und mit einem imaginären Bewohner besetzt. Vielleicht ging es gar nicht darum, jemanden zu retten, sondern nur um sie. Vielleicht wurde sie, trotz aller Verträge und Versicherungen des Experimentteams, ein Opfer der versteckten Kamera. Vielleicht war sie das Objekt des Experiments. Vielleicht wurde gerade sie eingesperrt und kann niemals mehr hinaus.

So viele „vielleicht".

Klara wurde schwindlig, sie setzte sich mitten im Zimmer auf den Boden, fasste sich ans Herz und schnappte nach Luft. Sie war auf alles vorbereitet, aber dass, kaum angekommen, ihr ihre Gedanken, ihr Verstand einen Streich spielen würden, das war nicht geplant. Mit einer selbst entwickelten Atemtechnik versuchte sie, ihre Aufregung zu kontrollieren, ihren Atem und das rasende Herz zu beruhigen und wieder Klarheit zu erlangen. „Klara, Klara – du machst aber Sachen! Du bist eine der besten Psychotherapeutinnen der Welt und – schau dich an! Nicht einmal eine halbe Stunde im Container, spielst du schon verrückt! Wie willst du denn jemandem helfen, der schon sein ganzes Leben hinter diesen Wänden verbrachte? Klara, Klara – was hast du dir nur dabei gedacht, als du dich zu diesem Projekt angemeldet hast? Warst du zu vorlaut? Übermütig? Siehst du dich noch? – dich mit der Faust auf die Brust schlagen und beteuern, du schaffst es, du hast kein Problem mit beklemmenden und ungewöhnlichen Situationen? Meintest du, du könntest dich in Unbekanntem schnell orientieren und in fast jeder Situation zurechtfinden? Meintest du, dass du immer zu deiner Klarheit und deinen Ideen findest? Klara, Klara! Schau dir nur an, was du da gerade anstellst!" So redete sie mit sich, um sich zu beruhigen. Sie belächelte sich selbst und ihren eigenen Mut, zweifelte ihre Entscheidung, ihren gesunden Menschenverstand an. Plötzlich war sie nur ein kleines Mädchen, das sich mitten in einer Welt befand, die ihr gesamtes Vorstellungsvermögen sprengte, der sie nicht gewachsen war. Eine Situation, in der normalerweise die Mutter den Rettungsanker darstellt. Eine Mutter, die immer in solchen Situationen kommen und sie an der Hand nehmen, sie aus der Welt herausholen und beruhigen würde. Eine Mutter, die sie nie hatte und hier gab es auch keine. Hier gab es niemanden, der ihr helfen und jetzt ihre Fragen beantworten könnte. Die Tränen, die sie zum letzten Mal vor einer Ewigkeit vergossen und bei denen sie sich versprochen hatte, nie wieder zu weinen, flossen jetzt aus ihren Augen. Sie sah nichts mehr, alles war verschwommen. Die innere Klarastimme, mit der sie sich immer selbst ermutigte und aufbaute, verstummte. Sie war ganz allein – dachte sie!

***

Jan wurde aufgrund von ungewöhnlichem Geräusch geweckt. Ein leises Wimmern, das in seiner Welt nichts zu suchen hatte, veranlasste ihn früher als gewohnt aufzustehen. Seltsamerweise hatte er keine

Angst. Die wundervollen Ereignisse der letzten Monate hatten ihn aufgebaut – die Stimme der Mutter war immer noch bei ihm. Er gewöhnte sich an, auf sie zu hören und wusste, wenn es irgendetwas Bedrohliches oder Falsches wäre, würde ihn die Stimme warnen.

Auch als er in der Tür des Bilderzimmers stehen blieb und die Manifestation seines Lieblingsporträts mitten in seiner Welt entdeckte, war alles in ihm ruhig. Sehr schnell begriff er auch, dass es kein Traum, sondern Wirklichkeit war. Er wusste zwar nicht wie, aber er wusste, er hatte durch seine Beschäftigung mit den Menschen, jenen Menschen der ihm am liebsten war und am meisten beschäftigte, hereingeholt. Nur wieso weinte diese Person? Wieso schluchzte sie und zitterte am ganzen Körper? Diese Frau überraschte ihn schon wieder. Würde sie für immer bei ihm bleiben? Sollte er schnell versuchen, sie zu malen? Sollte er sie berühren? Sollte er sie etwas fragen, bevor sie wieder verschwindet?

In seinem Herzen breitete sich wieder diese sanfte Wärme aus. Er spürte ein Gefühl, das ihn an die Kindheit und an seine Mutter erinnerte. Ein paar Male hatte er die Mutter weinend und schluchzend erwischt. Er hatte nicht verstanden, was sie hatte und sie hatten auch nie darüber gesprochen. Er setzte sich immer ohne Worte zu ihr, nahm ihre Hand und fühlte ihren Schmerz mit, der für ihn ein Rätsel geblieben war.

Jetzt machte er ein paar Schritte zu Klara. Sie erschrak, hob ihren Kopf, schenkte ihm einen kurzen Blick und versuchte sich automatisch aus der Mitte des Raumes in eine Schutz bietende Ecke zu verschieben. Die Malstaffelei fiel dabei um. In diesem Moment gab irgendetwas in ihr auf. Wie ein Häufchen Elend brach sie in sich zusammen und begann laut, herzzerreißend zu weinen. Dabei hatte sie seltsamerweise keine Angst. Jan war ihr egal. Der kurze Blick hatte ihr verraten, dass er nicht gefährlich war. Er strahlte eine gewisse Ruhe und Verständnis aus. Der kleine, durch die Tränen verschwommene Augenblick reichte ihr, um zu merken, dass er nicht wie jemand aussah, der gerettet werden musste. Da kam ihr Kopf nicht mehr mit. Sie verstand nichts mehr. Sich selbst nicht, die Welt da draußen und hier drinnen auch nicht.

Während er bei ihr am Teppich saß, ihre Hand hielt und sie mit tiefem Verständnis musterte, lief in einer Art „Schnellvorlauftempo", wie ein Film, ihr gesamtes Berufsleben an ihr vorbei. Ihre Erfolge, ihre Klienten, denen sie vermutlich geholfen hatte. Sie sah all die Gesichter, die sie von der Kälte und Ungemütlichkeit der Straße in das wahre Leben geholt zu haben glaubte. Sie sah diese Leute in einer von der Stadt gespendeten Wohnung und in einem „normalen" Job. Und plötzlich sah sie das, was sie früher in den Augen dieser unzähligen Gesichter nie gemerkt hatte. Viele hatten diesen einen bestimmten Ausdruck in den Augen, der plötzlich in ihrem geregelten Leben nicht mehr zu finden war. Auf Anhieb verstand Klara, und ihre Welt brach endgültig zusammen. Alles, woran sie glaubte, war plötzlich verschwunden, scheinbar für immer verloren. Ihre Fähigkeiten, ihr Job, ihr Hobby machten keinen Sinn mehr. Ihr Leben machte keinen Sinn mehr. Sie glaubte zu sehen, wie all die Menschen, welche das Leben auf ihre Art in eigenen Händen gehabt hatten, sichtlich aufgrund ihrer Therapie und weil sie ihr vertrauten, die Eigenverantwortung in andere Hände abgegeben hatten. Sie glaubte zu sehen, dass diese Menschen nicht mehr das eigene, sondern das Leben und die Vorstellungen der Gesellschaft lebten. Und jetzt, wo sie nicht einmal zwei Stunden im Container war, wo sie jemanden therapieren, heilen, retten sollte, saß derjenige bei ihr und hielt tröstend ausgerechnet ihre Hand. Alles schien in diesem Moment verkehrt zu sein, auf dem Kopf zu stehen. Trotz des Weinkrampfes und des alles in Frage stellenden Selbstzweifelanfalles schien irgendein Teil von ihr die Situation unbefangen zu beobachten und …

… dieser eine Teil wusste – alles war im grünen Bereich!

***

Die Überraschung war auf beiden Seiten groß, als sich Klaras Arme selbstständig machten und den Unbekannten umarmten. Noch größer war die Überraschung, als sie zwischen den Tränen, aufgrund dieser Geste, die ihr total pervers vorkam, selbst zu lachen begann.

Jan, ein wenig verwirrt – aber die Verwirrung, das war ja kein unbekanntes Terrain für ihn – ließ sich leicht anstecken und lachte mit ihr. Auf so eine Begegnung mit der anderen Welt war keiner der beiden vorbereitet.

Stundenlang saßen sie am Boden, lachten, weinten, redeten und redeten. Ohne Umschweife, ohne Rücksicht auf Jans Lage. Gegenseitig erzählten sie sich Geschichten aus ihrer Kindheit, sprachen über Eltern und unzählige eigene „kleingroße“ Sorgen und als sie endlich vom Boden aufstanden, schienen sie sich schon eine Ewigkeit zu kennen.

Jan verstand, dass es viele Welten wie die seine gibt. Welten, in denen Menschen, genauso wie er, mit ihren Sorgen, Ängsten, Zweifeln und kleinen Freuden lebten. Er war glücklich. Jetzt wusste er, er war nicht der Einzige, der sich manchmal so verrückt verhielt.

Er war nicht der Einzige, der über Gott und die Welt nicht genau Bescheid wusste. Dies und die Anwesenheit von Klara, die ihm im Gegensatz zu seinen Träumen freiwillig viele Fragen beantwortete, machte seine Welt perfekt.

***

Es vergingen viele, viele Tage und sie hatten noch immer etwas Neues an dem anderen und seiner Welt zu entdecken und sich zu erzählen. Klara vergaß die ersten Tage komplett auf ihre Pflicht und den Grund, warum sie in den Container gekommen war. Sie vergaß sogar, dass sie im Container war. Sie fühlte sich wie im Urlaub in einer fremden und doch nicht fremden Welt. Eine Welt, in der es noch so viel zu entdecken und zu erkunden gab. In einigen ruhigen Momenten, wo sie eine Weile für sich selbst war und der Verstand sich wieder einschalten konnte, erinnerte sie sich an Kollegen in der Außenwelt, die gespannt auf ihren Bericht warteten und die keine Ahnung vom Geschehen im Container hatten. Ihr Gehirn appellierte an das Pflichtbewusstsein, aber auf einmal konnte sie so ein Wort wie Pflicht gar nicht mehr erfassen, geschweige denn, es verstehen. Die Welt der Experimentatoren hatte sich gänzlich von ihr entfernt. Das Projekt wurde so irreal und unfassbar, als existierte es nur in ihren Träumen. Jan, mit seinem offenen Herzen, wurde jetzt zu ihrer Realität.

Klara selbst war eine geschiedene Frau, die zwar ihr ganzes Leben anderen zu helfen versuchte, aber ihr eigenes Leben entgegen den Bemühungen scheinbar nicht und nicht auf die Reihe bekommen konnte. Die Enttäuschungen und der Schmerz der früheren Beziehungen und die unerwünschte Kinderlosigkeit ließen ihre Gefühlswelt verwelken. Mit noch mehr Arbeitseinsatz für scheinbare Opfer, denen sie ihr gesamtes Herz schenken wollte, kompensierte sie ihren Frust und

Schmerz. Hier, in Jans Welt fühlte sie sich endlich angenommen und gesehen. Sie konnte ihre Maske, ihre Verkleidung, ihr Image, die das verletzte Herz zu kaschieren versuchten, angstlos ablegen. Gleich in der ersten Nacht, als sie im Bilderzimmer zusammenbrach, bröckelte diese „Maskerade“ von ihr ab. Nicht nur das. Ohne dass sie es wusste, geschah eine spontane Heilung bei ihr. Viele ihrer Vorstellungen davon, was wichtig, richtig und wahr sein sollte, die sie der Außenwelterwartungen angepasst hatte, flossen mit dem schmerzlichen Tränenmeer von ihr ab – und sie wurde freier. Sie fühlte sich wie damals, als sie als ambitionierte Studentin, mit einem Koffer voll von Ideen und Idealen, glaubte, das Leben und die Umwelt anders als der Rest der Welt zu sehen. Eine Zeit, in der sie noch auf sich und das eigene Gefühl vertraute. Aus diesem Gefühl heraus spürte sie, hoffte sie, dass sie eines Tages die Welt verändern würde. Zum Besseren, zum Liebevolleren, zum Friedvolleren. Diese Idee lebte in ihr die ganze Zeit. Deswegen hatte sie sich der Obdachlosen angenommen, deswegen scheute sie keine noch so schwierige Aufgabe, deswegen meldete sie sich für das Experiment an. Die regelmäßige Aufopferung für andere und die persönlichen Schicksalsschläge kosteten sie aber viel Kraft. Sie kämpfte jeden Tag aufs Neue. Sie lernte sich zusammenzureißen. Wieder und wieder versuchte sie ihre Klienten, ihre Mitmenschen zu verstehen, ihnen ein Stück von sich selbst zu geben, aber nur wenige schienen dies geschätzt, oder überhaupt bemerkt zu haben. Sie war ausgepowert, konnte sich nicht mehr ausruhen, obwohl sie nach außen noch immer die Gleiche, die Spezialistin, die keine Angst vor Herausforderungen hatte, war. Es war schwierig, diesem Image gerecht zu werden. Jeden Tag aufs Neue, mit erhobenem Haupt vor die Menschen zu treten und das schon längst verlorene Selbstbewusstsein, Kraft, Einfühlungsvermögen und Wissen auszustrahlen – eine fast übermenschliche Aufgabe.

Ohne sich selbst die eigentlichen Gründe zuzugestehen, ohne über sie wirklich zu wissen, sich ihrer bewusst zu sein, meldete sie sich für das Experiment an. Unbewusst hoffte sie, endlich für ein paar Tage von der Oberfläche und den prüfenden Blicken der anderen verschwinden zu können. Ein paar Tage weg von der Welt, die an jeden nur Anforderungen stellte, weg von der Welt, der nichts genug war, weg von der Welt, wo man sich keine Sekunde mehr ausruhen konnte. Weg von der Welt, wo Trauer, Schmerz und Angst verpönte, gesellschaftsuntaugliche Begriffe waren.

Man könnte fast sagen, die göttliche Hand hatte ihr diesen Job verschafft. Die göttliche Gütigkeit half ihr, Zuflucht bei Jan und seiner Welt zu finden. Wusste er überhaupt, wie glücklich er sich schätzen konnte, in so einer Welt zu leben? Frei von dem ganzen Wahnsinn und der Eile da draußen? Nur für sich selbst zu leben, ohne Einfluss der Gesellschaft, ohne Druck, perfekt sein zu müssen, um in

Weltveränderung

Seit Kleinkindtagen lebt in vielen von uns, wenn nicht in jedem, der motivierende, antriebgebende Gedanke, eines Tages durch eigenes Zutun unsere Welt verändern, verbessern zu wollen.

Der Impuls zur Weltveränderung scheint allgegenwärtig zu sein, und trotzdem lässt uns die Interpretation dieses Gedankens sich mit der Zeit wie ein Versager, Verlierer oder Schwächling zu fühlen.

Früher oder später, enttäuscht, ausgelaugt, desillusioniert, scheinbar am Ende der eigenen Kräfte, werfen wir möglicherweise das Handtuch, geben in einer Überzeugung auf, dass man selbst nichts taugt, dass man der Welt sowieso nicht mehr helfen kann und dass alle Bemühungen doch keinen Sinn haben.

S. 329

dem Hierarchiesystem überleben zu können? „Warum soll ich ihn retten? Vor was? Vielleicht ist dieser Container sogar eine der letzten Ruheoasen überhaupt. Eine Insel, wo der Mensch noch er selbst und für sich selbst sein kann“, fragte sich Klara.

Obwohl Jan die Außenwelt nie kennen gelernt hatte, oder gerade deswegen, war er in seinem Auftreten zivilisiert, kultiviert, einfühlsam, verständnisvoll und ein begeisterter Zuhörer. Alles das, was sie außen nie fand und was sie selbst den anderen zu geben versuchte, schien sie hier, in dieser winzig kleinen, illusorischen, versteckten Welt zu finden. War sie wirklich illusorisch? Oder war diese Welt sogar echter als alles, was sie bis dahin kennen gelernt hatte?

Stundenlang beobachtete Klara Jan. Er war fähig, sich wie ein kleines Kind zu freuen, wenn sie ihm Kleinigkeiten von ihrer Welt erzählte und er schaffte es sogar, sie immer wieder mit seiner Freude anzustecken. Ihr Herz schien sich dadurch von Stunde zu Stunde zu erholen, zu heilen. Sie lachte und lachte. Nur, sie wusste, irgendwann müsste sie wieder raus. Musste sie es aber wirklich?

„Wer sagt und wer bestimmt es? Was passiert, wenn ich niemals mehr rausgehe? Was wollen sie dann machen? Bricht die Welt zusammen? Werde ich bestraft?“ Diese Fragen plagten Klara in den Nächten, während sie sich in ihrem Zimmer alleine schlafen legte. „Wer sagt, dass ich wieder hinaus muss? Was würden sie machen, wenn ich nicht zurückkommen würde? Würden sie den Container stürmen? Würden sie glauben, dass mir das Containerungeheuer irgendwas angetan hat? Ich könnte ihnen aber doch durch die Essensluke Botschaften schicken, sie wissen lassen, dass es mir hier gut geht. Würden sie es verstehen? Würden sie nicht mein gefundenes Glück und die Oase des Friedens zerstören wollen?“ Sie wusste doch, wie die Menschen sind und wie sie denken. Wie misstrauisch sie jeder Unregelmäßigkeit und allem gegenüber sind, das den Rahmen ihrer Vorstellungskraft sprengte. Sie glaubte zu wissen, wie übereilt und übertrieben sie reagieren könnten, wenn sie meinten, im Recht zu sein. Nein, sie wusste, sie musste sich zusammenreißen, ihrer Pflicht nachgehen und der Welt, nach der sie sich noch nicht einmal sehnte, einen Besuch abstatten. „Wenn ich ehrlich zu mir bin, wird mir ein Spaziergang an der frischen Luft, zwischen den natürlich grünen Bäumen, während die echte Sonne meine Haut erwärmt, sicher gut tun.“ – die warmen Sonnenstrahlen, ein wahrer Windhauch und der Duft der Natur, das waren die Dinge, die Klara in Jans Welt am meisten fehlten.

Das Wesentliche

Die ganze große Welt verändern zu wollen scheint doch einer die menschlichen Kräfte und Möglichkeiten übersteigenden Sisyphusarbeit, einem Kampf gegen Windmühlen zu gleichen.

Die ganze Anstrengung und Mühe scheint von vornherein zum Scheitern verurteilt zu sein.

Eine bewusste Ausrichtung auf das Wesentliche, eine winzige Blickrichtungsverschiebung, eine bewusstere Sprache kann uns die ganze Problematik entschleiern und in einem klärenden Licht erstrahlen lassen.

S. 330

***

Klara entschied sich, den Container für ein paar Tage zu verlassen. „Vielleicht tut es mir gut", redete sie sich ein. „So kann ich sicher wieder zu klarem Verstand kommen und die Lage im Container unbefangen, ohne Selbstmitleid, mit mehr Abstand betrachten", rationalisierte sie weiter für sich, indem sie die möglichen Positiva ihres Ausfluges hervorhob, um sich die Entscheidung leichter zu machen.

Leicht war es ihr trotzdem nicht gefallen.

Wie sollte sie denn dem Team gegenübertreten? Wie sollte sie in ihre Augen schauen, besonders der Psychologin? Wie sollte sie ihnen erklären, was in dem Container vorgefallen war?

„Welche Worte soll ich finden, damit es nicht in die falsche Kehle kommt? Wie kann ich ihnen die Welt des Containers in der Gesamtheit beschreiben, ohne mich selbst als schwach und für diesen Job ungeeignet bloßzustellen?", ängstigte sich Klara weiter. Die Experimentatoren könnten sie doch ihrer Funktion, ihres Jobs entbinden, jemanden anderen in den Container schicken und sie würde Jan nie, nie wieder sehen. Vielleicht kämen sie sogar auf die Idee, Jan nach außen zu schleppen und diese wunderbare Zuflucht für immer zu zerstören. „Was soll ich nur tun? Was soll ich nur tun?", suchte sie verzweifelt nach einem rettenden Rat.

Zum ersten Mal seitdem sie im Container war, bekam Klara ihr so vertrautes Kopfweh. Das Herz schmerzte, das Atmen fiel schwer. Schwierig war es auch, weil sie Jan von dem Experiment noch gar nichts erzählt hatte. Sie glaubte zu wissen, dass er sich seine eigenen Vorstellungen von der Menschenwelt machte, die ihrer Meinung nach nicht ganz der Realität entsprachen. Als Psychotherapeutin dachte sie aber, erst am Anfang der Therapie zu sein. Als Therapeutin wollte sie den „Patienten" nicht überfordern. Sie wollte sein Vertrauen stärken und seine Neugier aufrechterhalten. Sie hielt es für angebracht, ihm dabei alles von ihrer eigenen Denkweise, ihren Zweifeln, ihren Ängsten und Schmerzen zu erzählen. Klaras Meinung nach stellte für Jan die innere, menschliche Ebene keine Gefahr, sondern eine Verbindung zwischen den beiden Welten dar. Hier konnten sie sich verstehen, hier fanden sie Ähnlichkeiten. Hier konnten sie über ihren albernen Vergangenheitstrouble gemeinsam lachen.

Ohne dass sie es sich wirklich zugestehen würde, ahnte sie, dass sich entgegen aller Logik die Rollen im Container ausgetauscht hatten und sie auf einmal in die Rolle des Patienten schlüpfte, ohne dass Jan von seinen eigenen therapeutischen Qualitäten überhaupt eine Ahnung hatte. Und irgendwie fühlte sie sich auf der anderen Seite wohl und wollte nicht so gerne die „Therapiesitzungen“ unterbrechen, deswegen nahm sie sich vor, so schnell wie möglich zu Jan wieder zurückzukehren.

Das Eigene

Die bewusste Verschiebung von der weiten, großen Welt zu der EIGENEN „kleinen“ Welt, der Welt der EIGENEN Gedanken und Emotionen, der Welt des EIGENEN Handelns und Tuns, der Welt der EIGENEN inneren Impulse, der EIGENEN Herzenswünsche und die Konzentration auf den sehnlichen Wunsch, die EIGENE WELT verbessern und verschönern zu wollen, sie friedvoller und liebevoller gestalten zu wollen, kann sich sehr schnell anfangen in unserer EIGENEN Einstellung, im EIGENEN Alltag, in der EIGENEN Umgebung zu spiegeln und die ersehnten Früchte zu tragen …

S. 331

Aller Vertraulichkeit zum Trotz schaffte Klara es nicht, Jan ihre Bedenken, Sorgen und Ängste mitzuteilen. Sie hatte Angst, er würde sie für verrückt oder für eine Verräterin halten. Schlimmer noch, vielleicht würde er sie verachten, sie nicht mehr sehen wollen, ablehnen. Eine Zwickmühle, in der sie sich befand, die sie mit ihrem Herzen nicht zu lösen wusste.

***

In der Früh, bei gemeinsamem Frühstück, währenddessen sie immer ihre so geliebte Unterhaltungsrunde hatten, setzte Klara eine strahlende, lächelnde Maske auf. Sie riss sich zusammen und erzählte Jan, dass sie jetzt ihre eigene Welt für einige Tage besuchen muss, da sie dort so manche Verpflichtungen hat, denen sie regelmäßig nachgehen muss.

Jan erschrak!

An so was hatte er nicht gedacht. Irgendwie dachte er, so wie alle anderen Sachen, die wie Gottesgeschenke aus der Luke kamen, würde sie immer bei ihm bleiben. Er ahnte nicht, dass es möglich war, die Welten hin und her zu wechseln.

Okay – nicht weiter tragisch. Das hatte er nur nicht bedacht, das ergab aber weitere Fragen und weitere Möglichkeiten. Jans Fantasiehorizont erweiterte sich sofort: „Kein Problem", sagte er, „ich begleite dich in deine Welt. Ich wusste nicht, dass man das kann. Dass mir so ein Glück in meinem Leben passiert, dass ich so eine Gelegenheit bekomme, traute ich mir nicht einmal in meinen kühnsten Träumen zu denken. Ich bin schon ganz neugierig, deine Welt mit meinen eigenen Augen zu sehen. Sie muss wunderschön, prächtig und faszinierend sein, weil du selbst so wunderschön und faszinierend bist."

Klara verschlug es auf der Stelle die Sprache. Sie tat so, als würde sie gerade mit einem Stück Brot in ihrem Mund kämpfen. Ihr Gehirn schaltete auf Hochtouren. Ihre wieder angelegte Maske festigte sich im Gesicht. Sie wusste, wenn sie das Stück Brot endlich geschluckt hatte, muss sie ihm in die Augen schauen und irgendetwas sagen. Sie fürchtete seinen kindlich-unschuldigen Blick, sie ahnte seine Begeisterung und dass er sich die ganze Sache wie eine spannende Achterbahn vorstellte. Ihr Herz raste, sie konnte keinen klaren Gedanken fassen. Auf eine solche Reaktion von ihm war sie nicht vorbereitet. Was sollte sie antworten? Was sollte sie nur antworten?

„Und? Wann wollen wir gehen? Heute? Morgen?“, hörte sie Jans Stimme wie aus einer weit entfernten, völlig unbekannten Welt zu ihr sprechen. Sie hob langsam den Kopf, schaute Jan an, aber sie sah ihn nicht wirklich. Vor ihren Augen war es dunkel, sie musste sich am Stuhl festhalten, um nicht umzukippen. Das Blut aus ihren Adern stieg ihr ins Gesicht, überschwemmte ihren Kopf. Der Druck, unter den sie sich selbst stellte, ließ sie nach Luft schnappen und nur stotternd antworten; Klara hörte sich reden und wunderte sich über sich selbst. Sie verstand selbst nicht, was sie gerade sagte. Sie spürte nicht einmal wie sich ihre Lippen bewegten. Die scheinbar aus ihrem Mund fließenden Worte erklärten Jan langsam und bedächtig, warum er diesmal nicht mitkommen könne, weswegen es wichtig sei, dass sie alleine ginge. Sie konnte die vorgetragenen Argumente selbst nicht verstehen und sich gleichzeitig an sie auch nicht mehr richtig erinnern. Als wäre sie nicht dabei, als hätte jemand anders aus ihr gesprochen. Irgendwie versuchte dieser Jemand, Jan zu erklären, dass sie, Klara, erst die Menschen auf seinen Besuch vorbereiten müsse, weil diese solche fremde Besuche nicht gewöhnt sind. Irgendwie war es eine Lüge und irgendwie stimmte es auch. Erneut schaute sie Jan an und stellte erleichtert fest, dass er mit dieser Antwort zufrieden war, dass sie ihm logisch erschien und er unbekümmert, gedankenverloren in seinem Frühstücksei weiter herumstocherte, als ginge es um nichts.

Jan konnte es verstehen. Er konnte sich erinnern, wie es ihm ging, als bei ihm zum ersten Mal das Unerwartete geschah. Wie er erschrocken und am Boden zerstört war und dachte, sein Leben ist vorbei, oder noch lächerlicher, die Strafe Gottes ist gekommen. Und die Welt der Klara scheint so zärtlich, fein und zerbrechlich zu sein, da war es nur verständlich, dass man vorsichtig und langsam vorgehen, die Menschen auf einen „fremden" Besucher vorbereiten musste.

Klara kam wieder zu sich. Sie entspannte sich ein wenig, aber das Frühstück und die weitere Unterhaltung konnte sie nicht mehr genießen. Sie entschloss sich, noch in der Nacht, während er schlief, den Container zu verlassen.

Trennung

In der Außenwelt herrschte das typische nächtliche Treiben einer Straße. Halbleere, beleuchtete Straßenbahnen ratterten die Gleise entlang, brummende Lieferwagen wurden entladen, damit die Geschäfte in der Früh wieder mit Ware gefüllt sind, einige Jugendliche in heiterer Stimmung sangen ihr Lied in die Nacht hinein, verliebte Pärchen bummelten eng umschlungen an den Schaufenstern vorbei, Diskomusik drang aus den Kellerlokalen und mischte sich mit den anderen Geräuschen der Straße und ein paar alte Menschen irrten scheinbar ziellos umher. Alles war so wie immer. Als wäre nichts geschehen. Als wäre nicht die ganze Welt, das ganze Leben auf den Kopf gestellt worden. Wie konnten die Menschen so tun, als hätte sich nichts verändert?

Klara selbst wusste mit Sicherheit, dass in ihrer Welt nichts so wie früher war. Nicht nur das! Sie wusste, es würde auch niemals mehr so wie früher werden. Mit diesem Gedanken atmete sie langsam die nächtliche Luft der Straße ein. Die Gerüche, die Düfte, die sich einen Weg durch ihre Nase bahnten, waren ihr vertraut, aber sie verursachten keine erwartete Erleichterung oder sogar ein freudiges Gefühl, das sich normalerweise einstellt, wenn man das lang Vermisste wieder sieht, ihm begegnet. Außer Trauer hatte sie keine Emotion in sich. Wie viele Male war sie früher in der Dunkelheit diese Straße entlang spaziert, um diejenigen, die der Lebensmut verlassen hatte, die sich selbst aufgegeben hatten, vor der Kälte der Straße zu retten und ihnen in einem unter ihrem Patronat eingerichteten Heim eine warme Mahlzeit zu bieten. Das alles war einmal, es war nur noch Geschichte. Und jetzt? Jetzt spazierte sie selbst verloren unter dem scheinbar gleichen nächtlichen Himmel, beobachtete die Menschen, die – wie ihr zum Trotz – so taten, als hätte sich inzwischen in der Welt nichts getan.

Wo sollte sie hin? Nach Hause?

„Definiere zu Hause Klara! Hast du überhaupt ein Zuhause? Nennst du die vier Wände einer Wohnung, nur weil der Mietvertrag auf deinen Namen lautet, ein Zuhause?“, befragte sich Klara selbst und fuhr mit der Fragerei fort: „Habe ich mein Zuhause nicht woanders gefunden? Wer definiert, wie ein Zuhause ausschauen soll? Wer sagt mir, wie man sich zu Hause fühlen soll?“ Lauter Fragen, die Klara durch den Kopf flitzten, während sie ihre Beine den bekannten Gehsteig entlang gehen ließ.

Wie würde sich ihre Wohnung, das offizielle „Zuhause“ anfühlen? Was würde sie alleine, ohne Jans Wärme, mit der alle Räume im Container gefüllt waren, in ihren eigenen vier Wänden empfinden? Würde sie einschlafen können? Als wer würde sie am nächsten Morgen aufwachen? Alleine zu frühstücken – ohne vertraute Worte, ohne verständnisvolle Blicke. Alleine, nur mit dem eigenen, sich im Kreis drehenden Gedankenmeer, das keine Antworten auf die unendlichen Fragen gibt. Gedanken ohne Ende, die sich ihr Verstand angewöhnt hatte zu produzieren. Der Verstand, auf den sie vor ein paar Tagen noch so stolz war, auf den sie so baute, der in ihrem alten Leben ihr ganzes Kapital darstellte. Was ist mit den außerordentlichen Lösungen, die sie so stolz mit Hilfe ihrer aktiven Gehirnwindungen jedem Bedürftigen auf den Tisch legte? Die gleichen Windungen schienen sich jetzt nicht bewegen zu wollen. Keine richtigen Gedanken waren da. In Klaras Kopf war es leer, als hätte die Dunkelheit der Nacht alle ihre Nervenverbindungen verklebt und jede Ecke ihres Geistes ausgefüllt. Alles kam ihr hoffnungslos verloren und sinnlos vor.

Stille – Stillstand – Ohnmacht – Alleine.

Niemand war da, der Klara sagen konnte, wo sie hin sollte. Sie selbst wollte auf einmal nirgendwohin. Nicht einmal in den Container zurück. Sie schämte sich zu sehr. Sie fühlte sich schuldig, dass sie nicht fähig gewesen war, Jan – der nicht wusste, was eine Lüge ist – die Wahrheit zu sagen.

Wusste sie selbst, was ihre eigene Wahrheit in diesem Moment war? Wusste sie, dass sie Angst hatte zurückzugehen, ihrer Vergangenheit, ihrem alten „Ich“ zu begegnen? Wusste sie, dass sie Jans Wunsch, mitkommen zu dürfen, aus Angst nicht nachgekommen ist? Wusste sie, dass sie tief in sich Angst davor hatte, dass er sie außerhalb der schützenden Containerwände in ihrem „wahren“ Licht erkennen könnte, das sie selbst nicht einmal kannte, das sie ihm im Container bewusst-unbewusst vorenthalten hatte, oder das noch keine Gelegenheit bekam, an die Oberfläche zu kommen? Wusste sie, dass sie Angst davor hatte, dass er sie in einer anderen Umgebung nicht erkennen und von ihr enttäuscht sein könnte? Wusste sie, dass sie Angst davor hatte, Jan in für ihn ungewohnter Umgebung verwirrt, verloren, schwach und ratlos zu sehen? Wusste sie, dass sie sich davor fürchtete, die zauberhafte Illusion von einer „heilen Welt“ zu verlieren?

Trotz ihrer eigenen Angst und ihres Unmuts darüber, Jan und den Container zu verlassen, hatte sie letztendlich den gefürchteten Schritt nach außen getan. Aber was jetzt? Jetzt stand sie da, alleine, selbst verwirrt und verloren. Mit den Gedanken war sie bei Jan: „Was wird er sagen, wenn er aufwacht und ich nicht da bin? Wird er sich verraten fühlen? Wird er verwirrt und/oder traurig sein? Wird er zerbrechen? Wird seine Welt wie ein Kartenhaus zusammenstürzen?

Wird er, so alleine, seinen Schmerz ertragen können? Wird er mir böse sein? Wird er mich jemals wieder sehen wollen?"

Das Schuldgefühl wuchs und wurde immer größer. Klaras Herz schmerzte. Sie setzte sich in das erste Straßenlokal und beschloss, sich mit einer ordentlichen Dosis Alkohol zu betäuben. Jedes Mittel war gut genug, um sich in die alte Klara verwandeln zu können – Klara, die sich in dieser Welt auskannte, bewegen konnte. Eine Klara, die ihr helfen würde, mit der Welt klarzukommen. Vielleicht würde ihr der Alkohol helfen, vielleicht würde ihr der Rauch und der verschwitzte Nebel der Kneipe helfen, alle Erinnerungen an den Container aus dem Gedächtnis zu verdrängen, in einen Nebel zu hüllen, zu vergessen. Vielleicht würde sie es schaffen, in Ohnmacht zu fallen und dann, als wäre sie nie weg gewesen, in ihrer alten Haut und Welt zu erwachen. Alles wäre so wie früher.

Klara trank und trank. Sie leerte ein Glas nach dem anderen, aber es half nichts. Der benebelte Zustand und die angenehme Trunkenheit wollten sich nicht einstellen. Sie war dauernd vollkommen wach, nur der Körper wollte irgendwann nicht mehr mitspielen, ihr wurde kotzübel. Letztendlich gab sie auf, nahm ein Taxi und ließ sich ohne die kleinste Freude in ihre alte Wohnung fahren.

***

Nicht einmal fünfhundert Meter vom Lokal entfernt, in dem sich Klara zu betrinken versuchte, schlief Jan ruhig in seinem Containerbett und träumte seine üblichen Träume, die seit Klaras Einzug im Container noch lebendiger geworden waren. Schlafend sah er plötzlich in seinem Traum das unglückliche Gesicht von Klara. Der Ausdruck ihrer Augen schien um Hilfe zu bitten. Erschrocken wachte er auf und wusste nicht, was er tun sollte. Wieso sollte sie Hilfe benötigen? Er schlich sich vorsichtig in ihr Schlafzimmer – und?

Sie war weg!

Ein wenig überrascht schaute er sich noch in allen Räumen um und dann begriff er – sie war endgültig weg. Scheinbar war sie jetzt, genauso wie sie damals gekommen war, gegangen. Erstaunlich, aber diese Erkenntnis machte ihm nicht viele Sorgen. Beim letzten Gespräch, als sie ihre mögliche Abwesenheit erwähnte, versprach sie ihm, dass sie bald zurückkommen würde. Jan vertraute Klara.

HORIZONTERWEITERUNG

Die Verschiebung unseres Blickwinkels, die Erfahrung einer neuen Ebene, die Begegnung mit einer fremden Welt, einer anderen Ansicht kann unseren Horizont, unser Verständnis, unser Bewusstsein erweitern.

Der Weg zurück zur alten, gewohnten Sicht der Dinge und der Welt, sowie zurück zum „alten Ich", das noch nicht sah, nicht hörte, nicht erfahren hatte und sich nicht bewusst war, ist kaum oder nur mit viel Mühe, Selbstblendung und Selbstlüge möglich.

Wir sind so – wie wir sind. Jeden Moment in einer Erfahrung, jeden Moment in Entwicklung und Bewusstwerdung.

– ICH BIN SO WIE ICH BIN –

S. 332

Er hatte keine Ahnung, dass bei Menschen die Worte manchmal im Widerspruch zu ihren Taten stehen. „Gesagt – getan, getan – gesagt", war seine eigene Logik. „Wieso sollte jemand Eines sagen und etwas Anderes tun?" Das wäre sicherlich Jans unschuldige Frage zu diesem Thema gewesen.

Jan war nicht wegen Klaras Verschwinden selbst, sondern wegen ihres unglücklichen Gesichtes beunruhigt, das er im Traum gesehen hatte. Was hatte dieser Hilferuf zu bedeuten? War er echt, oder war es nur seine Fantasie? Hatte er im Traum eine echte Verbindung zu ihr und ihre Welt aufgebaut? Konnte es sein, dass sie in echten Schwierigkeiten war? Wieso sollte sie in ihrer wunderschönen, zarten Welt, über die sie ihm so viel Interessantes erzählte, traurig und in Not sein? Das passte nicht zusammen. Nein, das war nicht logisch. Das war sicherlich nur seine Fantasie, wie seine Mutter sagen würde – wie früher, wenn er schweißgebadet mitten in der Nacht aus seinen Träumen aufgewacht war und erschrocken bei der Mutter Trost, Schutz und Erklärung suchte.

Jan ging wieder ins Bett und vergaß schnell seinen Traum. Er schlief tief und fest bis in die Morgenstunden hinein. Er schlief in seinem „kindlichen" Vertrauen, das sich für den Rest des Schlafes in seinem Gesicht spiegelte.

***

Klara nahm endlich ihren gesamten Mut zusammen und ließ sich in den nächsten Tagen wiederholt mit vorbereiteten Berichten bei ihren Vorgesetzten blicken.

Alle waren von ihr und ihren Erzählungen fasziniert.

Obwohl sie ihrer eigenen Meinung nach nicht wirklich etwas erzählte, wurde sie von allen wie eine Heldin gefeiert. Sie erfand nicht einmal etwas, sie musste nicht einmal lügen. Sie sagte nur, dass der Bewohner ein Mann sei, es gehe ihm den Umständen entsprechend gut, er sei ihr gegenüber friedlich, von dem Experiment habe er keine

Ahnung und glaube fest an seine Welt in der er lebt. Vorsichtig meinte sie dann weiter zu ihren Kollegen, dass die Vorbereitungen für seinen Rückweg in die Menschenwelt sicherlich eine längere Phase als gedacht in Anspruch nehmen werden, da der Bewohner selbst keinerlei Bedürfnis verspüre, seine Welt zu verlassen. Sie beschrieb ihn wie einen gepflegten, selbstbewussten Mann mittleren Alters, der halt seiner Containerwelt angepasste Tagesgewohnheiten pflegte. Die Tatsache, dass er schon bereit war, ihre Welt zu besuchen, verschwieg sie allerdings diplomatisch.

Tagelang wurde Klara von allen und überall wo sie auftauchte, bejubelt. Kollegen und Freunde feierten ihren Mut. Sie bewunderten an ihr, dass sie es so lange, ganz alleine, ohne Hilfe, ohne Außenwelt mit diesem eigentümlichen Mann ausgehalten hatte, dass sie noch immer unerschrocken dasteht und bereit ist, wieder in den Container zurückzukehren. Wie sollte sie diesen Menschen, die ihre eigenen Vorstellungen hatten, erklären, dass das Gefühl, alleine und hilfsbedürftig zu sein, etwas sei, das ihrer Erfahrung im Container ganz entgegengesetzt war?

Nach ein paar Tagen gewöhnte sich Klara an die bewundernden Blicke. Irgendwie wollte sie selbst glauben, dass sie eine Heldin war. Das gab ihr einen neuen Antrieb, eine neue Kraft. Jetzt glaubte sie wieder, dass sie doch alles richtig gemacht hatte. Nur in ihrer Wohnung wollte sie sich überhaupt nicht aufhalten. Sie hatte Angst, sich selbst zwischen den vier Wänden, die ihr jetzt als wahrer Container vorkamen, nicht ausstehen zu können. Sie hatte Angst, dass sich in der Einsamkeit, ohne die Ablenkung durch die Mitmenschen ihr Gewissen melden und ihr die unterdrückten Sehnsüchte zeigen könnte. Sie hatte Angst, dann nicht mehr an ihre Heldentat glauben und die Rolle der mutigen Retterin spielen zu können.

Nacheinander, hauptsächlich um sich abzulenken und die freundschaftliche Pflicht zu tun, besuchte sie all ihre Freunde und Bekannten. Überall wurde sie gefeiert und bewundert. Es tat ihr gut. Alle wollten ihre Erzählungen hören. Alle wollten fantastischen Geschichten lauschen, aber damit konnte, wollte sie nicht wirklich dienen. Rettend hüllte sie sich in die berufsbedingte Schweigepflicht ein. Das faszinierte die Menschen noch mehr. Die Geschichten, die sie hören wollten, erfanden sie ohne Mühe und ohne es zu merken, selbst.

Klara war im Kreise ihrer Lieben anwesend, aber auch nicht. Niemand sah sie, niemand hörte sie wirklich. Man hob immer wieder das Glas auf ihr Wohl, aber sie merkte erschüttert, dass sie für diese Menschen kaum mehr existierte. Sie hatten ihre Welten, ihre Vorstellungen, ihre eigene Klara. Diese war sie aber nicht. Sie fühlte sich mehr alleine, denn je. Sie bemühte sich diesen Besuchen für sich selbst etwas abzugewinnen. Sie versuchte eine Freude, eine Vertrautheit im Herzen zu empfinden, sie versuchte die gemeinsame Sprache, die gemeinsame Schwingung zu finden, aber erstaunt und traurig musste sie feststellen – es ging nicht. Jede Kommunikation, jeder Austausch fühlte sich verkrampft und taub, unbefriedigend an. Es war nichts im Vergleich dazu, was sie fähig war, bei Jan und ihren gemeinsamen Gesprächen zu erleben und zu fühlen.

Leere – Trauer – Enttäuschung – Verzweiflung – Einsamkeit machten sich in Klara breit.

***

Die Tage vergingen und Klara war noch immer nicht zurück. Jan wurde unruhig. Das unglückliche Gesicht von Klara aus seinem

Traum begann ihn zu verfolgen: „Wieso ist sie noch nicht zurück? Kann es sein, dass sie den Weg nicht mehr gefunden hat?“, fragte er sich immer wieder. Er hatte vergessen sie zu fragen, wie die Verschiebung zwischen zwei Welten funktioniert, wie sie damals eigentlich zu ihm gekommen war. Kann es sein, dass es im Traum, während man schläft, ohne eigenen Willen passieren kann? Kann es sein, dass Klara einfach im Schlaf die Welt gewechselt hat? Kann es sein, dass sie damals nur dank eines Zufalls bei ihm, in seiner Welt auftauchte?

Jan bekam es nach langer Zeit mit der Angst zu tun. Zum ersten Mal sah er die Möglichkeit, dass Klara nicht mehr zurückkommen und sein Leben wie früher werden könnte.

„Kann mein Leben rückgängig werden? Kann es genauso werden wie früher? Damals wusste ich nichts von Klara und ihrer Welt. Damals habe ich nicht gewusst, dass meine Welt für andere betretbar ist, dass ich für andere existieren kann. Kann ich dies alles wieder vergessen? Kann dies passieren? Weil nichts ahnend, nichts wissend, nur dann, wenn ich in meiner alten Sicht der Welt, meinem alten Glauben bin, dann kann es so wie früher werden. Aber ich will doch nichts vergessen, ich will keine einzige Erinnerung an Klara verlieren. Aber ich will auch diese Angst nicht haben und diese Leere, diese Einsamkeit nicht fühlen. Wie soll ich jetzt so zufrieden wie früher leben?“, zerbrach sich Jan seinen Kopf.

Wie konnte Jan jetzt weiter leben?

Was konnte er tun, wenn er seine Angstgefühle nicht haben wollte? Er konnte doch diese wunderschöne Frau, die einen neuen Aspekt in sein Leben brachte, seinen Horizont erweiterte, er konnte sie nicht einfach leugnen, aus seinem Gedächtnis, aus seiner Erinnerung streichen, vergessen – oder?

Sollte er sich damit abfinden, dass es niemals mehr so sein wird wie früher? Sollte er sich damit abfinden, dass diese Lebendigkeit, diese Neugierde, diese Begeisterung, die er mit Klara erlebte, niemals wieder kommt? Sollte er lernen, damit zu leben, dass er sich bei jedem Gang durch seine Räume, bei jeder Mahlzeit, bei jedem Betrachten seiner Bilder unendlich alleine und verlassen fühlen würde? Die Welt kam Jan schon jetzt, nur ein paar Tage nach Klaras Verschwinden, leer und sinnlos vor. Er fürchtete, niemals mehr zufrieden sein, niemals mehr seinen inneren Frieden empfinden zu können.

Der Finger von Jans Mutter hob sich wieder mal in seinem Inneren, aber er beachtete es nicht. Seine Vorstellungen einer Welt ohne Klara und die Angst davor besetzten sein gesamtes Wesen, sie betäubten seine Wahrnehmung und seine Sinne. Jan wurde übel. Er konnte an mehreren Tagen keinen Happen hinunterbringen. Die beängstigende Vorstellung der Einsamkeit hatte seinen Magen fest zusammengeschnürt. Der Kopf suchte verzweifelt nach einem Rat, nach einer Lösung. Er versuchte die Mutter wieder in sich wahrzunehmen, sie um Rat zu bitten, aber er konnte sie nicht spüren. Auch sie ist scheinbar wieder aus seinem Leben verschwunden. Er war wieder ganz alleine. Verrückt vor Angst versuchte er sich in seine Träume zu flüchten. Er bat Gott, ihn in den Träumen zu Klara zu bringen. Er bat Gott, ihm zu helfen, den Weg, den sie aus seiner Welt gegangen war, zu gehen. Er bat Gott, ihm zu helfen sie zu finden, um sie zurück in seine Welt zu holen. Er wollte und konnte ohne sie nicht mehr leben. Wer sollte ihm jetzt all seine Fragen beantworten? Wer sollte ihm dieses Wärmegefühl und dieses Lächeln, das Verständnis, diese Sorglosigkeit und Verbundenheit geben?

Ohne Klara war Jan nichts. Nur ein Haufen Unruhe, das Unglück selbst. Nicht einmal schlafen konnte er mehr. Wie sollte ihm dann gelingen, sie auf diesem Wege zu finden, zu besuchen?

Jan ging in sein Bilderzimmer. Noch immer hingen dort alle alten Bilder von Klara, die er aufgrund des eingeschleusten Fotos und seiner Träume vor ihrem Besuch gemalt hatte. Stundenlang saß er regungslos vor diesen Bildern und versuchte mit Klara zu kommunizieren. Er stellte ihr Fragen und versuchte sich ihre Antworten vorzustellen. Zum Essen nahm er ihr Bild mit in die Küche und stellte es neben sich. So konnte er die wunderbaren Gespräche mit ihr nachstellen. Er versuchte wie Klara zu denken und zu fühlen.

Langsam verdrängte er seine Angst, es wurde still und traurig in ihm …

In Gedanken flüchtete er sich in Welten, in denen Klara existierte. So – geistig abwesend – ging er all seinen Pflichten nach. Der Tagesablauf, das Essen, das Schlafen, sogar auch das Malen interessierten ihn nicht mehr wirklich.

Er wurde ein Schatten seiner selbst.

Wer weiß, wie es mit Jan weitergegangen wäre, wäre sie nicht eines Tages einfach wieder da gewesen. Sie bereitete das Frühstück in der Küche. Einfach so, als wäre sie nie weg gewesen!

Vernunft

Monate vergingen. Der Alltag schien sich in Klaras und Jans Leben wieder einzustellen. Die meiste Zeit verbrachten sie so wie früher – mit Gesprächen über andere Welten. Klara versuchte Jan solche nichts sagende Begriffe wie „Arbeit“, „Chef“, „Büro“, „Geld“, „Verdienen“, „Produktion“, „Mangel“, „Reichtum“, „Volk“, „Politik“, „Krieg“ und „Freiheit“ zu erklären. Die Erklärungen gestalteten sich schwierig. Sie wusste, dass er fähig war, trotz ihres Bemühens, sich nur seine eigenen Vorstellungen von diesen Begriffen zu machen, die mit Klaras Realität und mit dem, was sie eigentlich meinte, wenig zu tun hatten. Sie wusste, er presste jede Erklärung in seinen Container, in diesen kleinen, künstlichen Raum. Sie wusste, er stellte sich ihre Welt wie eine Welt in einem anderen Container vor. Einen anderen begrenzten, abgeschlossenen, isolierten Raum, in dem sich die ganzen wunderbaren, spannenden Geschichten abspielten, die aus ihrem Munde kamen. Er verglich ihre Sorgen und ihr Pflichtbewusstsein mit seinen eigenen Erfahrungen, mit dem, was er kannte – täglich die Luke zu leeren, das Haus sauber zu machen, Bilder zu malen, das waren seine Pflichten. Und Sorgen? Seine Sorge war, ob ihm Gott am nächsten Tag noch immer genug Wasser und Licht geben würde und ob er alles gut machte, so wie es sich Gott von ihm wünschte, oder erwartete.

In solchen Augenblicken wurde sich Klara der Unvollkommenheit des menschlichen Ausdrucks und seiner Mitteilungsfähigkeit bewusst. Sie lernte zu beobachten, wie ein und dasselbe Wort, ein und dieselbe Beschreibung eines Ereignisses zwei völlig verschiedene Inhalte haben kann. Sie konnte nur vage abschätzen, was in Jans Kopf vorgeht, während sie ihm erzählte. Stundenlange Diskussionen zu einem einfachen Thema waren notwendig, bis sie beide erleichtert das Gefühl hatten, sich zu verstehen. Umso größer war meistens ihre Überraschung einige Tage später, wenn sie aus Jans Reaktionen und Verhalten feststellen musste, dass er noch immer keine Ahnung hatte, was sie meinte, beziehungsweise, dass er es ganz anders verstand. Und dabei war Jan einer der begnadetsten Zuhörer und Schüler, die sie je hatte. Er war jemand, der sich bemühte, der verstehen wollte, der darauf brannte, Klaras Welt in allen ihren Facetten zu erahnen. Er war jemand, der nicht nur mit den Ohren, sondern mit allen seinen Sinnen und seinem ganzen Wesen zuhörte, der kaum Vorurteile hatte und trotzdem wurden Missverständnisse unvermeidbar. Die Sprache war eindeutig nicht das am besten geeignete Mittel, um jemandem die eigene Welt, eigene Einsichten, eigene Erfahrungen zu vermitteln.

Noch schwieriger gestaltete sich die Kommunikation seit Klaras Rückkehr in den Container. Sie konnte an die frühere Vertrautheit und das wortlose Verständnis zwischen ihnen nicht mehr anknüpfen. Sie wusste, sie stand sich selbst im Wege. Sie wusste, auf einmal hatte sie viel zu viele Erwartungen an Jan, aber sie wusste nicht warum und von wo sie plötzlich kamen. Sie spürte in sich, dass sie von ihm erwartete, dass er ihr alles gibt, was sie draußen nicht bekommen konnte und sie wusste aber auch, dass er ihr dies alles nicht geben konnte. Wie sollte er auch? Er konnte doch ihre Welt nicht einmal annähernd verstehen. Sie wusste doch selbst mit diesen Erwartungen nicht etwas anzufangen. Sie versuchte sich dagegen zu wehren, es zu verdrängen, aber sie merkte, dass in ihr die hoffnungsvollen Erwartungen unbeobachtet lebten und weiter wuchsen. Was konnte sie dafür, dass sie einfach nur glücklich sein wollte?

Nacht für Nacht wälzte sich Klara im Bett und kämpfte mit ihren

Sehnsüchten. Ein unerklärliches Gefühl sagte ihr immer wieder, dass es trotz aller Zweifel möglich ist, das Erträumte wieder zu finden. Sie selbst hatte es doch die ersten Tage im Container gespürt und erfahren, aber sie wusste nicht mehr, wie sie wieder dorthin kommen könnte.

Damals war sie unvorbereitet. Die Ereignisse hatten ihren Verstand überrumpelt, sie hatte nur im Staunen gelebt. Jetzt mischte sich die Vernunft dazu. Wie sollte denn, mit diesen vielen Erwartungen, eine außergewöhnliche Vertrautheit und Verständnis möglich sein? Ihre Welten waren doch völlig unterschiedlich, hatten gar keine Gemeinsamkeiten. Obwohl sie die gleichen Worte sprachen, war die Sprache nicht dieselbe. Jeder stellte sich unter dem gleichen Begriff, aufgrund seiner eigenen Erfahrung und Vorgeschichte etwas vor, was für den anderen unmöglich nachzuvollziehen war.

Sie versuchte, sich in seine Gedankenwelt zu versetzen. Sie versuchte sich vorzustellen, wie es war, seit der Geburt nur diese eine Welt zu kennen, wo alles automatisch, wie von selbst, wie selbstverständlich geschieht. Diese Einsicht war ihr wiederum versperrt und sie konnte ihn nicht verstehen. Sie konnte nicht nachvollziehen, warum er sich nicht unfrei – eingesperrt – fühlte, warum er sich nicht nach mehr Raum, mehr Lebensqualität, mehr Wärme und Nähe, nach Freiheit sehnte. Sie hatte bislang gemeint, dass alle Menschen den gleichen Antrieb haben, der schon seit der Geburt und über Generationen in den Genen codiert ist. Ein Antrieb, mehr zu erfahren, zu erreichen, mehr zu haben, mehr zu wissen und frei zu werden. Sie glaubte auch, dass jeder Mensch von Natur aus unzufrieden ist und dass ihm diese Unzufriedenheit als Antrieb zu Fortschritt und Entwicklung dient. Aufgrund dieser Überzeugung schaffte sie es immer wieder, die Neugier ihrer Sozialfälle, die längst aufgegeben hatten, zu erwecken. Sie musste scheinbar nur den richtigen Knopf drücken und die Neugier und der Wille wurden bei ihnen wieder zum Leben erweckt. Dies bestätigte immer wieder ihre Annahme und Überzeugung. Nur bei Jan war es anders.

Überhaupt, seitdem sie wieder zurück im Container war, schien Jan zufriedener denn je zu sein. Es schien ihm absolut nichts mehr zu seinem Glück zu fehlen. Seine Welt wurde durch Klara vollzählig – perfekt. Er hatte mehr erreicht, als er sich je erträumt hätte. Wie konnte jemand mit so wenig vollkommen zufrieden, sogar glücklich sein? Wie konnte so jemand wie Klara jemandem reichen, ihm genügen? Irgendwo gab es einen Haken, aber wo, oder bei wem? Egal was Klara erzählte, ob traurige, oder lustige Geschichten – Jan passte jede ihrer Erzählungen seiner kleinen Welt so an, dass keine Risse, keine Infragestellungen entstanden und seine Welt wurde um diesen Teil größer, bunter und reicher. Es schien nichts zu geben, was seine Welt erschüttern könnte.

Unbewusst spürte sie, dass sie immer mehr wollte. Sie wollte, dass er sie als Frau versteht, dass er ihren Einsatz für ihn schätzt, dass er versteht, wie viel sie für ihn aufzugeben bereit ist, wie viel sie für ihn riskiert. Seine Lockerheit und Zufriedenheit gingen ihr auf die Nerven. Ohne dass sie sich selbst verstand, begann sie wie automatisch seine Vorstellungskraft herauszufordern, seine Welt in Frage zu stellen. Jedes Mal wusste sie, dass es nach hinten losgehen könnte, er sich gegen sie wenden könnte, aber sie konnte es nicht lassen. Irgendein Teil von ihr begann zu glauben, einen Feind vor sich zu haben, den sie bekämpfen, den sie bekehren, zur Vernunft bringen musste. Erst dann, wenn er erkennen und zugeben würde, dass seine Welt nur eine Illusion – nicht in Ordnung und nicht vollkommen war, wenn er mit Demut aus dem Container hinausspazieren und ihre Welt für seine annehmen und verehren würde, nur dann könnte dieser Teil von ihr zur Ruhe kommen und zufrieden sein. Könnte er es denn dann wirklich?

Klara erkannte eine Stimme in sich, die ihr diese düsteren Gedanken zuflüsterte und erschrak. Ihr Herz hörte auf zu schlagen, Schamröte stieg ihr ins Gesicht. Das Problem war, sie kannte diese Stimme, die Bestimmtheit, dieses „im Recht sein Wollen". Sie kannte dieses Fordernde, Anzweifelnde, Anklagende, Unzufriedene – sie hörte sie ja nicht zum ersten Mal.

Wie im Kino saß sie ruhig im Bett und schaute sich im Schnellvorlauf Situationen aus ihrer Vergangenheit an, wo diese Stimme zum Leben erwacht war und ihr Leben bestimmt hatte. Sie sah sich, wie sie erschöpft viele Male es probiert hatte, diese Stimme in sich abzutöten, zum Schweigen zu bringen, zu ersticken. „Böse Stimme – böse Klara!" Mit viel Arbeit im Außen versuchte sie sich abzulenken, diesen Teil von sich – oder was auch immer es war – nicht zu hören, nicht wahrzunehmen, nicht zu haben, inexistent zu machen. Aber immer wieder kam er durch – der Teil. In den unerwartetsten Situationen, wenn ihre Aufmerksamkeit ganz woanders war, wurde plötzlich diese fremd klingende Stimme, die zu ihr gar nicht passte, laut und wirklich. Die Stimme sprach aus ihrem Mund, benutzte ihre Stimmbänder, gestikulierte wild, bestimmend und betörend mit ihren eigenen Händen. In diesen Augenblicken sah sie sich selbst, wie sie von ihrer Wahrheit überzeugt war und sie vehement vor der ganzen Welt verteidigte. Sie ließ sich hinreißen, sie steigerte sich hinein, bis sie aus diesem Zustand erwachte, was meistens aber viel zu spät geschah – und dann schämte sie sich. So war es schon in der Kindheit, wo sie scheinbar auf Grund dieser Ausschließlichkeit ihre beste Freundin und dann später ihren Ehemann verloren hatte.

Erschrocken glaubte sie ihre Selbstsucht erkannt zu haben: „Was tue ich da? Ich bin doch gekommen, um Jan zu helfen, Jan zu retten. Ich bin nicht gekommen, damit es mir gut geht, dass er mich versteht. Ich soll hier meinen Job tun – nicht mehr und nicht weniger! Ich muss mich bemühen, seine Welt, seine Besonderheiten und seine Lage zu verstehen. Was ist nur in mich gefahren? Was habe ich mir dabei gedacht?" Erleichtert legte sich Klara wieder hin. Jetzt glaubte sie zu wissen, was los war, was sie falsch machte. Jetzt glaubte sie wieder zu wissen, was sie zu tun hatte – ihren Job! Nicht mehr und nicht weniger!

***

Jedes Mal, wenn Klara wieder den Container verließ, um in ihre Welt zu reisen und dort irgendetwas zu erledigen, lebte Jan seine Qualen und Ängste in vollen Zügen aus. Innerlich spürte er schon einige Tage im Voraus, wann sie wieder gehen musste – um ihre „Pflicht" zu tun und er konnte dann nächtelang nicht schlafen. Immer wieder versuchte er, dieses Wort „Pflicht" zu verstehen, aber es ging nicht. Klara hatte versucht, es ihm an unzähligen Beispielen zu erklären. Sie meinte, dass es so ähnlich wäre, wie wenn er täglich seine Luke mit der Nahrung öffnete und die Lebensmittel entnehmen musste, weil er sonst nichts zu essen hätte. Aber jetzt war sie doch bei ihm und sie hatten hier alles, es mangelte an nichts. Was für Pflichten konnte es dann noch geben?

Immer wieder versuchte er sich zu beruhigen und sich zu sagen, dass alles gut sein würde, dass sie sicher zurückkommen würde, so wie sie bis jetzt immer zurückgekommen war, aber irgendetwas machte ihm eine unvorstellbare Angst. Er spürte, dass Klara seit ihrer ersten Rückkehr anders geworden war. Ihre Augen hatten nicht mehr dieses Licht, ihre Stimme verlor eine bestimmte Färbung und ihre Erzählungen waren nicht mehr so lebendig und er schaffte sie nicht mehr so oft zum Lachen zu bringen. Klar, sie erzählte ihm über ihre Sorgen in ihrer Welt, aber er konnte es nicht nachvollziehen. Er verstand nicht, wieso es auf sie noch einen Einfluss hatte, wenn sie jetzt in seiner Welt war, wo diese ganzen unbekannten Sachen nicht wirkten. Er selbst spürte ja nichts davon. Sie konnte sich also bei ihm ausruhen, erholen, vergessen. Aber sie tat es nicht. Wieso vergaß sie nicht einfach, so wie er damals, als das Licht wieder eingeschaltet worden war, als das Wasser wieder floss und er erkannte, dass es nicht an seinem Glauben an Gott gelegen hatte? Was stimmte mit dieser anderen Welt nicht, die in seinen Träumen, Bildern und in Klaras ersten Erzählungen so vertraut, bunt, leicht und interessant wirkte? Wieso hatte diese Welt plötzlich so düstere Färbung bekommen? Wieso machte sich Klara so viele Sorgen, die sie in seiner Welt nicht vergessen konnte? Hatte sich ihre Welt völlig verändert? War das möglich? Und wenn die Welt so furchtbar geworden war, wieso ging sie dann immer wieder dorthin? Wieso blieb sie nicht einfach bei ihm, in der Sicherheit? Und wenn sie sich dort so unwohl fühlte, Angst hatte – wieso wollte sie nicht, dass er mitkommt? Was gab es da für ein Geheimnis, das Klara erfahren durfte und er nicht? Was gab es für einen Unterschied zwischen ihm und Klara? Wieso durfte sie zwei Welten besuchen und er nicht? Wer bestimmte das?

Ein paar Mal hatte Jan versucht, Klara all diese Fragen zu stellen. Er hatte dabei Angst in ihren Augen gesehen und bekam selbst eine Angst, ohne zu wissen warum. Also ließ er es sein. Er fürchtete, dass sie bei ihm auch Angst spüren würde und dann keinen Grund mehr hätte bei ihm zu bleiben. Er fürchtete, dass sie eines Tages von einer ihrer Reisen nicht mehr zurückkommen könnte. So entschloss er sich über seine Ängste nicht mehr zu sprechen und Klara ihren

Aufenthalt bei ihm so schön und angenehm wie möglich zu gestalten, damit sie immer wieder und immer mehr Gründe hätte, ihre alte Welt loszulassen, sie zu vergessen und bei ihm zu bleiben.

Eines konnte Jan aber nicht lassen. Die Neugier auf eine andere Welt als die seine konnte er nicht verstecken und vergessen. Aufgrund ihrer Erzählungen versuchte er immer wieder neue Bilder zu malen. Diesmal waren es aber nicht mehr seine Träume, sondern Klaras Worte, die seine Fantasie beflügelten. Diese neuen Bilder hoben sich deutlich von den früheren ab, und Klara wunderte sich nur, warum er früher, bevor er sie gekannt hatte, die Außenwelt besser ausdrücken, malen konnte als jetzt.

***

Klara stand unter Druck. Von dem Experiment erzählte sie Jan noch immer nichts. Sie fürchtete, er würde sie verabscheuen, sich von ihr verraten und betrogen fühlen. Sie hatte Angst, er würde glauben, sie nutze ihn nur aus. Sie wusste, dass ihm seine Eltern nichts erzählt hatten und dass sie ihm ein Ersatzbild, eine gefälschte Vergangenheit geboten hatten. Die Beschriftung des Alarmknopfes hatten sie sicherheitshalber abmontiert, damit der Junge keine Fragen stellen konnte und die Notizen, die sie sich im Rahmen des Experiments gemacht hatten, fand Klara sicher vor Jans „naiven“ Augen versteckt.

Klara wusste über Jans Sehnsucht, ihre Welt zu betreten und kennen zu lernen. Sie wusste vom Wunsch des Experimentteams, Jan endlich an die „frische“ Luft, auch wenn nur für ein paar Minuten, zu holen. Sie konnte und wollte es nicht zulassen. Sie wusste, dass sich Jans Vorstellungen von der „anderen“ Welt völlig von der Realität unterscheiden. Sie fürchtete, er würde die Wahrheit nicht ertragen. Sie fürchtete, dass er die Tatsache, dass er die ganze Zeit mitten in dieser Welt, nach der er sich sehnte, eingesperrt, zur Beobachtung und zu Experimentzwecken der anderen lebte, nicht verstehen und verarbeiten könnte.

FRAGE

Fragen können die Welt und das Bewusstsein verändern. Eine Frage zu formulieren heißt, eine passende Telefonnummer in die Unendlichkeit zu wählen, ein Code, der das Gesuchte aus dem Meer der Informationen auf dem anderen Ende des „Hörers" erklingen lässt.

Eine Frage zu stellen ist nicht leicht und eine „richtige" Frage zu stellen, die einem das verrät, was man wirklich sucht, was man finden will, ist noch schwerer.

Hat man die Frage einmal gefunden, kennt man meistens auch schon die Antwort. Kennt man die Frage noch nicht, soll man zuerst nach ihr und nicht bereits nach einer Antwort suchen.

Die Vorstellung, wie eine Frage ausschauen soll, die Vorstellung, wie eine Antwort lauten soll, kann behindernd sein, sie lässt uns nicht hineinhören und nicht hineinsehen weil …

S. 333

Eines Tages war es aber soweit. Klara musste wieder ins Büro, um einen weiteren Bericht abzuliefern. Jan spürte es schon einige Tage im Voraus und nervte sie dauernd mit seinem kindlichen:

„Wieso darf ich nicht mit?" und „Vielleicht nimmst du mich diesmal doch mit …" bis zu „Was könnte schon passieren? Wenn es schlimm für mich wird, dann komme ich einfach zurück …"

Es war nicht gerade Klaras bester Tag und diese befremdliche Stimme in ihr wurde wieder laut und begann mit einem strengen, überlegenen, besserwisserischen Ton zu sprechen: „Du willst es wirklich wissen, mein Lieber?! Okay! Es ist deine

Entscheidung – du sollst es haben!" Sich nicht gerade besonders stark gegen diese Stimme wehrend, sagte sie dann letztendlich laut und genervt zu Jan: „Nein, dieses Mal nicht! Man muss auch die Welt auf dich vorbereiten, aber ich verspreche dir, das nächste Mal nehme ich dich mit." Jetzt war es raus! Es war gesagt und sie wusste, dieses Mal wird sie es einhalten müssen, aber sie hatte keine Idee wie. Im Büro werden sie sich etwas einfallen lassen müssen, wie sie Jan für einen kurzen Kennenlernausflug herausholen. Dafür sind sie schließlich da, die Herren und Frauen Experimentatoren!

***

Der Tag nahte. Mit dem Team wurde ein fixer Termin vereinbart, an dem alles perfekt organisiert, in einer geheimen Operation – unter Ausschluss der Öffentlichkeit – laufen sollte. Ein Wagen mit verdunkelten Scheiben sollte Klara und Jan abholen, für ein paar Stunden in Klaras Wohnung bringen und dann wieder zurückfahren. Eine Kollegin – die Psychologin – würde in der Wohnung warten, damit Jan eine Möglichkeit bekäme, sich endlich auch mit einer weiteren Person zu konfrontieren. Der Ausflug sollte nicht zu lange dauern, damit er mit neuen Reizen nicht überflutet und überfordert würde. Es sollte am späteren Abend geschehen, wenn die Stadt ruhiger ist und die künstliche Beleuchtung der Straße den Lichtverhältnissen im Container ähnelt.

Jan freute sich wie ein kleines Kind. Jeden Tag fragte er, ob es schon soweit ist, wann die Begegnung mit seinen Träumen wahr würde. Klara wunderte sich, wieso er keine Angst hatte, wieso er nicht einmal ein wenig nervös war. Es erwartete ihn doch eine völlig unbekannte Welt, mehr sogar – er konnte gar nicht wissen, was ihn erwartete und jeder „normale" Mensch, den sie bislang kannte, hatte sich vor allem, was unbekannt war, gefürchtet. Jan schien ihr aber total zu vertrauen und sich zu denken: „Wenn Klara in dieser Welt leben kann, muss ich es auch können und wenn Klara an dieser Welt Spaß haben kann, muss ich ihn auch haben können."

Eines Morgens beim Frühstück teilte sie ihm mit, dass es in zwei Tagen soweit wäre. Seine Augen erstrahlten. Er sprang hoch, umarmte sie und hob sie in die Luft und sie ließ sich von seiner Freude anstecken. Für ein paar Minuten glaubte sie, dass es keinen Grund zu Sorge gäbe, dass alles wirklich gut gehen würde. Ein Teil von ihr schöpfte Hoffnung. Vielleicht könnte sie Jan doch früher als gedacht in ihre eigene Welt integrieren, statt mit ihm im Container weiterzuleben. Vielleicht könnten sie bald gemeinsam in ihrer vertrauten Welt, in einem harmonischen Beisammensein, ohne die stickige Enge des Containers leben.

Mit einer fröhlichen Stimme fragte sie Jan, was er alles für diesen besonderen Anlass mitnehmen und anziehen wollte. Jan machte nur große Augen und verstand die Frage nicht.

„Was soll ich Besonderes anziehen?"

Er hat doch jeden Tag immer das angezogen, wozu er Lust hatte, in dem er sich wohl fühlte. Er hatte noch nie darüber nachgedacht, dass man sich für einen bestimmten Anlass irgendetwas speziell Ausgesuchtes anziehen sollte. „Gibt es Kleider, die nur für einen konkreten Anlass bestimmt sind? Wieso? Und was macht man dann mit ihnen, wenn der Anlass vorbei ist?" Das konnte nicht sein, dass man Kleider nur einmal anzieht, das war sicher wieder nur eine lustige Redewendung von Klara, sie machte sicher nur Spaß, sie hatte sich selbst auch nie irgendwie besonders angezogen – oder doch?

„Und mitnehmen? Was soll ich denn mitnehmen? Wozu?"

Klara erzählte ihm doch pausenlos von all den Sachen, die es dort gab, Unmengen von Dingen, die er selbst nicht kannte und sich nicht einmal vorstellen konnte. Was sollte er also und wozu mitnehmen? Sie hatte ihm mehrmals erklärt: man braucht nichts weiter tun als Geld verdienen und dann konnte man sich auch schon alles kaufen. Also …?! Ja gut, er verstand die Worte Geld, das Verdienen und Einkaufen noch nicht ganz, aber Klara würde sicher wissen wie es läuft und würde ihm schnell beibringen können wie es geht und was er tun soll. Also …

„Los geht's!"

TRAUM

Jan konnte die ganze Nacht nicht schlafen, Klara auch nicht. Sie machte sich Sorgen und er machte sich Vorstellungen, wie das wohl sein würde, zum ersten Mal in eine andere Welt zu wandern. Als Hilfe für seine Fantasie nahm er seine Welt, die er kannte, und verschönerte, verbesserte sie. Er malte sie sich noch bunter, lebendiger und fröhlicher aus. Er füllte sie mit all den unbekannten, mystischen Dingen, die ihm Klara in ihren täglichen Gesprächen beschrieben hatte. Er stellte sich vor, wie er – kaum in der anderen Welt angekommen – gleich beginnt alle wunderbaren Geheimnisse selbst zu erforschen und zu erfahren. Nicht einmal in den kühnsten Träumen hatte er zu denken gewagt, dass er je die Möglichkeit bekommen könnte, eine andere Welt, die auch außerhalb seiner Träume wirklich existiert, selbst zu spüren und zu genießen.

Nächsten Tag am Abend zogen sich beide für ihren Ausflug feierlich an und ließen das Abendessen ausfallen. Klara meinte, sie würden eine Mahlzeit in ihrer Welt zu sich nehmen. Sie versuchte Jan noch ein paar Ratschläge zu geben, ihn noch in der letzten Minute vorzubereiten, aber er nickte nur und war mit den Gedanken woanders. Wie ein kleines Kind, das sich noch nie verbrannt hatte, war er gänzlich auf die freudige Erforschung einer neuen Welt ausgerichtet. Das Wort „Gefahr" kannte er nicht. Was sollte schon passieren, wenn Klara die ganze Zeit bei ihm sein würde?

Jan war schon sehr neugierig, auf welchem Wege sie seine Welt verlassen, auf welchem Wege sie seine Traumwelt betreten würden. Klara ging bis jetzt immer heimlich weg, erst wenn er schlief, ohne dass er zuschauen konnte. Würden sie sich jetzt auch schlafen legen müssen? Würden sie mit Hilfe von Gedanken fliegen? Würden sie in einen bestimmten Traum eintauchen müssen, oder würde Klaras Welt irgendwie selbst zu ihnen kommen? Möglicherweise würden sie aber die Essensluke benützen, welche scheint die einzige Verbindung zu irgendetwas Anderem, Unbekanntem, Geheimnisvollem zu sein scheint.

Jan konnte sich alles vorstellen, aber dass Klara auf einmal, wie mit Zauberhand einfach eine Wand im Vorzimmer öffnen würde, das hatte er echt nicht erwartet. Und dass sie ganz normal zu Fuß weitergehen und dass sich die neue Welt direkt hinter der geöffneten Wand zu entfalten beginnt – das war erst der Hammer! Das überragte alles, was in seiner Fantasie je möglich war.

Begeistert machte Jan den ersten Schritt aus seiner Welt. Er war dabei, seine Grenzen zu überschreiten, Grenzen, die bis jetzt seine Welt markiert hatten. Eine kleine Öffnung in Form einer versteckten, in die Wand integrierten, bis jetzt für seine Augen unsichtbaren Tür, lud ihn ein, einen Schritt aus seiner bis jetzt bekannten Realität zu machen. So einfach war es. Ein Schritt nach dem anderen, kein Hokuspokus, keine anstrengende Gedankenkonzentration, kein stundenlanges Sitzen vor den Bildern, kein Gebet zu Gott. Einfach nur gehen – so wie er war, ohne an sich selbst irgendetwas verändern zu müssen. Keine unbewusste Phase, wie im Traum, wo er nicht wusste, wie er plötzlich in der und der Welt auftauchte. Einfach weitergehen, so wie bis jetzt. Vom ersten Augenblick an zu genießen, jeden Schritt mit eigenen Sinnen, mit eigener Wahrnehmung, bei vollem Bewusstsein beobachten zu können, mit jedem Atemzug bei der Verwirklichung seines Traumes dabei zu sein. „Ein Wunder! Und ohne diese fantastischen Fähigkeiten von Klara – die Wand zu öffnen, die

Tür in die andere Welt zu finden – würde ich nie diese Erfahrung machen können", dachte sich Jan voller Dankbarkeit, während er sich aufgeregt zum ersten Schritt bereit machte.

Klara stand in der Tür und beobachtete Jan und seine Überraschung mit einem sanften Lächeln im Gesicht. Bedächtig machte er langsam einen Schritt nach dem anderen und beobachtete alles ganz genau. Er kannte keine Eile, keine Termine, keine wirkliche Zeit. Klar, es war von da draußen noch nichts zu sehen, nur der Rücken von Klara, die vor ihm ging, aber alleine diese Erfahrung, die eigene Welt in ein Niemandsland zu verlassen, die Schwelle zu betreten, war für Jan neu, abenteuerlich und fantastisch und das spiegelte sich auch in seinen Augen, die glücklich funkelten.

Sie schritten langsam weiter auf eine riesengroße und hohe, undurchdringliche Mauer zu, die seine Welt von der anderen zu trennen schien. Sie war grau, unschön und fad. Man konnte nicht viel sehen, weil es dunkel war – viel dunkler als es je in Jans eigener Welt wurde. Nur wenn man ganz nach oben sah, konnte man hinter der Mauer eine gewisse Helligkeit erahnen.

Das erste Unbekannte, das zu Jan durchdrang, das die Mauer nicht ganz isolieren konnte, waren neue Geräusche. Diese Geräuschkulisse war ihm unbekannt – er konnte die Einzelheiten nicht erkennen, nicht auseinander halten. Eine neue Palette von Tönen drang zu seinen Ohren. Sie klangen wie ein Geschenk des Himmels. Sie waren zwar nicht schön und harmonisch, es war keine Melodie, keine wahre Musik, aber sie waren auf jeden Fall neu. Nur Klara blieb plötzlich beunruhigt stehen. Sie lauschte aufmerksam, konzentriert in die Nacht und irgendetwas gefiel ihr nicht. Sie schaute Jan besorgt an und wollte sich umdrehen. Sie packte ihn am Arm und zerrte ihn zurück. Das gefiel Jan überhaupt nicht. Wieso sollte es nicht weitergehen? Das sollte schon alles gewesen sein?

„Nein, nein …! Ich will, dass Klara auch diese riesige Wand öffnet! Ich will diesen Geräuschen, ich will dieser Welt direkt in die Augen sehen! Auch wenn ich dann zurückgehen muss, aber ich muss mindestens ein Auge auf diese andere Welt werfen. Wieso will mir Klara plötzlich diese Erfahrung vorenthalten? Jetzt, wo ich so nah davor stehe!? Jetzt, wo ich die Welt meiner Träume schon riechen und spüren kann!?"

Jans Augen guckten Klara sehr traurig an. Die Funken waren erloschen, der Blick wurde matt. War sie nicht mehr seine Freundin, verstand sie nicht, wie viel es ihm bedeutete?

Sie sah den Schmerz und Enttäuschung in seinen Augen und wusste nicht, was sie tun sollte. Es tat ihr weh, dass er sie verdächtigte, ihm etwas nicht zu gönnen, aber sie ahnte, dass er in den nächsten Minuten noch größeren Schmerz erleiden würde und davor wollte sie ihn beschützen. Konnte sie es? War es ihre Aufgabe?

Klara stand da und musste entscheiden. Ein Schritt vor, oder ein Schritt zurück – das war die Frage.

***

Jan stand schon direkt bei der Mauer und untersuchte sie, während Klara wie erstarrt zuschaute, wie er sicheren Schrittes, wie magisch angezogen, direkt zu der gut kaschierten Tür schritt, als würde er von einer unsichtbaren Kraft geführt. Obwohl er nicht wusste, was er suchte, schritt er entschlossen, wie in Trance nach vorn, seine Hand glitt unbewusst der Mauer entlang, bis sie endlich den Öffnungssensor erwischte. Ohne wirklich zu wissen was er tat, drückte er einen Knopf und die Mauer begann sich vor ihm zu öffnen. Ein Teil der dicken Betonwand begann sich mit gewaltigem Lärm nach oben zu heben. Jan stand ganz geduldig, verzaubert, wie ein kleines Kind zu Weihnachten, voller Erwartung – vor einer Öffnung, die immer größer wurde.

Klara konnte sich nicht von der Stelle rühren. Als hätte sie wieder die gleiche magische Kraft, welche in diesem Moment Jan führte, festgenagelt. Sie konnte nur zuschauen. Ein Teil von ihr bewunderte das blinde und kindliche Vertrauen, den unerschütterlichen Glauben an das Gute, den dieser seltsame Mann jetzt mit seinem ganzen Wesen ausstrahlte. In diesem Moment spürte sie eine große Zuneigung, eine noch nie verspürte Wärme und Liebe in sich, während ein anderer Teil von ihr beunruhigt ahnte, was gleich kommen würde. Sie wunderte sich über sich selbst, warum sie nichts unternahm, warum sie nicht zu ihm lief, warum sie ihn nicht schnappte, ihm seine kindliche Unschuld nicht rettete, bevor sich die Wand ganz geöffnet hätte. Ein tiefer Schmerz stach wie ein Messer in ihre Brust. Sie wollte schreien, ihn warnen, aber sie konnte es nicht. Kein Laut kam aus ihrer Kehle. Sie streckte ihre Arme aus – endlich konnte sie sich von der Stelle lösen, wie in Zeitlupe rannte sie zu ihm, während sie beobachtete, wie alle seine Vorstellungen und Träume, sein ganzer Glaube an das Gute in der „anderen" Welt bröckelte.

Eine Ewigkeit dauerte es, bis sie bei ihm war. Er fiel auf die Knie und schaute einer tobenden Menschenmenge zu, die versuchte, ihn durch einen Drahtzaun mit Steinen und anderem Zeug zu bewerfen. Er versuchte nicht einmal, sich zu ducken, oder hinter der Mauer zu verstecken. Er hatte keine ausgeprägten Abwehrinstinkte, keine automatischen Schutzreaktionen. Er staunte hilflos in die fremde Welt hinein, welche seinen erträumten Vorstellungen in nichts ähnelte. In seinem Wesen war in dem Augenblick kein einziger Gedanke, kein einziges Gefühl zu finden. Es schien, als hätte er nur den Körper dagelassen, als hätte ihn die Seele vor lauter Schreck oder bitterer Enttäuschung auf der Stelle verlassen.

Polizeisirenen heulten, die Menschen riefen ihm mit wütendem Gesichtsausdruck Worte zu, die er nicht verstand. Ein seltsames Gedränge im Hintergrund, eine undurchdringliche Menschenwand direkt vor Jan, die ihn gierig anstarrte und scheinbar seinen Tod wünschte. Mehrere Hubschrauber bedeckten den Himmel und machten unerträgliche, tief vibrierende Geräusche. Ein starker Wasserstrahl versuchte die Menschen vom Zaun zu vertreiben. Sie wurden noch wütender, noch aggressiver. Einige Polizisten wagten sich in die Menge und bemühten sich diejenigen, die den Zaun zu besteigen versuchten, mit Gewalt herunterzuholen. Schließlich erwischten Jan einige scharfe Gegenstände. Er blutete an der Schulter und im Gesicht und er bewegte sich immer noch nicht, sowie er sich in keiner Weise zu schützen versuchte. Er stand nur wie hypnotisiert da und starrte.

Endlich gelang es Klara, zu ihm zu kommen. Sie riss ihn zurück, drückte an einem Knopf und die Wand begann sich langsam zu schließen. Sie hatte große Angst um Jan. Sie hatte ihn noch nie so gesehen. Sie dachte, er ist tot. Er war nicht da. Es fühlte sich an, als würde sie eine Leiche in ihren Armen halten. Kein Zeichen von Leben, kein Herzschlag, keine Augenbewegung. Die Augen weit aufgerissen, ein schmerzverzerrtes Gesicht. Aber, irgendetwas atmete noch ganz zart in ihm die Luft des nächtlichen Himmels, was er auf diese unschöne Weise zum ersten Mal erfahren hatte. Mit ein paar sanften Schlägen ins Gesicht versuchte sie, ihn zurückzuholen. Sie selbst musste sich zusammenreißen, damit nicht auch sie vor lauter Schmerz in Ohnmacht fiel. Diese innere Stimme, die sie so oft schon verbannen und nicht haben wollte, für die sie sich so schämte, war plötzlich wieder da: „Klara, was führst du hier auf? Reiß dich zusammen, Mädchen! Reiß dich zusammen, du bist doch kein kleines Kind! Es ist dein Job! Gerade jetzt und hier wirst du gefragt. Du wolltest doch immer Menschen retten. Pack ihn, greif unter seine Arme und ab mit euch – zurück in den Container! Du schaffst das schon! Du bist doch keine Memme. Steh auf, steh auf, Klara! Für den ganzen Weinkram und Angst hast du dann noch genug Zeit. Bewege jetzt endlich deinen Arsch! Steh auf und tu endlich was!"

TRÄUME

Was ist ein Traum und was die Wirklichkeit? Welche Träume sind dafür da, um wahr zu werden? Und hat man überhaupt einen Anspruch, ein Recht seine Träume zu leben, sie zur Realität zu machen, oder ist schon selbst das Streben nach so etwas eine reine Träumerei?

Kann es möglich sein, dass man seine Träume und Herzenswünsche, die eines Tages Wirklichkeit zu werden „drohen" – aus Angst, dass die Realität anders als erträumt ist, aus Angst, dass man sich (ent)täuscht und damit die schöne „Einmalwirdallesgut"- Illusion für immer verliert, aus Angst, dass man plötzlich „traumlos" bleibt – also kann es sein, dass man aus diesen Ängsten die Träume ewig unter Verschluss hält, ständig in gleicher unerreichbarer Entfernung vor sich schiebt, gar nicht wahr werden lassen will?

S. 334

Einige Hubschrauber flogen über die Mauer und richteten ihre Scheinwerfer auf sie. Klara merkte, dass es keine Rettungshubschrauber, sondern Flieger der Fernsehgesellschaften waren.

Jetzt reichte es ihr endlich! Die Wut stieg in ihr hoch. Sie verpasste Jan eine richtige Ohrfeige, schaffte es, dass er aufstand, packte ihn unter den Armen und schleppte ihn in einem mühsamen, eine Ewigkeit dauernden Tempo in sein Heim zurück. Endlich waren sie dort. In diesem Moment hatte sie kein Mitleid mit ihm. Sie fühlte nichts. Unbeteiligt zog sie ihn aus, stellte ihn unter eine kalte Dusche, bis er endlich wieder zu sich kam. Wie ein Roboter tat sie alles, was ihr in dem Moment sinnvoll und notwendig vorkam. Sie hatte noch nie versucht, auf diese Weise jemanden wieder zum Leben, oder zur Lebendigkeit zu erwecken. Aber es war so, als würde sie geführt, als würde ihr jemand diktieren, was sie zu tun hatte. Sie dachte nicht nach. Sie übte nur das aus, was da war. Als wäre sie auf ein Notprogramm, einen „Plan B“ geschaltet.

Wie in Trance legte sie Jan ins Bett, gab ihm, wie einem kleinen Kind, schlückchenweise zu trinken, massierte abwechselnd seine Fußsohlen und seine Hände. Endlich spürte sie wieder das Blut in seinem Körper fließen. Seine Hände wurden allmählich warm, ein wenig Farbe kehrte in sein Gesicht zurück. Er konnte noch immer kein Wort sagen, schließlich schloss er seine Augen und hielt Klaras Hand fest. Nach einer Weile schaute er sie dankbar an. Dies konnte sie nicht mehr ertragen. Wieso sollte er ihr jetzt danken? Er muss sie doch für das ganze Übel, was ihm geschehen war, hassen! Sie konnte nicht mehr. Die Notanweisungen verstummten in ihr und sie brach an seinem Bett wie ein kleines Mädchen, das die Welt nicht verstand, in Tränen aus.

Kein Wort, keine Sprache kann die Tragik, den Schmerz und die Atmosphäre dieser Szene beschreiben. Die Welten, die Träume der beiden waren zusammengebrochen und sie glaubten zu wissen, sie würden sicher niemals mehr das sein, was sie einmal waren.

Stundenlang lagen sie gemeinsam, ohne Worte in Jans Bett und weinten. Sie hatten Angst sich anzuschauen, keiner von ihnen hatte eine Idee, wie es weitergehen sollte. Beide schämten sich vor dem anderen und trotzdem waren sie das Einzige, was sie in diesem Moment hatten. Sie hielten sich aneinander fest, als hätten sie Angst davor, sie könnten niemals mehr zusammenfinden, wenn einer losließe.

Was sie nicht wussten – mit diesem Ereignis verbanden sich ihre verschiedenen Welten und wurden eins. Eine neue Welt begann zu entstehen. Ein gemeinsames Erlebnis, wie schmerzlich es auch war, ließ eine neue Welt, Jans und Klaras Welt, schmerzlich gebären.

***

Während sich die zwei tagelang zu fangen und zu sammeln versuchten, während sie immer wieder gemeinsam das Geschehene mit Gesprächen verarbeiteten, herrschte auf der Straße ein kriegsähnlicher Zustand.

Zwei Tage vor Jans geplantem Ausflug in die Menschenwelt war trotz strenger Sicherheitsmaßnahmen und Schweigepflicht für alle Mitarbeiter des Experiments eine Information darüber an die Öffentlichkeit durchgesickert. Es war nicht mehr möglich, die Sicherheit der beiden zu gewährleisten. Das Interesse der Öffentlichkeit überschritt alle Erwartungen. Es bildeten sich mehrere Lager, die Masse war gespalten. Das Expertenteam hatte letztendlich beschlossen, die ganze Sache abzublasen. Leider hatten sie keine direkte Verbindung zu Klara, um sie zu informieren, also schickten sie ihr mit der täglichen Lebensmittelration eine Nachricht. Sie hatten gehofft, dass Klara beim Leeren der Essensluke die nur für sie verständliche Botschaft rechtzeitig bemerken und entziffern würde. Was sie leider nicht einkalkulieren konnten, war die Aufregung der beiden, weswegen sie in den letzten Tagen kaum etwas an Essen zu sich genommen hatten. So hatten sie die Botschaft nicht entdeckt und waren direkt vor die randalierende Menge geplatzt, die diese Aktion, wie so viele andere, für einen guten Anlass hielt, den Aggressionen freien Lauf zu lassen. Viele Jugendliche wussten gar nicht, worum es eigentlich ging. Sie ließen sich, wie so oft, einfach mitreißen. Für sie war es nur eine Party, eine weitere Möglichkeit, der Gesellschaft und all den Spießern zu zeigen, was sie von ihnen hielten. Einige Fernsehkameras waren sogar früher vor Ort als die georderten Ordnungshüter. Ihre empfindliche Ausrüstung filmte das gesamte Geschehen auf beiden Seiten der Mauer. Das schockierte, erstarrte, blutende Gesicht von Jan lief nachher wochenlang in detaillierter Nahaufnahme auf den Bildschirmen aller Wohnzimmer des Landes. Endlich konnten sie ihn sehen! Endlich konnten sie sich ein Bild von ihm machen! Enttäuscht stellten die meisten fest, dass er doch ein ganz normaler Mensch war – keine besonderen Merkmale. Nur die weit aufgerissenen Augen, der Gesichtsausdruck konnte vielleicht auf einen Verrückten deuten, aber von denen gab es unter der normalen Bevölkerung auch genug. Das Fernsehen konnte mit keinem sensationellen „Quasimodobild" dienen. Wegen so einem „Normalo", der nicht einmal selbst weglaufen konnte, wenn es um sein Leben ging, wurde all die Jahre solch ein Geheimnis, solch ein Wirbel gemacht?

***

Klara war wütend. Sie konnte sich nicht vorstellen, in diese schreckliche, rücksichtslose und unsensible Welt, die sie einst die ihre nannte, zurückzugehen. Eine Welt, die Jan diesen Schmerz angetan hatte, die ihm die ganze Illusion, seine Unschuld, den Glauben an seinen Traum genommen hatte. Sie war wütend auf die Psychologin und auf das ganze Team. Sie hatten sie und Jan einfach verraten, verkauft. Sicher wollten sie nur Geld machen – was sonst!? Jemand hatte die Story für gutes Geld an die Medien, an die TV-Gesellschaften verkauft. Niemand kümmerte sich um die Menschlichkeit und Zerbrechlichkeit von Jan. Niemand! Warum sollten sie auch? Sie kannten ihn doch nicht. Er war für sie nur ein Experiment, eine Nummer, eine Zahl auf dem Papier.

Klara glaubte Jans Welt vor ihren eigenen Augen bröckeln zu sehen und bemerkte dabei nicht, dass es eigentlich ihre eigenen Illusionen, ihre Welt, ihr Idealismus und ihr Glaube an das Gute im Menschen waren, die zerbrachen. Ausgerichtet auf Jan merkte sie nicht, dass sie mit einem Schlag ihr scheinbares Heim, ihre geglaubte Heimat verloren hatte. Als logische Folge begann sie sich für ihre Wurzeln zu schämen. Sie konnte Jan, wenn er wieder bei ihr nach Erklärungen suchte, nicht mehr in die Augen sehen, während sie ihm weiter über die Menschen erzählte – sie war schließlich eine von ihnen …

Teil 2

Erwachen im MenschSein

Annäherung

Klara und Jan hatten viele turbulente Jahre vor sich. Jahre, in denen sie sich bemühten oder auch gezwungen waren, die Welt des anderen besser zu verstehen, um dann aus anderem Blickwinkel sich selbst und die eigene Welt anschauen zu können. Es war die Zeit des Weges zur Heilung und Erlösung. Ein Weg vieler unbeantworteter Fragen, Zweifel, Verständnislosigkeiten, Ängste, Trauer und innerer Kämpfe, aber auch ein Weg der stillen Freude, Zufriedenheit, Harmonie und des Friedens, begleitet durch Liebe. Es war die Zeit der langsamen Annäherung von zwei scheinbar völlig konträren Welten – der Außen- und der Innenwelt, wo immer weniger klar war, welche die innere und welche die äußere ist. Klare Grenzen verwischten nach und nach …

***

Klara kämpfte oft mit ihrem eigenen Bedürfnis, Jan und den Container zu verlassen. Schuldgefühle und ihre gemeinsame, schockierende Erfahrung machten sie über Nacht zu einem Team.

Der gemeinsame Feind war die gemeinsame Wut gegen sich selbst, sowie der große Herzschmerz, der nach und nach das gesamte Wesen erfasste. Beide fühlten sich wie Versager, unfähig die Aufgabe, die sie sich stellten, zu erfüllen. Die bezaubernde, unschuldige Welt, die beide bei ihrer ersten Begegnung erlebt hatten, lebte jetzt im Inneren als eine Art Ziel, das zu erreichen unmöglich erschien. Enttäuschung, Frust, Trägheit, Hilflosigkeit, Sinnlosigkeit und Trauer waren die Gefühle, die jetzt im Container vorherrschten. Immer wieder mussten sie sich gegenseitig an die frühere gemeinsame Erfahrung der Begeisterung, Lebendigkeit und Freude erinnern. Es kam ihnen nur wie ein weit entfernter Traum vor, der immer transparenter wurde, bis er völlig in Vergessenheit geraten war. Hatte es wirklich die gemeinsame Sprache, wortloses Verständnis und unschuldige Zuneigung gegeben? Hatten sie wirklich all die glücklichen Minuten und zauberhaften Stunden bis zum ersten Weggehen von Klara erlebt? Wenn ja, dann müsste es doch möglich sein, es wieder zu erleben. Intuitiv fühlten sie, dass diese vergangene Zeit eine Phase von unbefangenem Ich war, ein ausgedehnter Augenblick, der ihnen geschenkt wurde und ihnen Motivation, Kraft, Stütze und Ausrichtung für die kommende Zeit geben sollte.

***

Klara kündigte offiziell ihren Job bei dem Experimentteam, um sich selbst jenseits einer Pflicht zu finden und zu erfahren was sie eigentlich will. Sie tat es diesmal nicht für Jan, sondern für sich selbst. Sie konnte nicht mehr neutral und unbefangen sein. Sie war selbst längst ein Teil des Experiments geworden. Überrascht fand sie in der Experimentpsychologin, vor deren Verurteilung sie die größte Angst hatte, ein verständnisvolles Ohr. Wie eine Ohrfeige ins nackte Gesicht fühlte sich die Tatsache an, dass die Person, die sie in ihrer Vorstellung des Verrats beschuldigt und zum größten Feind erklärt hatte, ihr schließlich die brauchbarsten Ratschläge für die kommende Zeit gab. Klara war beschämt über ihre Gedanken und Ansichten über die Psychologin. Schließlich war sie doch diejenige, die in einem kleinen Parallelexperiment auch eine Liebesgeschichte erlebt hatte und zu ihr stand. Wer sonst hätte sie besser verstehen können als sie? Erst jetzt erkannte Klara, dass sie diese Frau über die ganze Zeit als Rivalin betrachtete und Angst hatte, nicht so stark wie sie zu sein und im Vergleich zu ihr zu versagen. Ihr Unterbewusstsein schien sich an der gedachten Konkurrentin zu orientieren, zu messen. Bis zu diesem Zeitpunkt war Klara nicht bewusst gewesen, dass sie auch in Konkurrenzdimension denken konnte. Das war für sie eine niederschmetternde Erkenntnis.

Ihre restliche Familie und ihre Freunde verstanden Klara und ihre Entscheidung in den Container zu ziehen nicht. Niemand konnte sich vorstellen, warum sie freiwillig all die Annehmlichkeiten der „freien“ Welt aufgab und sich freiwillig, sogar ohne Bezahlung, zu so einem „Wrack“ wie Jan begab. Es kam ihr vor, als ob alle glaubten, dass sie inzwischen drinnen im Container selbst verrückt geworden sei. Sie hatte keine Kraft zu erklären, zu argumentieren, zu rechtfertigen, zu beweisen. Sie schämte sich vor diesen Leuten dafür, wie sie angeschaut wurde und wie sie glaubte, dass sie über sie dachten. Aus dieser Scham konnte sie kaum jemandem noch in die Augen schauen. Noch ein Grund mehr, die Entscheidung zu treffen, endgültig in den Container zu ziehen.

Klara gab schließlich ihre Wohnung auf, verkaufte all ihre Sachen und zog zu Jan. Freilich, sie konnte sich frei bewegen, sie war dem Experiment nicht mehr verpflichtet, für sie war es kein Gefängnis, sie konnte hinaus, wann sie nur wollte. Der Container war ihr neues Zuhause geworden.

***

Jan wusste nicht, ob er über Klaras Entscheidung glücklich sein sollte. Er flehte sie diesmal nicht an zurückzukommen und zu bleiben. Es gab Momente, wo ihm lieber gewesen wäre, sie würde für immer weggehen, niemals wiederkommen, und seine Welt könnte wieder so wie früher werden. Am liebsten hätte er dieses furchtbare Ereignis, in dem er sich selbst nicht erkannte, aus seinem Gedächtnis gelöscht. Ein einschneidendes Ereignis, in dem er sich zum ersten Mal im Leben völlig ausgeliefert fand, wo er es nicht von alleine geschafft hatte, zu sich selbst zu kommen, ein Ereignis, das jegliches Bild von sich selbst und seinen Träumen erschütterte. Seine Träume hatten für ihn über all die Jahre eine große Inspiration und Kraft dargestellt, in der er sich jetzt enttäuschte. Er konnte nicht mehr an seine Träume, seine Bilder glauben, seiner Wahrnehmung vertrauen. Seine Welt schien vollkommen leer geworden zu sein. Er dachte, solange Klara bei ihm ist, sei ihm nicht möglich, zu sich zu kommen. Er kannte solche Ängste und Verzweiflung zwar von früher, aber damals war er alleine, er musste niemandem begegnen, niemand schaute seiner Verzweiflung zu, niemand war da, der ihm seine Hilflosigkeit spiegelte. Durch Klara verstärkte sich nur alles. Jeder Schmerz schien sich nicht nur zu verdoppeln, sondern zu vervielfachen. Er hatte sich damals mit seinen frischen Wunden nicht zurückziehen müssen, er hatte so sein können, wie und wo er war. Seine Welt war doch so gewesen, wie er selbst. Und jetzt? Jetzt war es scheinbar nicht mehr nur seine Welt – das machte ihn nervös und unsicher. Er wusste sich in so einer Welt nicht zu bewegen. Verwirrt beobachtete er in sich zwei Pole, die sich gänzlich widersprachen. Der eine war froh, Klara bei sich zu haben und nicht alleine zu sein, der andere wollte sehnsüchtig, dass alles wieder so wird wie früher, bevor er sie kannte.

Jan flüchtete sich immer wieder in sein Bilderzimmer, schanzte sich dort ein und suchte nach Ruhe, nach sich selbst und nach einem Rat. Die Stimme der Mutter war längst verstummt. Scheinbar gab es außer Klara keinen anderen Anhaltspunkt mehr in seinem Leben. Wer konnte ihn wieder zu sich selbst, zu seiner Kraft und zu seinem unerschütterlichen Vertrauen bringen? Er versuchte, sich an frühere schwierige Zeiten zu erinnern, wo er große Ängste gehabt hatte. Er versuchte nachzuvollziehen, wie er damals aus der Enge und Beklemmung herausfinden konnte. Leider konnte er sich jetzt aber nicht in damals hineinspüren, irgendetwas war mit ihm passiert. Entweder durch das erschütternde Ereignis bei der Mauer, oder durch Klaras Anwesenheit konnte er plötzlich nicht an seine frühere Wahrnehmung anknüpfen – er konnte nicht so funktionieren wie er es gewohnt war, er konnte sich nicht auf ein gewohntes Terrain begeben, wo er leichter Sicherheit und Gleichgewicht erlangen könnte. Der bekannte Boden unter seinen Füßen schien ihm regelrecht entrissen worden zu sein.

Was Jan nicht wusste, aufgrund des großen Schocks „verschloss" sich sein weit offenes Herz für längere Zeit und ließ ihn sich selbst nicht spüren. Auf diese Weise schien er sich immer mehr von sich zu entfernen. Es musste so sein. Der Schmerz, der wie eine eiternde Wunde angefangen hatte, sein Inneres zu zerfressen, musste betäubt werden – er wäre für ihn sonst nicht zu ertragen, hätte ihn vollkommen überrollt. Unbewusst fühlte er sich für die Intensität dieser Emotion, für diese Erfahrung, für den Sprung ins kalte Wasser noch nicht bereit.

***

Klara entschied sich, letztendlich alle Fragen von Jan wahrhaftig, bzw. so wie sie die Dinge sah, zu beantworten. Sie wollte keine Tricks, keine Strategie, keine Lügen mehr. Jan konnte sowieso nichts mehr erschüttern – die Wahrheit konnte ihm nur mehr Klarheit und vielleicht eine gewisse Heilung bringen.

Sie versuchte ihn über menschliche Phänomene wie Lüge, Hass und Boshaftigkeit aufzuklären. Sie erzählte ihm über die breite Verhaltenspalette der Menschen, über die schöne Welt und ihre Schatten, die dabei war, sich selbst zu zerstören. Sie war sich nicht sicher, ob sie selbst all diese Dinge verstanden hatte. Es waren ja gerade diese, die ihr selbst Schwierigkeiten machten und weswegen sie ursprünglich in den Container geflüchtet war. Das Duale und die Doppelmoral der Welt und die eigene, sowie die ewige Unzufriedenheit waren sicher nicht einfach zu verstehen. Das war doch einer der Beweggründe, warum das Experiment initiiert worden war – den Menschen in seiner Menschlichkeit, in seinem Sein besser verstehen zu lernen.

Endlich erzählte Klara Jan alles über das Experiment, dessen Teil er selbst war und über den künstlich aufgestellten Container, den Jan für seine eigene Welt gehalten hatte und sie beichtete ihm auch ihre eigene Teilnahme am Experiment, das gerade aus der Bemühung heraus entstanden war, die menschliche Psyche und die Menschlichkeit, sowie den Menschen selbst in seiner Natur – ohne Ablenkung – besser verstehen und kennen zu lernen. Ein Experiment, dessen eigentlicher Hauptprotagonist Jan selbst, ohne es zu wissen, war. Ein Versuch, die verborgenen Tiefen, das Unbewusste, die scheinbar selbstzerstörend wirkenden „Virusprogramme“ zu finden, oder sie besser verstehen zu lernen, um dadurch vielleicht eines Tages den scheinbar unvermeidlichen Untergang der Menschheit umkehren zu können.

Die schmerzvollste Erkenntnis für Jan war die Erfahrung der eigentlichen Lüge selbst und ihre mächtige Wirksamkeit – trotz ihrer Unsichtbarkeit. Erschüttert merkte er, was es bedeutete, belogen zu werden und die ganze Zeit in einer Illusion von heiler Welt zu leben. Er erfuhr, wie es schmerzte, über die ganze lange Zeit von den eigenen Eltern absichtlich getäuscht und in Unbewusstheit gehalten worden zu sein. Wieso hatten sie es getan? Wieso hatten sie ihn die ganze Zeit angelächelt und Geschichten erzählt, an die sie selbst nicht glaubten. Wieso? Die Regeln des Experiments hatten es doch nicht befohlen, dass jemand innerhalb des Containers in vollkommener Unwissenheit leben sollte! Klara überreichte ihm die gefundenen Aufzeichnungen seiner Eltern, die sie im Sinne des Experiments ihr ganzes Leben lang gemacht hatten. Jan beschämten sie noch mehr, weil sie ihm zeigten, wie naiv und im Vertrauen blind er gewesen war. Er war nicht einmal im Stande gewesen, die Notizen selbst zu finden. Er schämte sich, er schämte sich wirklich sehr.

Mit der Zeit gelang es Klara, Jan einigermaßen über die Psyche und Psychologie der Menschen – wie sie es verstand – aufzuklären. Sie zeigte ihm auf, dass auch seine Eltern „normale“ Menschen gewesen waren, die sich in ihrer Not aufgrund ihrer menschlichen Natur in eine Selbstlüge geflüchtet hatten. Ihre Ängste hatten ihnen den klaren Blick und den Weg zurück ins Leben, unter die Menschen, versperrt. Sie wollten Jan doch nicht belügen. Sie hatten sich selbst die ganze Zeit über belogen. Sie hatten sich von ihren Erinnerungen an ihr früheres Leben abgespalten, nur so war es ihnen möglich gewesen, den Glauben an die „heile“ Welt, in der sie in Frieden leben wollten, aufrechtzuerhalten. Sie wollten nicht mehr in täglicher Furcht vor „dem Tag“ – wenn es soweit ist – in der Angst vor einer ungewissen Zukunft, in der Scham über sich selbst und die eigene Schwäche leben. Sie wollten weiter an sich selbst glauben und die Tage trotz der Einschränkung und Isolation mit dem Lächeln auf den Lippen in Freude und Spaß erleben. Sie wollten Jan sonnige Tage schenken und nicht die verängstigten, am Boden zerstörten Eltern sein. Sie wollten einfach Kraft, Mut und Freude vorleben und gute Eltern sein. Und das war alles in Ordnung gewesen. Auch diese Lüge war im Sinne des Experiments. Ihr gesamtes Verhalten war, so wie es war – im Plan gewesen – echt und menschlich. Schließlich ging es bei dem Experiment darum, das Verhalten des Menschen in beengender Situation zu studieren. Es gab keine Regel, die vorschrieb, welches Verhalten das richtige war. Sie sollten einfach so leben, wie sie es konnten, ohne dass es je jemand beurteilen sollte. Nein! Genau umgekehrt – die Welt sollte aus Beobachtung lernen, die Welt sollte sich selbst mit Hilfe des Experiments erkennen. Ohne Urteil, ohne Besserwissen, ohne sich gedemütigt und klein zu fühlen. Einfach über sich selbst besser Bescheid zu wissen, vor gewissen Reaktionen nicht den Kopf in den Sand zu stecken. Bewusst mit eigenen Neigungen, Ängsten umgehen zu lernen, bevor sie in explosive emotionale, aber manchmal unerwartet irrationale Handlungen ausarten. Darum ging es doch im Experiment – die Ängste der Menschen und ihre Ursachen zu ergründen, um vielleicht eines Tages den Weg aus dem Kreislauf der Ängste, der Trauer, Depression, der Hoffnungslosigkeit, Hilflosigkeit, Ohnmacht, Aggression und des ewigen Schuldgefühls zu erkennen und zu gehen.

***

Interessanterweise konnte Jan den Gedanken des Experiments ziemlich schnell verstehen und nachvollziehen. Als wäre ein geheimer Code, ein Zeitschloss in seinem Blut, das auf die richtige Zeit gewartet hatte, um erweckt zu werden. Er konnte sich leicht mit dem Experiment identifizieren und fand endlich einen neuen Sinn in seinem Leben. Auf seine Art verstand er seine Rolle und Aufgabe bei diesem ungewöhnlichen Projekt. Eifrig begann er Notizen zu schreiben und mit ihrer Hilfe in seinem Inneren zu forschen. Er war überzeugt, irgendwo in seinen Erinnerungen könnte ein Schlüssel versteckt sein, der ihm helfen würde, wie durch Zauberhand alles bis dato Unverständliche und vor ihm Verborgene in der Gesamtheit zu erfassen. Er spürte in sich, dass dies möglich war. Er wollte auch eine Quelle von Kraft und Mut finden, die ihm ermöglichen sollte, sich dem Ende des Experiments zu stellen und das, was seine Eltern nicht geschafft hatten, zu Ende zu bringen. Er hatte es nicht eilig. Er ahnte, dass es ein längerer Weg sein würde, auf dem er noch einiges über sich selbst und die Welt lernen würde. Er war wieder mit Zuversicht und Vertrauen erfüllt. Eine Idee keimte in ihm – er wollte diesem tief sitzenden Schock und seiner Erschütterung zu trotz den Weg zu sich selbst, hinaus aus der Schwäche, der Hoffnungslosigkeit und dem scheinbaren Ausgeliefertsein wieder betreten, weil er ahnte, dass – egal wie schwierig und unmöglich sich das Leben darstellt – es immer einen Weg, einen „Ausweg" gibt.

***

Durch diese Wende in Jans Denken kam eine frische Brise in den Container. Klara staunte nicht schlecht über die plötzliche Veränderung ihres Mitbewohners, der von einem Tag zum anderen wieder sein altes Vertrauen und seine Zuversicht ausstrahlte. Dies bekräftigte sie in ihrer Entscheidung, ihm alles über „die Welt", ohne zu beschönigen, ohne Rücksicht auf seine besondere Lage zu erzählen. Sie erkannte, dass sie nicht wissen konnte, was Jan zu wissen brauchte und was nicht. Sie war nicht derjenige, der zu entscheiden hatte, welche Information für ihn gut sein sollte. Er war derjenige, der darüber bestimmen sollte. Sie entschied sich, mehr auf Jans Fragen zu achten und sich durch sie führen zu lassen. Sie waren für sie das Zeichen, wie weit er in seinem Verständnis der Dinge war und was er bereits realisiert hatte. War er von sich aus fähig, zu einem bestimmten Thema eine Frage zu stellen, begriff er auch Klaras Antwort viel schneller. Seine Fragen waren wie ein Leitfaden, der ihr half, sich auf Jans Denkweise einzustellen, nichts zu überstürzen, ihn nicht mit Themen, für die er aufgrund seiner Auffassungsfähigkeit noch nicht bereit war, zu überfordern. Seine Fragen zeigten ihr, wo er sich gerade in seinem Geiste bewegte und was ihm zu einem runden Bild, einem zufriedenstellenden Gefühl fehlte. In ihr wurde die Psychotherapeutin wieder wach.

Nein, sie begann nicht wieder Jan wie einen Klienten zu betrachten. Sie selbst wurde wieder zur Studentin, für die sich eine unerwartete Möglichkeit geöffnet hatte, eigene Kenntnisse und Fähigkeiten weiterzuentwickeln, zu forschen, die Grenzen der eigenen Schau und Empathie zu erweitern. Hatte sie noch ein Jahr zuvor ein ausgereiftes, von klugen Köpfen der Menschengeschichte ausgefeiltes, scheinbar unantastbares, psychologisches Konzept zu kennen geglaubt, begann sie nun aus diesem heraus ihre eigene Sicht der Dinge, sowie eigene Methoden zu entwickeln. Sie traute sich, das hart eingetrimmte Wissen kritisch zu prüfen, in Frage zu stellen und durch eigene Erfahrungen und Einsichten zu modifizieren, bis sie merkte, dass sie eigentlich dabei war, ihr eigenes Verständnis der menschlichen Natur zu entwickeln.

Sie ließ sich von Jans Begeisterung und seinem Forschergeist anstecken. Für einige Momente vergaß sie sogar die Welt des Schuldgefühls und des Selbstzweifels. Beide hatten jetzt ein gemeinsames Ziel – eine gemeinsame Ausrichtung. Sie waren jetzt ein Team. Sie waren die Experimentatoren selbst. Sie nahmen wieder ihre früheren, endlosen Gesprächsrunden auf, die ganz neue Qualität bekamen. Hitzig diskutierten sie über ihre jeweiligen Sichtweisen, Erfahrungs- und Gefühlswelten. Schnell merkten sie, dass sie sich von zwei verschiedenen Richtungen zur gleichen Sache hin bewegten, was eine reichere Erfahrung und ein besseres Verständnis des Themas ermöglichte und Klara bewunderte Jan dafür, dass er sie kein einziges Mal für seinen erfahrenen Schmerz verantwortlich machte. Durch ihn lernte sie neue menschliche Seiten und Facetten des Lebens kennen und glaubte, erst jetzt den eigentlichen Sinn des Experiments verstanden zu haben.

Erkennen

Es gab Tage im Container, an denen Klara und Jan nicht wussten, wie es weitergehen sollte. Sie lebten jetzt gemeinsam – fast wie eine kleine Familie – unter einem Dach, Klaras Anwesenheit war kein vorübergehender Besuch mehr. Keiner von beiden lebte je in seinem Erwachsensein wirklich mit jemandem in so einem engen Verhältnis zusammen. Jan hatte seine Launen noch nie mit jemandem, außer mit seinen Eltern teilen müssen. Die Ehe von Klara hatte nach ein paar Monaten mit einem ernüchternden Fiasko geendet, weil jeder hauptsächlich für seine Arbeit gelebt und sich keine Zeit für die Beziehung genommen hatte. Es hatte sich herausgestellt, dass sie und ihr Kurzzeitehemann nur einem gesellschaftlichen Druck nachgegeben hatten, eine Vernunftehe eingegangen waren, mit der sie dann endgültig ihre langjährige gute Freundschaft ruiniert hatten. Zu hoch waren die Erwartungen an das gemeinsame Glück gewesen, das sich endlich durch eine offizielle Bindung und das Zusammenziehen einstellen sollte. Die gesamte Leere sollte durch den Ringaustausch endlich gefüllt werden, dem freudigen Miteinander hatte nichts mehr im Wege stehen sollen. Wären nur der Alltag, die Pflichten, der Job und die Karriere nicht da, die keiner von beiden so richtig aufgeben wollte. Die Vorstellung vom gemeinsamen Heim und Familienleben hatte sich, trotz der scheinbar gleichen Sprache, als völlig verschieden und gänzlich inkompatibel entpuppt, bis beide endlich das Handtuch geworfen und im gemeinsamen Einverständnis die Scheidung eingereicht hatten, um endlich wieder durchatmen und den seltsamen Druck los werden zu können. Wie sollte Klara also wissen, wie es ist, mit jemandem vierundzwanzig Stunden am Tage in einem engen Raum zu leben, nicht in die Arbeit flüchten, sich nicht wirklich zurückziehen, ausweichen zu können? Sie hatte noch nie ihren persönlichen Bereich in dieser Form mit jemandem teilen und auf jemanden Rücksicht nehmen müssen – ihr früheres Zuhause hatte ihr doch jahrzehntelang eine Möglichkeit der Flucht vor der Außenwelt geboten. Es war scheinbar der einzige Ort, den sie gehabt hatte, wo sie ihre Maske ablegen, sich entspannen und für einige Stunden unbeobachtet, nur sie selbst und für sich selbst sein konnte. Wer war sie aber in diesen einsamen Momenten gewesen? Wirklich sie selbst? In ihr Tagebuch, das sie nach ihrem endgültigen Einzug in den Container zu führen begann, schrieb sie:

> *Ich habe keine Ahnung, wer ich bin. In meiner Vergangenheit teilte sich mein Leben in zwei Teile. Ein Teil von mir bemühte sich, im Außen zu bestehen, dem Bild eines guten, hilfsbereiten, kommunikativen und beliebten Menschen nachzueifern, der andere Teil versuchte, an den wenigen freien Wochenenden irgendein tief in mir verwurzeltes Dilemma zu lösen - zu dem ich aber nicht wirklich ein Gefühl entwickeln konnte. Mit der ersten freien Minute machte sich irgendetwas in mir selbstständig und beschäftigte mich die ganze Zeit über. So raubte es mir meine freien Stunden. Statt mich zu entspannen ließ mich dieses „Wochenendprogramm" in unsinnige Tätigkeiten, Gedankengrübeleien, Selbstzweifel und Selbstmitleid versinken. Ich ertrug kaum eine Minute Entspannung, nach der sich mein Körper sehnte. Jede untätige Minute bedeutete*

körperliche Schmerzen, Trauer und Depression, was ich mir nicht leisten konnte - den nächsten Tag wäre ich doch nicht fähig gewesen, mein vitales und unerschütterliches Image in der Außenwelt zu wahren. Letztendlich war ich froh, wenn die „vorgeschriebene" Freizeit vorbei war und ich in die Arbeit zurückkehren und mich von mir selbst ablenken konnte. Die Kombination von diesen zwei Teilen ließ mich nicht zur Ruhe kommen. Sie ließ mich nicht mich selbst anschauen, mich spüren. Wenn, dann spürte ich nur Schmerz und Trauer, manchmal Wut und Zorn, die ich nicht verstand. Also beschäftigte ich mich in meinen Gedanken, meinem Kopf Tag und Nacht mit dem Leben meiner Klienten, Kollegen und anderer Menschen, mit denen ich in Berührung kam. Ich versuchte zu verstehen, wie sie denken und fühlen, was in ihnen vorgeht. Ich hoffte die Lösung ihrer Konflikte und Probleme zu finden. Kein Gedanke ist mir gekommen, dass ich bei mir selbst irgendetwas zu lösen hätte, oder dass ich durch diese Menschen eigentlich nach mir selbst suchte. Heute kommt es mir so vor, als ob ich bei den „Fremden" die ganze Zeit über nur meine eigenen „verlorenen" Teile betrachtete und versucht hatte sie zu verstehen. Wie auch immer! Aus damaliger Sicht war ich hauptsächlich für andere da. Für mich selbst da zu sein, sich mit mir selbst zu beschäftigen, verstand ich als egoistisch, selbstsüchtig und das wollte ich nicht sein. Wer will es schon?! Erst jetzt, hier im Container, werden mir langsam einige Dinge klar. Teilweise schmerzt es, ist traurig, aber ich entschied mich, nicht auszuweichen, sondern dem, was drückt, nachzugehen. Ich spüre, dass mir der Container eine Chance bietet, mir selbst endlich ohne Ablenkung, ohne Ausrede zu begegnen, mich zu erfahren und zu erkennen. Heute bin ich mir nicht mehr sicher, ob eigentlich nicht die Welt, in der ich früher lebte, auf die ich eine Zeit meines Lebens so stolz war, ob diese nicht meinen eigenen Container darstellte, meine eigentliche Beengung, eine Isolation von mir selbst, in die ich mich freiwillig begeben hatte. Mein persönlicher Container, den ich mir aufgrund meiner Vorstellungen und Gedanken - wie sich etwas gehört und sein soll - um mich und in mir erbaute. Selbst ernannte Grenzen, die ich penibel einzuhalten versuchte, bis zur Erschöpfung Kraft und Energie investier-

te, damit ich bestimmte Sachen, die an meiner Weltsicht eventuell hätten rütteln können, nicht sehe und höre.

Klara nahm sich vor, so ehrlich zu sein, wie es ihr möglich war, nicht nur zu Jan, sondern auch zu sich selbst. Sie nahm es als eine neue Herausforderung an. Sie wusste nicht ganz genau, was auf sie zukommen würde, was sie erwartete – sie hatte ein wenig Angst davor, aber sie spürte, nur auf diese Art konnte sie sich selbst, Jan und vielleicht auch dem Experiment helfen. Kein Versteckspiel, kein „Kopf in den Sand stecken" mehr.

***

Jan hatte zum ersten Mal in seinem Leben eine neue Beschäftigung, die ihm viel Spaß brachte. Auf Klaras Impuls begann er sein bisheriges Leben, seine Erfahrungen im Container

ERKENNEN

Viele von uns tragen einen oder mehrere persönliche Container in sich und um sich.

Er entsteht beispielsweise aufgrund früherer Traumen, Situationen und Gefühle, bei denen wir uns augenblicklich nicht zu helfen wussten, von denen wir uns überrollt, überfordert fühlten, die uns nicht atmen, schlafen, leben ließen und genau von diesen wollen wir uns unbewusst trennen, abspalten.

Sie stellen Kräfte dar, die uns zu schwächen scheinen, die uns nicht den gewohnten Weg gehen, das gepflegte Image nicht wahren lassen.

Wir versuchen gewisse Teile von uns, welche mit diesen Erfahrungen verbunden sind, tief ins Unbewusste zu verbannen, damit sie endlich aufhören an uns zu rütteln, uns in Verlegenheit, Unsicherheit und Verrücktheit zu bringen ...

S. 335

aufzuschreiben. Er versuchte, sich in menschliche Wesen einzufühlen, für die seine Welt unbekannt war – so wie er früher nichts von deren Welt gewusst hatte. Mit Hilfe von Klara verstand er, dass seine Denkweise nicht für jeden normal und nachvollziehbar war. Also versuchte er, so genau wie möglich seine Welt zu schildern, damit sich ein anderer ein Bild von seiner Welt so vorstellen, so ausmalen könnte, wie er selbst einst seine Traumbilder malte.

Klara las jeden Tag seine Notizen und war immer wieder erstaunt, wie viel Selbstbeobachtungsgabe und Weisheit darin stand. Eigentlich waren es Jans Notizen, die sie ermutigten, in ihr Inneres zu schauen und sich statt mit Jan mit sich selbst zu beschäftigen. Unerwartet wurde Jan für sie ein Lehrer, der sie – ohne dass er es wusste, einen Schritt nach dem anderen unter die eigene Oberfläche führte. Als sie ihm dies mitteilte, lachte er nur. Er konnte sich nicht vorstellen, dass es einen einzigen Menschen gäbe, der über eigene Gefühle, eigene Gedanken und eigene Ängste nicht Bescheid wusste. Wie sollte das denn gehen? Diese Gefühle und Gedanken hat man doch immer mit, immer dabei. Egal, ob man schlafen geht, ob man was arbeitet, isst, lacht, weint, oder Bücher liest – die eigenen Bilder und emotionalen Zustände verlassen einen doch nie, sie sind immer da. Er erklärte Klara, wie er in seiner schwierigsten Zeit vor seinen Gedanken und Ängsten mit Beschäftigung zu flüchten versuchte, aber dass es ihm nicht gelungen war. Sie waren nach Kurzem wieder aufgetaucht, auch wenn er sich ablenkte, spürte er sie weiter in sich keimen.

Nach einem langen Gespräch mit Klara zu diesem Thema schrieb er diese Zeilen:

Die Menschen scheinen einen Weg gefunden zu haben, nach dem ich jahrelang gesucht habe. Wenn es wirklich so stimmt, wie es Klara sagt – oder wie ich sie verstehe – ist es einem Menschen, der außerhalb meiner Welt lebt, möglich, seine Ängste, seine Trauer, seine Zweifel und Sorgen nicht zu spüren, nicht wahrzunehmen. Für mich ist es ein Wunder. Klara meint aber, dass dies keine wirkliche Heilung, sondern eine Selbstlüge ist. Sie meint, dass all diese Emotionen unter der Oberfläche des Menschen, in seinem tiefen Inneren sind – lauern, wo er bewusst keinen Zugang zu ihnen hat. Das kann ich nicht ganz verstehen. Entweder sind sie da, oder nicht. Wenn sie der Mensch nicht spürt und wahrnimmt, also nicht über seine Angst Bescheid weiß, dann gibt es diese Angst, meiner Meinung nach, für ihn nicht. Wo ist dann das Problem? Wieso sollte er irgendwo nach irgendeiner versteckten Angst suchen, so wie es jetzt Klara bei sich macht? Wozu muss sie sogar die Angst suchen? Sie meint wieder, dass die Angst nicht ganz weg ist, sie arbeitet unbemerkt unter der Oberfläche, nur man fühlt sie zuerst nicht, unterdrückt sie, leugnet sie. Na und? Aus den Augen, aus dem Sinn – was soll daran verkehrt sein? Die Welt der Menschen scheint für mich sehr unlogisch und *unbegreiflich zu sein. Wieso nur sollte man sich bemühen, Ängste anzuschauen, die man gar nicht hat?*

Wie schon gesagt konnte Klara den Container jederzeit verlassen, aber sie tat es immer seltener. Klar, es gingen ihr viele Dinge ab, vor allem ausgedehnte Spaziergänge in der Natur, das Einkaufen und die Menschen. Sie entschied sich, Jan zu unterstützen und dort, wo Jans Eltern gescheitert waren, weiterzumachen.

Sie ließen immer wieder die Containertür offen. Die hohe Mauer, an der Jan scheiterte, wurde jetzt zu einem Schutz, der Jan ermöglichte, sich mit dem natürlichen Lauf der Natur bekannt zu machen. Sie saßen oft gemeinsam in dem natürlichen Rasen zwischen der Mauer und dem Container, beobachteten die Wanderung der Sonne am Himmel, die Veränderungen des Mondes und das Glitzern der fernen Sterne. Für Jan war es eine Möglichkeit, die wahre, frische, ungefilterte Luft zu atmen und einen frischen Windhauch an seiner Haut zu spüren. Er lernte den Regen, das Unwetter, einen sonnenklaren Tag, sowie die Jahreszeiten kennen. Er war erstaunt und begeistert von der Vielfalt, die den Menschen in ihrer Welt zur Verfügung stand. Und das war nur das, was er innerhalb seines Ausschnitts hinter der Mauer sah – die Menschen konnten sich so glücklich schätzen! Sie hatten Millionen Dinge, die sie jeden Tag aufs Neue anschauen, erfahren, untersuchen konnten, so wie wenn Jan jetzt jeden Tag vor die Tür ging, um zu sehen, welche Lichtverhältnisse, welche Farbe, Töne und Veränderungen an diesem Tag, in dieser Minute in dieser „anderen" Welt herrschten. Es war unglaublich, wie viele Schattierungen und Lichtfacetten die Sonne am Tag mit Hilfe von Wolken, Nebel und Regen während ihrer Wanderung am Himmel erzeugen konnte. Jede Sekunde veränderte sich etwas, alles war andauernd in Bewegung. Es gab Tage, an denen Jan – wie ein kleines Kind – jede Minute nachschaute, was sich draußen, außerhalb seiner vier Wände tat. Dann versuchte er es zu malen, jeden beobachteten Augenblick mit seinen Farben festzuhalten, nur die Mischung des entsprechenden Farbtons konnte ihn nicht zufriedenstellen. Er stieß an seine menschlichen Grenzen, das Auge und die Hände ermöglichten ihm nicht die Lebendigkeit und die Vielfältigkeit, die er wahrnahm, wiederzugeben. Klara erkannte Jan nicht wieder. Er war voll Begeisterung und Forschergeist. Pure Lebensfreude strahlte er aus. Es schien Momente zu geben, wo er der glücklichste Mensch der Erde war. Ein Zustand, nach dem sich wahrscheinlich jeder irdische Bürger sein Leben lang insgeheim sehnte. Wie ein kleines, aufgeregtes Kind lief er mit einem nassen Pinsel hin und her, nörgelte und schimpfte auf seine unschuldige Art über seine Unfähigkeit, einen einfachen Moment festhalten zu können. Sie wunderte sich, was er alles an so einem

Getrennt

Diese getrennten Teile sind es, die wir zu erreichen versuchen, wenn wir uns selbst spüren, wenn wir kreativ, sensibel, schöpferisch sein, wenn wir endlich unseren eigenen Weg gehen wollen. Unglücklich stehen wir vor dicken, undurchdringlichen, gut bewachten Wänden und verstehen die Welt nicht mehr.

Wir fragen uns, weswegen haben wir es verdient, so eingesperrt, so isoliert, so unsichtbar und unerreichbar zu sein …

Endlich einmal über die selbst erschaffene Grenze geklettert, begegnen wir zuerst unserem verwundeten, abgelehnten, nicht geschätzten Selbst, das verständlicherweise manchmal, statt uns mit offenen Armen willkommen zu heißen, mit einem Vorwurf und Trotz in den Augen uns nicht näher zu sich lässt …

S. 336

normalen Tag sah, wie viele Schattierungen er fähig war zu entdecken. Er versuchte ihr immer wieder seine Sicht der Dinge zu zeigen und sie bemühte sich auch sehr, aber konnte leider nicht das Seine sehen. Sie wusste, da ist irgendetwas Feines, was er schon, aber sie nicht sieht. So setzte sie sich oft mit einer Tasse Kaffee ins Grüne, mit dem Rücken zur Mauer, damit sie die graue Wand, die an eine Gefangenschaft erinnerte, ausblenden konnte – um zu probieren, die Welt mit Jans Augen zu betrachten. Sie suchte nach Motiven, Farben, Gefühlen und Augenblicken, die seine Bilder zeigten. Und eines Tages geschah es! Eines Tages passierte etwas Wunderbares …

Während sie nur so dasaß, nichts Bestimmtes wollend, gedankenvergessen vor sich starrend, erweiterte sich ihr Blickfeld ins Unermessliche. Plötzlich sah sie in die Tiefe des Raumes, als eröffnete sich eine neue Dimension. Die Luft tanzte vor ihren Augen, winzig kleine, glitzernde Partikel veranstalteten vor ihr und überall, wo sie hinschaute, eine lebendige Parade. Sie kreuzten sich, stießen zusammen, dann trieben sie wieder auseinander, um im nächsten Moment den nächsten Freund zu begrüßen, sich vor ihm zu verbeugen und dann in der Eile der ewigen Bewegung noch einer Nachbarin die Hand zu küssen. Klara blinzelte mit den Augen, rieb an ihnen, aber es war immer da. Millionen Lichtsternchen tanzten in dem gesamten Raum um sie herum. Es war egal, ob und für wie lange sie ihre Augen schloss und wieder öffnete, sie gingen nicht weg. Es konnte also keine Sinnestäuschung, kein vorübergehendes Phänomen sein. Ab jetzt sah sie es immer, wann sie nur wollte. Der Raum offenbarte ihr ein neues Gesicht, die Umgebung gewann an Tiefe, wurde plastischer und strahlender. Sogar die graue Mauer wirkte nicht mehr so düster und tanzte mit. Sie wusste nicht, ob sie jetzt die Welt auf die gleiche Weise wie Jan sah – es war unmöglich, es mit seiner Sicht der Dinge, die für ihn normal waren, zu vergleichen. Er wusste nicht bewusst, wie er sah und dass man auch anders sehen könnte. Er sah, so schien es, keine Einzelheiten, sondern eher die Gesamtheit der Dinge.

***

In dieser wunderbaren Zeit wurde Klara schwanger. Sie war sich sehr unsicher, ob es der richtige Platz und der richtige Augenblick für so eine ausschlaggebende Veränderung war. Sie meinte, sie hätte noch nicht einmal ihr eigenes Leben im Griff. Würde sie es aber je in den Griff bekommen? In ihr Tagebuch schrieb sie:

Soll ein Mensch sein Leben überhaupt in den Griff bekommen? Was heißt das eigentlich? Wer sagt es mir, wann ich mein Leben im Griff habe, wann es soweit ist? Entscheide ich oder eine andere Autorität darüber? Was, wenn das nur Selbsttäuschung ist, zu glauben, dass das Leben eines Tages wie am Schnürchen laufen kann? Was, wenn ich mich nur unnötig unter Druck setze, irgendeiner Vorstellung, die unerreichbar ist, nachjage? Ich erzählte Jan von meinen Sorgen, von meinen Bedenken wegen der Schwangerschaft. Wie so oft in solchen Augenblicken konnte er meine Bedenken nicht verstehen und nachvollziehen. Was ich unter „in den Griff bekommen" verstehe, fragte er mich nur und sprach weiter: „Gerade deine Welt ist so voll von Bewegung und immerwährender Veränderung. Du hast doch deine Lichtatome im Raum tanzen gesehen. Kannst du dir vorstellen, sie in den Griff zu bekommen? Sie zu bändigen? Würde dann nicht alles im Stillstand erstarren müssen? Würde dann die Herrlichkeit und Vielfältigkeit der Natur und der Welt nicht aufhören zu existieren? Wie könnte ich dann die verschiedenen Bilder von scheinbar der gleichen Sache malen? Du beobachtest deine tanzenden Partikel, die zusammenstoßen und dann wieder weitertreiben und es passiert keine Katastrophe – es ist ein Tanz des Lebens, der sich selbst zu steuern scheint. Wie willst du es beherrschen? Du kannst da sein und dich mitreißen lassen. Du kannst ein Beobachter sein, der jeden Augenblick bewundern und genießen kann, aber du kannst auch ein Beobachter sein, der in jedem Augenblick, vor jeder neuen Bewegung, Veränderung, vor jedem neuen Schritt, vor jedem neuen Zusammenstoß Angst bekommt und sich fürchtet." Für einen kurzen Augenblick erlaubte ich mir, Jans außergewöhnliche Lage zu vergessen. Er ist oft so altklug. Er hat ja keine Ahnung von den Pflichten, die so eine Elternschaft mit sich bringt. Er weiß nicht, was es heißt, vorauszudenken, vorauszuplanen. Er weiß nicht, was es in der heutigen Gesellschaft bedeutet, ein Kind zu erziehen, es auf die Fallen und Tücken sorgsam vorzubereiten. Er hat leicht reden. Sicher hat er irgendwo in seiner Welt Recht, aber meine Sorge ist möglicherweise eine andere. Ist es wirklich klug und vernünftig, im Container ein Kind zur Welt zu bringen? Noch ein Wesen der Isolation auszusetzen, noch einen Menschen hinter der Mauer überlebensunfähig zu machen? Aber ist es richtiger, so ein Wesen abzutreiben, wegzugeben? Wie soll ich wissen, was das Beste ist? Wie soll ich wissen, warum es passiert ist? Ist es nicht besser, Jans Rat zu befolgen, sich an ihm ein Beispiel zu nehmen und die Dinge so zu nehmen, wie sie kommen, wie sie meinen Weg kreuzen und darauf vertrauen, dass kein Zusammenbruch, keine Katastrophe passiert? Vielleicht kann ich lernen, Schritte zu gehen, ohne mir schon jetzt schwere Gedanken darüber zu machen, was morgen vielleicht passieren könnte und stattdessen den heutigen Tag genießen, der doch noch so viele schöne Dinge mit sich bringen kann?

Nach diesem Eintrag im Tagebuch entschied sich Klara, sich auf die Schwangerschaft einzulassen und sich die Sorgen erst dann zu machen, wenn es soweit ist. Sie notierte zu diesem Thema:

Sich Sorgen erst dann zu machen, wenn es soweit ist - ist das nicht ein Weg, eine Möglichkeit, die Sorgen aus der Welt zu schaffen? Wann sollen Sorgen auftreten, wenn man sich mit ihnen nicht im Voraus beschäftigt? Sorgen sind doch eine Art, sich Gedanken über den möglichen, unerwünschten Ausgang einer zukünftigen Situation zu machen. Wenn eventuell die befürchtete Situation eintritt - was gar nicht sicher ist und was selten die „Sorgerei" behindern kann - habe ich dann doch keine Zeit, mir auch noch Gedanken darüber zu machen. In einer akuten kritischen Situation bin ich zum Handeln und Reagieren gezwungen, nicht zum Grübeln. Mit anderen Worten gesagt, wenn ich die Dinge so nehme, wie sie kommen, ohne mir im Voraus einen Kopf darüber zu machen, wo bleiben dann die Sorgen? Sind Sorgen für uns Menschen wichtig? Haben sie uns überhaupt je geholfen, irgendeine Situation im Vorhinein, vorbeugend besser zu lösen, oder zu vermeiden?

Hat irgendwann eine Sorge selbst eine Erleichterung, eine Befreiung mit sich gebracht? Oder trübt so eine Sorge schon tage- und nächtelang, bevor irgendetwas vielleicht(!) passiert? Kann es nicht sogar sein, dass man erst durch die Sorge und die Vorstellung von einem möglichen negativen Ausgang die befürchtete Situation anzieht, provoziert, oder produziert?

Seltsam, seitdem Klara alle „Sorgenmache" sein zu lassen versuchte und sich auf die Schwangerschaft „sorglos" einließ, wurden ihre Tage und ihr Gemüt wieder heller und freudiger. Sie konnte die Begeisterung und Lebensfreude mit Jan erneut teilen. Für ihn war – darüber wird sich niemand mehr wundern – die Schwangerschaft ein weiteres Wunder, das sich jeden Tag aufs Neue zu beobachten lohnte. Klara machte es zeitweise verrückt, von ihm andauert gemustert und untersucht zu werden, aber schließlich musste sie über die Dinge, die er bei ihr entdeckte, lachen. Es war unglaublich, welche Kleinigkeiten ihm bei ihr auffielen. Man könnte auch sagen, er half ihr, sich selbst auf neue Weise zu sehen, zu entdecken, zu erleben. Er half ihr, das Wunder des neu entstehenden Lebens in ungeahnter Intensität in sich zu spüren, zu beobachten und zu verstehen. Wie immer versuchte er diese – sich für ihn andauernd veränderbaren Augenblicke mit dem Pinsel festzuhalten. Nach und nach merkte Klara, dass sich ihr Körper, sogar ihr ganzes Wesen zu entspannen begann, und so unglaublich es sich auch anhört, sie konnte das Leben hinter der Mauer richtig genießen. Langsam gelang es ihr, die Welt um sich herum auf für sie neue, auf Jans Art zu betrachten. Sie fühlte sich befreit. Sie hätte glücklich die ganze kleine und große Welt umarmen können. Sie hätte tanzen, springen, toben können – sie konnte plötzlich auch wie ein kleines Kind sein, das sie nicht einmal in ihrer Kindheit war.

Erweiterung

Während das Volumen von Klaras Bauch wuchs, verbrachten sie die Tage mit Jans bewusster Vorbereitung auf die Welt und das Außenleben. Sie wussten nicht, wann es soweit wäre, aber beide waren fest entschlossen, alles dafür zu tun, dass es Jan möglich sein würde, den Container früher oder später zu verlassen. Sie wollten keine noch so winzige Kleinigkeit vergessen und auslassen. Es sollte möglichst keine großen Schocks mehr geben.

Klara schmuggelte Jan einige Bücher der klassischen Literatur ins Haus, damit er sich nach und nach mit der menschlichen Psyche, Denkweise und Kultur auseinander setzen und sich ein eigenes Bild davon machen konnte. Jan war plötzlich so beschäftigt – zum ersten Mal im Leben wusste er schon beim Aufstehen nicht, was er als Erstes machen sollte.
Er hatte so viele Möglichkeiten, soviel Wahl, man konnte fast sagen, er war ganz nahe dran, richtige menschliche Kopfschmerzen aufgrund der Fülle neuer Informationen und Reize zu bekommen. Aber so ernst war es noch nicht. Alles machte ihm riesigen Spaß. Direkt aus dem Bett lief er nach draußen, um den Tag und die Sonne zu begrüßen und zu schauen, welche zauberhafte Stimmung vor seiner Türe diesmal herrschte. In bester Laune machte er schnell Frühstück, das er Klara ab und zu ans Bett servierte. Dieses Funkeln in Klaras Augen war es, womit sie ihn für das duftende Essen oder andere kleine Überraschungen, die sie nicht gewohnt war, belohnte. Während des Kaffeetrinkens und Brötchenessens diskutierten sie über ihre nächtlichen Erlebnisse und Träume und dann machte sich Jan, nicht wissend, was er als Erstes anpacken soll, für sein tägliches Lesen, Malen oder Schreiben bereit.

An so einem Tag tauchte wieder ein schwieriges Thema auf. Eine weltliche Sache, die ihm Klara immer wieder zu erklären versuchte und die er irgendwie nicht und nicht verstehen konnte:

… das Geldverdienen.

Was ist das? Wozu und wieso? Quälte er Klara immer wieder. Eines Tages schrieb er dann in seine Notizen:

> Die Menschen scheinen in ihrer Welt, in ihrer Kultur bunt bemalte Papierstücke zu brauchen. So genannte Geldscheine, die ihnen ermöglichen, sich das zu besorgen – Klara nennt es kaufen – was sie zu ihrem Leben brauchen. Angeblich haben sie keine Luken – wie die meine, wo ihnen alles, was sie brauchen, geliefert wird. Um an diese bemalten Scheine – sie nennt es vom Staat gedrucktes Geld – zu kommen, müssen sie arbeiten gehen. Für jeden Arbeitseinsatz bekommen sie als Belohnung diese Scheine. Wenn sie schon dafür arbeiten gehen müssen – was ich auch noch nicht ganz verstehe – wieso bekommen sie dann für ihre Arbeit nicht gleich das, was sie brauchen? Wieso müssen sie dann wieder in irgendwelche fremde Häuser, in dafür speziell eingerichtete Räume gehen, wo sich das, was sie brauchen, angeblich in Fülle stapelt, und sie können es im Austausch gegen diese abgearbeiteten bunten Scheine

nehmen. Ist es nicht Zeitverschwendung? Klara sagt, es geht oft ein ganzer Tag drauf, das notwendige Geld zu verdienen, dann das Notwendige oder Richtige zu finden und es nach Hause zu bringen. Eine Angelegenheit, für die ich hier maximal zehn Minuten am Tag verwende. Sie meint auch, dass viele Menschen nach so einem Tag völlig erschöpft sind, enttäuscht, schlecht gelaunt und auch unzufrieden, weil sie nicht wirklich das gefunden haben, was sie suchten, oder weil der ganze Tag wieder mit so einer Beschäftigung draufgegangen ist, oder sie sogar nicht genug Scheine für die gewünschte Sache hatten. Wozu machen die es dann aber so, wenn es ihnen keine Freude macht? Wo ist der Sinn dahinter? Sind diese Kaufhäuser nicht so eine Art Luke, die ich hier habe? Wieso können die Menschen nicht ohne diese speziellen Scheine dorthin gehen und einfach alles abholen, was sie wünschen? Wieso müssen sie zuerst arbeiten, eine Leistung bringen, wenn sie es sowieso brauchen? Ist brauchen nicht gleich benötigen – unveränderbar, unabhängig davon, ob ich arbeite, diese komischen Scheine habe oder nicht? Was würde mit dem Menschen passieren, wenn es ihm einmal ein paar Tage schlecht geht, so wie es mir einige Male ging und er nicht arbeiten gehen kann? Braucht er dann diese Sachen nicht, oder bekommt er sie dann trotzdem? Wenn er sie dann nicht braucht, wieso sollte er sie dann sonst brauchen? Und wenn er sie vielleicht trotz des Arbeitsausfalls bekommt, wieso soll er dann sonst arbeiten gehen und nicht gleich den Tag damit verbringen, was ihm Spaß macht? Klara meint, die Menschen kaufen, oder holen sich dort sogar viele Sachen, die sie nicht wirklich brauchen. Ja, aber wieso holen sie die dann, wenn sie sie nicht brauchen? Und angeblich müssen andere Menschen wieder arbeiten gehen, um diese Sachen, die in den Kaufhäusern sind, erst zu erzeugen, zu produzieren. Also gehen sie arbeiten, um die Scheine, das Geld zu bekommen, oder gehen sie arbeiten, um das, was sie brauchen, zu erzeugen? Wie kann man das, was man braucht, erzeugen? Wie könnte ich mir das, was ich zum Leben brauche, erzeugen? Wie könnte ich mir selbst das Wasser zum Waschen und Trinken erzeugen? Wie könnte ich mir die Luft zum Atmen erzeugen? Da kommt mein Verstand nicht mehr mit! Klara meint, es ist so, als ob ich durch die Luke die Grundnahrungsmittel bekäme, aus welchen ich mir dann selbst ein köstliches Gericht mache. Sie meint, es ist auch so, als bekäme ich durch die Luke Papier und Farbe und ich mir dann damit meine Bilder male. Das Backen von Kuchen oder Malen nennt sie möglicherweise arbeiten. Das heißt, *ich erzeuge das Bild, das ich dann verkaufen kann, damit bekomme ich das Geld und davon könnte ich mir die Grundnahrungsmittel kaufen, um dann für Klara ein köstliches Frühstück zu machen, das sie mir dann bezahlt, damit ich mir selbst das Essen oder das Wasser, das Licht oder die Luft kaufen kann, weil ich es mir, wie schon gesagt, nicht selbst erzeugen kann. Jetzt wird mir schon schwindelig, ich weiß nicht, ob ich noch meinen eigenen Gedanken folgen kann! Was ist aber dann, wenn ich einige Zeit keine Inspiration habe, wenn ich tagelang nicht male und kein Geld bekomme? Die Luft und das Wasser und das Essen brauche ich trotzdem. Ohne Licht kann ich nicht malen – Und ich male doch nicht, um zu essen und mich waschen zu können. Ich male, weil es mir Spaß macht und es mir ein Bedürfnis ist. Wieso müsste ich also malen, damit ich das, was ich – egal, ob ich male oder nicht – brauche, bekomme? Das kann doch nicht so funktionieren?! Ich habe sicher etwas falsch verstanden, irgendeine Verknüpfung fehlt mir, um diese Sache mit Geld, Kaufen und Herstellen zu verstehen. Wäre nur Klara nicht jedes Mal so genervt, wenn ich sie danach frage.*

Klara fühlte ihre eigene Unklarheit zu diesem Thema. Es waren Dinge, über welche sie selbst nie nachgedacht hatte – sie waren ja selbstverständlich. Bei jeder erneuten Frage von Jan fühlte sie sich ertappt, in eine Ecke oder eine Sackgasse gedrängt. Während sie Jans Notizen gelesen hatte, kam ihr selbst das menschliche System verrückt vor und sie stellte fest, dass man mit gesundem Menschenverstand und Logik auf Jans Fragen nicht antworten konnte. Für sich selbst wusste sie immer, es war einfach so, man musste einfach arbeiten und Geld verdienen, man musste einkaufen gehen und sparen – sicherheitshalber – für Tage, wo man, wie Jan sagt, keine Idee für ein Bild hat und trotzdem die Luft zum Atmen und das Wasser zum Trinken und Waschen braucht. Es war einfach so und es wäre ihr nie eingefallen, dies zu hinterfragen, so wie vielen anderen Menschen sicherlich auch nicht. Sie musste zugeben, es gab einige Sachen in der Welt, die man nicht logisch erklären, die man scheinbar nur als gegeben hinnehmen konnte. So als wären bestimmte Spielregeln definiert, an die man sich halten musste, um überhaupt im Spiel sein zu können.

Nachdem sie das Leben hinter der Mauer als ein Spiel mit seinen eigenen Spielregeln besprochen hatten, gestaltete sich Jans Annäherung an die Außenwelt einfacher. Er lernte, dass er nicht alles verstehen musste, dass es wahrscheinlich zu den Besonderheiten der Menschlichkeit gehört, sich an unlogischen Spielen und Spielregeln zu beteiligen, sozusagen auszuprobieren. Jetzt wusste er, was er zu tun hatte. Es ging nicht darum, die äußere Welt zu verstehen, sondern die Regeln zu lernen und anzunehmen, bzw. zu akzeptieren. So war eben diese Welt.

Um ihm dies zu erleichtern oder näher zu bringen, entschied Klara, in ihrer kleinen Containerwelt ähnliche Regeln einzuführen. Sie griffen die Idee mit Jans Bildern auf. Klara bat die Psychologin – inzwischen ihre einzige Bezugsperson im Außen – einen eventuellen Interessenten, einen Käufer für Jans Bilder zu finden. Die Bilder sollten verkauft werden und Jan sollte das Geld bekommen, um sich selbst Dinge, die er zu brauchen glaubte, mittels Bestellungen von außen kaufen zu können.

Ein Käufer fand sich sehr schnell. Jans ungewöhnliche Werke wurden in allen wichtigen Medien präsent und populär. Die Art, wie Jan die Außenwelt sah oder erahnte, wurde bald zu einem Hit. Was Klara und Jan nicht mehr wussten, seine Malereien wurden zum Kult, es entstand eine richtige Marke, ein Produktkoloss, an dem sich viele Geschäftsleute beteiligten. Die Bilder wurden in allen möglichen Formen abgedruckt, auf T-Shirts, Postkarten usw. Man kennt es doch. Einige haben richtig Geld damit gemacht – aber das ist eine andere Geschichte.

Klara besorgte Jan mehrere Kataloge und Prospekte, die verschiedene Waren präsentierten, damit er für sich selbst wählen und mit seinem eigenen, selbst verdienten Geld einkaufen konnte. Jans Begeisterung war grenzenlos. Tagelang studierte er Prospekte und staunte nicht schlecht, was die Menschen alles zu brauchen schienen – und in wie vielfältigen Ausführungen und Variationen. Vor lauter Begeisterung hätte er fast vergessen, dass er sich selbst auch etwas kaufen konnte. Die Kataloge waren für ihn wie eine Gutenachtlektüre, um seine Träume über die „andere" Welt anzuregen. Jedes einzelne Ding ließ er sich von Klara erklären, beschreiben. Er war zwar nicht ganz von einer anderen Welt – der Haushalt im Container war ganz passabel ausgestattet, sicher – schon mit veralteten, aber doch praktischen, auch elektrischen Geräten, die halt einige Jahrzehnte hinter dem neuesten Stand der Entwicklung waren; aber er wusste mit Geräten, die strombetrieben waren, die automatisch funktionierten umzugehen. Er fragte sich nur, wieso die Menschen statt einem Gerät zig Geräte brauchten, welche die gleiche Funktionen hatten. Er schrieb dazu:

Heute besprachen wir neue Begriffe: „Wettbewerb" und „Konkurrenz". Eigentlich versuchte mir Klara noch einmal zu erklären, wieso Menschen zum Beispiel eine Auswahl von dreißig verschiedenen Staubsaugern brauchen, die sich nur in Farbe, Form und angeblich Leistungsstärke unterscheiden. (Wie ich einem Katalog entnahm.) Wieso reicht es nicht, den schönsten, besten und leistungsstärksten zu produzieren? Wenn man schon damit anpreist, was aus den Prospekten klar hervorgeht, dass dieses und dieses Produkt das Beste ist, wozu braucht man dann noch die restlichen, die weniger gut sein sollen? Wieso erzeugt man die dann noch weiter? Wieso sollen Menschen noch die qualitativ geringwertigeren Produkte kaufen? Klara meint, weil sie billiger sind und weil nicht alle Menschen gleich viel Geld haben. Hm. Wieso sollen dann gerade diejenigen, die weniger Geld haben, schlechtere Produkte kaufen? Wieso sollen gerade sie ein schlechteres Produkt brauchen? Oder brauchen sie dieses gar nicht? Wozu auch, wenn es nicht gut ist? Aber wieso kaufen sie es dann, wenn sie überhaupt nicht genug Geld haben? Und was ist das wieder für eine Spielregel, dass jemand mehr und ein anderer weniger Geld hat? Dass jemand sich das Gute, ein anderer Schlechtes kaufen kann? Wieso erzeugt man *überhaupt etwas Schlechtes? Und wenn ich in diese Welt hinausgehe, zu welcher Gruppe werde ich gehören? Zu der, die schlechte, oder zu der, die gute Ware kaufen kann? Werde ich viel oder wenig Geld haben? Wer entscheidet darüber? Kann man sich selbst dafür entscheiden? Wieso konnte man nicht klarere und logischere Spielregeln erfinden? Gibt es vielleicht irgendein Buch, das diese Regeln zusammenfasst, genauer erklärt und definiert? Das muss ich Klara morgen fragen.*

Letztendlich ist Jan mit seinem verdienten Geld dem Einkaufsfieber verfallen. Er wollte und brauchte plötzlich unbedingt lebendige Pflanzen. Er wollte sie in den Luftraum zwischen Container und Mauer einsetzen und einen schönen lebendigen Bereich, wie er es im Prospekt gesehen hatte, gestalten. Schon längst hatte er begriffen, dass sein Garten und sein Teich innerhalb des Containers nur eine Attrappe, ein künstliches Werk waren, die nicht wirklich lebten. Die Möglichkeit, weiteren lebendigen Dingen bei ihrem Wachstum und ihrer Veränderung zuzusehen, faszinierte ihn. Er hatte einen Gartenkatalog bekommen und die Fülle an wunderschön blühenden, verschiedenfarbigen Pflanzen begeisterte ihn. Die Möglichkeit, sie selbst einzupflanzen, selbst zu gestalten und von klein an bis zur Blüte zu beobachten, erweiterte aufs Neue seinen Lebensbereich. Zum ersten Mal im Leben kaufte er ein. Er fühlte sich fast wie ein „echter“ Mensch! Stolz kreuzte er Klara im Prospekt einige Dinge an, zählte den Preis zusammen und übergab ihr das notwendige Geld. Es war so aufregend!

Noch aufregender wurde es, als sie mit dem Einkauf zurückkam. Zum ersten Mal erlebte er so etwas wie Weihnachten. Er wurde mit

Sachen beschenkt, die er früher nie brauchte, über die er nicht einmal wusste, dass es sie gab. Jeder Tag in seinem Leben brachte neue Überraschungen und neue Wunder. Das war ein Leben!

Gemeinsam pflanzten sie kleine Bäumchen und Sträucher, säten einige Blumen und Klara legte sogar einen Gemüsegarten an, damit Jan ein Gefühl dafür bekäme, wie die Lebensmittel entstanden, die durch die Luke kamen.

Durch die Pflanzen gab es in dem neu angelegten, echten Garten wieder jeden Tag einiges zu bewundern. Die Licht- und Farbenspiele wurden um die Pflanzen bereichert und erweitert. Die Muse bot Jan jeden Moment unerschöpflich neue Bildmotive an und er nahm sie dankbar an und malte und malte, aus Freude, spaßeshalber und um das Spielgeld für neue Wundersachen zu verdienen.

Der Sache mit der Vielfältigkeit von gleichen, aber schlechteren und besseren Produkten zu verschiedenen Preisen war er noch nicht auf die Schliche gekommen. Er schrieb:

> Klara erzählte mir irgendetwas von Entwicklung und Innovation. Sie meinte, viele Menschen verdienen ihr Geld damit, dass sie bestehende Erzeugnisse weiterentwickeln, verbessern. Unabhängig davon, dass ich zu akzeptieren versuche, dass dies wieder eine verrückte Regel ist, verstehe ich trotzdem nicht, wieso man eine Sache, die vor ein paar Wochen noch als die beste galt und die ihren Zweck ohne jeglichen Mangel erfüll-

te, wieso man sie verbessern, verändern muss. Wieso verwendet man die kostbare Zeit, die man mit anderen, interessanten Dingen verbringen könnte, für die so genannte Innovation? Wenn es bereits einen Staubsauger gibt, der mühelos, im Nu, ohne viel Kraftaufwand auch das letzte Staubkorn aufsaugt, was braucht man an diesem Gerät zu verbessern? Oder handelt sich hier wirklich nur um Beschäftigungstherapie, eine menschliche Erfindung, um allen, ihrer Spielregeln wegen, die Möglichkeit zu bieten, immer wieder die wunderbaren Geldscheine zu verdienen, oder der stetigen Veränderung selbst beizutragen? Eins ist sogar mir klar: Wenn jemand eine so genannte Arbeit hat, die nur auf das ausgerichtet ist, Staubsauger zu verbessern, weiterzuentwickeln und er gerade das beste Gerät seines Lebens entworfen hat, den besten und schönsten Staubsauger, den es je gab, entwickelt hat, mit was soll denn dieser Mensch nun weiter sein Geld verdienen, damit er sich das Notwendige, wie das Essen, die Luft, das Wasser kaufen kann? Aus diesem Blickwinkel ist klar, dass er logischerweise weiterentwickeln, innovieren muss, lieber in kleineren Schritten, damit er beständig was zu tun hat – also nicht gleich das beste Produkt auf den Markt geben. Irgendwie müssen bei dieser Sache aber die restlichen Menschen mitspielen und bereit sein, jedes Mal einen besseren und besseren Staubsauger zu kaufen, sonst könnte die Sache nicht aufgehen. Alles muss verdammt gut organisiert sein und der Zusammenhalt der Menschen muss wahrhaft groß sein. Das ist alles schön und gut. Leider kann ich es nicht lassen, meine Neugier lässt mich nicht in Ruhe. Was machen dann die Leute aber mit fünf, zehn verschiedenen Staubsaugern zu Hause, die sie nur kauften, damit der eine Mensch sich auch was kaufen kann? Ich wüsste nicht, wo ich hier bei mir so viele Dinge verstauen würde.

Es war wirklich schwierig für Jan, sich so eine verrückte Welt vorzustellen, aber es war auch spaßig und lustig für ihn, zu denken, dass es so eine freie Welt wirklich gab. Eine Welt, wo es möglich war, so verrückte Regeln auszudenken und alle zum Mitspielen zu begeistern.

Es muss sicher ein toller Job sein, ein Regelerfinder für dieses Spiel zu sein. Man könnte seiner Fantasie freien Lauf lassen und durch die Erfindung und Bestimmung der Spielregeln jedes Mal eine neue Welt erschaffen. Zum Beispiel so, als würden sich an einem Tag alle Menschen nur gleichen Schrittes, nur in eine Richtung bewegen dürfen und in einem anderen Augenblick dreht man alles um und *sie müssten plötzlich alle im Höchsttempo in verschiedene Richtungen laufen. Was für eine Welt!*

Um dieser Sache noch besser auf die Schliche zu kommen, bestellte Jan mit Klaras Hilfe drei Staubsauger. Einen schlechten, einen guten und einen innovierten von der „guten Sorte". Er wollte es wirklich wissen. Irgendetwas hatte er sicher übersehen, die Menschen müssen sich doch – Regel hin oder her – etwas dabei gedacht haben.

***

Klara schmunzelte über Jans Experimente und darüber, wie er versuchte, alles im Detail zu untersuchen und zu verstehen. Sie schrieb in ihr Tagebuch:

Jan macht sich Gedanken und versucht die Außenwelt auf eine Art, in einer Tiefe zu erforschen, die ihm letztendlich ermöglicht, die Welt besser zu verstehen als es die Menschen selbst tun. Seine leichte, unschuldige Art, die vorurteilslos ist, die nichts als gegeben annimmt und alles in seiner Essenz zu verstehen versucht, fasziniert mich immer aufs Neue. Menschen fühlen sich von Sachen, die sie nicht verstehen oder nicht erfassen können entweder angegriffen oder stehen ihnen wie ausgeliefert, in Ohnmacht, oder zumindest skeptisch gegenüber. Wenige kommen auf die Idee, die Dinge der Welt aus einer spielerischen Perspektive zu betrachten. Jedem noch so unsinnigen Gesetz pflichten sie wie bewusstlos bei, sie versuchen sich an dieser Unsinnigkeit mit eigens entwickelten oder von Generation zu Generation weitergegebenen Strategien vorbeizuschmuggeln. Sie versuchen auszublenden und damit so zu tun, wahrscheinlich des Selbstbewusstseins wegen, als ob es diese Regel, dieses Gesetz, das ihr Leben beeinflussen, bestimmen soll, nicht gäbe.

Dann war es soweit. Jan bekam seine drei Staubsauger. Er studierte penibel die Beschreibungen und Bedienungsanleitungen, stellte sie nebeneinander und betrachtete sie von weitem – später zerlegte er sie und studierte sie von innen. Er entschied sich, hinter das Geheimnis zu kommen. Stundenlang und mehrere Tage nacheinander lief er mit den Staubsaugern, einmal mit einem, dann wieder mit dem anderen durch die Wohnung und experimentierte. Er fragte Klara um Rat und wollte ihre professionelle Meinung als Vertreterin der menschlichen Spezies außerhalb des Containers wissen. Er wollte, dass sie ihm aus ihrer Sicht die Unterschiede und Vorteile oder Nachteile des einen und des anderen erklärt, so wie sie es früher zu betrachten gewohnt war. Endlich verstand sie, dass Jan nicht nur die Staubsauger untersuchen wollte oder die Regeln, die dazu führten, dass es solche Vielfalt gab, sondern dass er auf seine seltsame Weise, die bei näherem Betrachten gar nicht so verkehrt war, eben die Menschen, die hinter dem Ganzen standen, verstehen wollte. Erst jetzt verstand sie, dass er hinter jedem Produkt, jeder Ware, jedem Buch, einfach hinter allem was sie ihm mitbrachte, die Menschen suchte. Es war seine Art, sich mit ihnen bekannt zu machen, sich ihnen anzunähern. Wie sollte sie ihm nur erklären, dass kaum ein Mensch sich selbst so kannte, wie er das bereits getan hatte?

Belustigt aber mit Respekt beobachtete sie, wie er Erde und Sand vom Garten in die einzelnen Räume streute, in die Teppiche einrieb, um es in der nächsten Minute wegzusaugen. Und …? Er stellte wirklich gravierende Unterschiede fest, die ihm beim ersten Saugen nicht aufgefallen waren. Letztendlich hatte er seinen Favoriten gefunden. Es war der zweite Staubsauger, der im Flugblatt als der Gute tituliert wurde, aber nicht der Innovierte. Er konnte mit ihm fast alle Erde – auch wenn sie noch feucht war – und so ziemlich jeden Dreck wegsaugen, ohne dass er viel Kraft und Mühe aufwenden musste. Der billigere Staubsauger tat es auch, aber er musste sich viel mehr bücken und mehr Kraft beim Ausbürsten aus dem Teppich aufwenden. Komischerweise fiel der innovierte und der teuerste Staubsauger bei Jan durch. Er hatte angeblich mehr Leistung gegenüber dem anderen, er konnte aber nicht wirklich etwas besser. Er schaute verlockender aus, aber machte mehr Lärm und verbreitete einen abstoßenden Gestank – die Wohnung und alle Sachen rochen noch zwei Tage danach. Wieso sollte also jemand so etwas kaufen? Wieso sollte jemand so etwas entwickeln, wenn es vorher schon den besseren Sauger gab? Und … wie konnte man sowas eine Verbesserung oder eine Innovation nennen? Ja, man musste sich bei diesem Modell nicht bücken, um die Einschaltknöpfe zu drücken, man konnte sie direkt am Schlauch, den man in der Hand hielt, bedienen, aber das war auch schon alles an Vorteilen. Wen sollte es stören, sich einmal zu bücken, um das Gerät ein- oder auszuschalten? Die Knöpfe direkt bei der Hand waren sowieso im Weg. Klara meinte nur lakonisch dazu: „Und gerade mit so etwas verdient jemand viel Geld, weil es modern ist und gute Werbung dafür gemacht wird." Modern? Und Werbung?

Wieso sollte man für Sachen, die man braucht, Werbung machen? Wieso muss man sie anpreisen, wie mir meine Liebste und Klügste erklärte? Entweder gehe ich mir das kaufen, was ich brauche, oder nicht! Wieso sollte mich eine Werbung beeinflussen? Ich suche mir doch nach meinen Kriterien das aus, was ich möchte, - warum also nicht gleich das Beste? Und modern? Dieses Wort scheint so irrational zu sein, dass es Klara unmöglich war, es mir anders zu erläutern. Außer - es ist aktuell, es ist modern, „in", alle stehen gerade drauf - konnte sie mir nichts wirklich für mich Klärendes, Verständliches sagen. Wahrscheinlich wieder eine Spielregel. Jemand verdient sicherlich Geld damit, die aktuellen Modetrends zu erfinden. Und dann gehen halt alle und kaufen das, was angesagt ist. Jetzt verstehe ich! Deswegen ist die Werbung notwendig! Die Werbung kündigt die neue Regel an. Die Werbung informiert Menschen, was in der nächsten Zeit „in" sein wird, damit sich alle orientieren, ausrichten können und zum Beispiel ihre Staubsauger, die zwar noch ihren Dienst tun, aber *nicht mehr in Mode sind, auszutauschen. Menschen gehen und kaufen, damit der „Modekundschafter" auch sein Geld verdienen kann, um das zu kaufen, was er braucht. Was für ein ausgeklügeltes System, was für ein Traum! Kein Wunder, dass jedermann das Wasser und das Licht und alles andere, was man braucht, kaufen kann, wenn alle das tun können, was ihnen einfällt und solche spaßigen Jobs haben. Mensch, in was für einer faden Welt habe ich bis jetzt gelebt!?*

Klara füllte ihr Containerdasein nicht nur mit Unterricht in Menschenkunde und über die moderne Welt für Jan, sondern las Jans Notizen und lernte nach und nach noch besser sein Inneres und seine Welt kennen. Beim Lesen musste sie öfters gerührt weinen, was Jan ziemlich verwunderte. Er verstand nicht, wie Klara im Nachhinein – über schon Geschehenes – weinen konnte. Egal, wie furchtbar es damals für ihn war und welche Ängste er auch hatte, es war durchgestanden. Sie musste doch sehen, dass er jetzt wieder heil und gesund vor ihr stand. Wie kann man der Vergangenheit, die schon gar nicht mehr (wahr) ist, nachweinen? Er bewunderte ihr Einfühlungsvermögen und die Fähigkeit, sich in der Zeit zu verschieben und seine Ängste von damals nachzuempfinden. Sie tat so, als wäre sie gerade jetzt dort bei ihm und hätte zusammen mit ihm Angst. Nur das konnte doch nicht sein, oder? Er schrieb:

Wäre sie doch schon damals – als ich mich vor Gottes Strafe fürchtete, als ich vom Experiment nichts wusste, als das Wasser und das Licht abgedreht wurde – bei mir gewesen, hätte ich mich sicher nicht so gefürchtet. Sie hätte mir erklärt, dass es keine Hexerei, sondern etwas ganz Normales ist, vor dem man sich nicht zu fürchten braucht. Sie hätte doch nicht mit mir im Gotteszimmer mitgekniet und mitgebetet in aller Furcht, oder? Sie hätte bestimmt gewusst, was los war. Also, wenn sie die Fähigkeit hat, sich in der Zeit zu verschieben und mitzuerleben, nachzuempfinden, was dort geschehen ist, könnte sie zu mir (damals) hingehen, mir alles erklären, damit ich die Panik und die Schocks nicht mehr erleiden brauche – wäre das eine Idee? Dann braucht sie sich nicht mit mir, für mich ängstigen.

Nachdem Klara diese Notizen las, schrieb sie bei sich:

Jan hat Recht. Warum weine ich eigentlich? Warum ist es, wenn ich seine Aufzeichnungen lese, für mich so furchtbar? Warum identifiziere ich mich mit seiner damaligen Angst, warum, obwohl ich sehe, dass es ihm heute gut geht? Warum tut er mir Leid und warum betrachte ich ihn die nächsten Tage mit anderen Augen? Plötzlich merke ich, dass ich netter zu ihm bin. Immer wieder tauchen vor meinen Augen die

Szenen aus seinen Notizen auf. Ich sehe, wie er ganz alleine, von der ganzen Welt verlassen und doch so nah, an ihr leiden, sich quälen musste. Niemand kam, um ihm zu helfen, zu erklären, obwohl es so einfach gewesen wäre. Kann es nicht sein, dass es bei meiner Weinerei nicht um Jan geht? Dass ich gar nicht seinetwegen heule? Sondern dass ich mich selbst an seiner Stelle, in seiner Situation sehe und ich mir selbst Leid tue? Eigentlich fühle ich mich wirklich mittlerweile so, als hätte ich selbst Zeit meines Lebens alleine hier im Container verbracht. Aber das kann doch nicht sein, oder? Kann es sein, dass es mich einfach an Situationen aus meinem „wahren" Leben erinnert, die sich ähnlich leid- und angstvoll anfühlten? Kann es nicht sein, dass - ohne dass ich es wusste - ich selbst in einem Container lebte, den ich mir um mich herum selbst aufgebaut hatte? Was wäre dann der Unterschied zu Jan? Er wusste doch auch nicht, dass er in Isolation und einer künstlichen Welt lebte. Er wusste auch nicht, dass es auch anders geht. Wenn ich es so betrachte ... Mache ich nicht gerade hier im Container eine wunderbare Erfahrung, dass es andere Möglichkeiten, andere Perspektiven, eine andere Wahrnehmung gibt? Wer ist eigentlich draußen und wer drinnen? Warum kommt es mir gerade hier, in dieser kleinen Welt, so vor, als wäre ich aus meinem Container ausgestiegen, um die Befreiung, das Neue, die Weite, das Unbekannte und das Lebendige zu erleben?

Kraft & Ohnmacht

Aus den Büchern, die Jan bekommen hatte, erfuhr er, dass es immer wieder in der Geschichte Menschen gab, die Heldentaten vollbrachten. Er verschlang solche Bücher, eines nach dem anderen, auf der Suche nach einer Lösung für sein Problem. Er studierte verschiedene Männerbiographien, wie sie sich ihrem Schicksal gestellt, wie sie das scheinbar Unüberwindbare überwunden hatten, wie sie über ihren Schatten gesprungen waren, unglaubliche Kräfte entwickelten, noch nie da gewesene Ideen hatten und andere aus Notsituationen retteten, wo sich der Rest der Welt keinen Rat mehr wusste. Wie machten sie es nur, diese Männer? Es schien eine männliche Eigenschaft, fast eine Verpflichtung zu sein, sich zu stärken, Mut zu haben, um für alle möglichen Herausforderungen des Lebens gut vorbereitet und im richtigen Moment am richtigen Ort zu sein. Wieso hatten ihm seine Eltern von so etwas nichts erzählt? Wieso hatten sie ihm nicht gezeigt, wie er mehr Mut und Kraft entwickeln, und wie er sich dies für die Welt nutzbar machen kann? Er hatte es nicht einmal geschafft,, diesen roten Knopf zu finden und zu drücken, aus dem Schatten und dem Schutz der Mauer hervorzutreten, sich seinem Schicksal zu stellen und das Experiment, wie alle schon längst erwartet hatten, mit einem Siegesgesicht zu beenden. Was war er nur für ein Mann? Was musste nur Klara über ihn denken? Sie kannte die Männer aus ihrer Welt, sie konnte vergleichen. War es für sie schwierig, mit so jemandem wie ihm, der noch nie etwas Bahnbrechendes getan hatte, zusammen zu sein?

Jans gesamtes Wesen suchte verzweifelt nach einer Lösung seines Problems. Und da war es! Ein Werbeprospekt bot für alle Männer eine ausgezeichnete Möglichkeit, die männliche Kraft aufzubauen und zu stärken, um männlicher zu werden. Es war genau das, was Jan suchte!

Ungeduldig wartete er auf die Rückkehr von Klara, die mit seinem stolz verdienten Geld im menschlichen „Schlaraffenland“ einkaufen war. Voll bepackt, in mehreren Lieferungen brachte sie seine ausgesuchten Geräte – Fitnessgeräte.

Jan verbrachte Tage mit Schrauben und Zusammenbauen. Im Arbeitseifer vergaß er sogar den gesamten Garten mit seinen Pflanzen, die Lichtspiele, das Schreiben und Lesen, er vergaß sogar Klara. Noch nie hatte er in eine Sache so viel Hoffnung gesteckt, noch nie hatte er sich von einer Sache so sehr eine Lösung seines Problems erwartet. Und da war sie – seine Erlösung! Nach mehreren Tagen stand sie endlich da. Aufgebaut in dem alten, künstlichen, zur Containerausstattung gehörenden Garten, gleich neben dem Teich hatte er sie aufgestellt – eine prachtvolle Kraftmaschine! Jetzt brauchte er nur noch die Bedienungsanleitung durchzulesen und konnte beginnen, endlich an seinem Mannwerden zu basteln, und wenn er dann soweit wäre, könnte er dann endlich vor Klara treten, sie an der Hand nehmen und sie zurück in ihre Welt, dorthin wo sie hingehört und wohin eigentlich auch er sollte, begleiten. Seine liebe Klara! Was würde er nicht alles für sie tun! Sie würde schon sehen! Sie würde eines Tages noch stolz auf ihn sein können. Dem Kind würde sie dann einmal nur mehr eine weit entfernte, vergangene Geschichte erzählen, ein Gutenachtmärchen darüber, wie es einmal im Container war, wie sich dort der Vater vor der ganzen Welt versteckte und es nicht einmal wusste, aber …! … eines Tages seine gesamte Kraft sammelte, seinen eigenen, ängstlichen Schatten bezwang und die riesengroße, graue, furchteinjagende Mauer selbst durchquerte, ungeachtet aller Gefahren, die auf der anderen Seite auf ihn lauerten.

So wurde er zum Mann. So bestand er seine Feuertaufe und wurde für die „andere“ Welt bereit. Diese und ähnliche Gedanken – wie aus einem Märchen oder einer Sage – kreisten unermüdlich in Jans Kopf, während er genüsslich sein zusammengebautes Werk betrachtete.

Klara stand abseits und schüttelte in ihrem Inneren den Kopf: „Männer! In bestimmten Momenten sind sie überall gleich!“ Aber warum sollte Jan auch mit so etwas nicht spielen? Wie sollte sie wissen, was er braucht, um die Welt kennen zu lernen, um sich vorzubereiten. Wenn er das Gefühl hat, gerade dies zu brauchen, dann wird es schon für irgendetwas gut sein. Klar war sie nicht überglücklich, dass sie in ihrer fortgeschrittenen Schwangerschaft diese schweren Teile in den Container tragen musste. Es war ein Glück, dass es am Markt ein Gerät gab, das man in kleinste Teile zerlegen konnte und dass sie es sich mit dem Taxi bis zum

Unzufriedenheit

Die permanente Unzufriedenheit mit uns selbst, mit dem, wie wir sind, kann eine treibende Energie sein, die uns zum Weitergehen, zum Umsehen, zum „Uns-selbst-bewusster-Werden“ motiviert. Sie kann uns aber auch (ver)leiten, (ver)führen, Lösungen für unsere gedachten Probleme statt bei uns selbst im Außen zu suchen, dort, wo wir in unserer Suche bestätigt werden und zu der „logischen“ Schlussfolgerung kommen, dass wir so, wie wir sind, nicht genügen, nicht in Ordnung sind.

Unbewusst springen wir auf einen Zug auf und fahren „hoffnungsvoll“, gemeinsam mit vielen anderen, die bereits im Zug sitzen oder noch einsteigen werden, in Richtung „besser, liebenswerter, kraftvoller werden“ ...

S. 337

Eingang liefern lassen konnte. Trotz allem kränkte sie ein wenig, dass er es langsam als Selbstverständlichkeit betrachtete, aus ihr einen Weihnachtsmann zu machen, der jedes Mal, wenn sich der Junge etwas wünschte, brav auf sein Rentier aufsprang, sofort losgaloppierte, um in der nächsten Sekunde mit den Geschenken zurück zu sein und die strahlenden Augen des Kindes betrachten zu können.

Vielleicht sollte ich ihm sagen, dass es mir nicht so gut geht, dass es für mich immer schwieriger wird, nach außen zu gehen, einzukaufen und alles nach Hause zu schleppen. Warum sieht er es aber nicht von sich aus? Er hat doch immer alles an mir gesehen? Noch vor kurzem hat er jede kleinste Veränderung an mir festgestellt, beobachtet, begeistert wahrgenommen. Ist er vielleicht wie ein kleiner Junge, der gerade ein neues Spielzeug entdeckt hat? Wird es, nachdem er damit ein paar Mal gespielt hat, besser werden? Werde ich dann für ihn wieder sichtbar? Oder wird es zum Alltag, zur Gewohnheit werden? Soll ich ihm etwas sagen? Wie soll er auch wissen, was in einer Frau, und überhaupt in einer schwangeren Frau, vorgeht? Wie soll er wissen, wie sich eine Schwangerschaft anfühlt, dass es nicht immer nur ein Honiglecken ist? Warum ist irgendein Teil in mir so gekränkt und erwartet von Jan, dass er es selbst merkt, dass er auf mich von sich selbst aus, aus eigenem Bedürfnis zukommt, mich anschaut und wieder versteht, was ich brauche? Warum bin ich plötzlich so kindisch und kann mich nicht überwinden, ihm von meinen Empfindungen zu erzählen? Ich habe ihm ja sonst immer alles gesagt und es hat sich letztendlich als gut erwiesen. Warum fühle ich mich, wenn ich nur daran denke, dass ich zu

ERKANNT

Ein Teil in uns fragt sich:

„Was muss ich noch alles tun, um endlich gut genug zu sein, um erkannt, geachtet und geliebt zu werden?"

Würden wir kurz stehen bleiben und in uns lauschen, könnten wir in uns vielleicht dieses hören:

„Du bist in Ordnung, so wie du bist. Erkennst du dich nicht? Achtest du dich nicht? Liebst du dich nicht? Warum denn nicht? Was steht dir im Wege?"

– DU BIST IN ORDNUNG SO WIE DU BIST –

S. 338

ihm gehe, schon wie ein Bettler - jemand, der so arm ist, dass er um Liebe und Aufmerksamkeit bitten muss? Wäre dieser blöde Kloß im Hals nicht! Was soll ich nur tun? Warum hilft mir niemand? Warum fühle ich mich plötzlich so unverstanden, so ungeliebt, so alleine?

Was Klara nicht wusste war, dass Jan gerade das zu machen versuchte, nach dem jetzt ihr ganzes Inneres schrie. Er versuchte, ihr gerecht zu werden, ein ganzer Mann für sie zu sein, um alle ihre Erwartungen, die scheinbar alle Frauen hinter der Mauer hatten, erfüllen zu können und sie glücklich zu machen.

***

Groß war Jans Überraschung, als er, nachdem er mit dem vorgeschlagenen Trainingsplan endlich richtig losgelegt, alle angeführten Übungen gewissenhaft durchgeführt hatte – es war gar nicht so schwierig – den nächsten Tag plötzlich nicht vom Bett aufstehen konnte. Er konnte sich nicht bewegen. Er war tot! War er tot? Nein, aber vielleicht war der Körper tot. Irgendetwas war mit ihm über die Nacht geschehen. Gottes Strafe? Diesmal wirklich? Jans Inneres brach in altbekannte Panik aus. Er wollte nach Klara, die schon aufgestanden war, schreien, aber es ging nicht. Er wollte sich bewegen, aufstehen, aber es ging nicht. Jede, auch noch so kleinste Bewegung tat furchtbar weh, ein Schmerz, den er noch nie erlebt hatte, der ganze Körper fühlte sich wie eine einzige Wunde an. Würde er jetzt sterben? Jetzt? So knapp vor dem Ziel? Sein Herz raste, aber sogar das schmerzte und die Tränen flossen verzweifelt, vorsichtig den Wangen entlang. Da hatte er es! Kaum hatte er Hoffnung geschöpft, endlich zu wissen, wie er zu einem Helden werden konnte, schon lag er halb tot, heulend, wie ein kleines Kind da. Wo war nur seine Mutter? Wieso half ihm niemand? Wieso spürte Klara nicht, dass er sie jetzt brauchte, dass es ihm jetzt schlecht ging, dass er jetzt dem Tode nahe war? Wenn sie seine Aufzeichnungen las, konnte sie sich in die Vergangenheit versetzen, mit ihm mitfühlen, mit ihm weinen, seinen Schmerz nachempfinden – und jetzt? Jetzt, wo er im Sterben lag und die furchtbarsten Zustände hatte, jetzt, wo sie nicht einmal in die Vergangenheit reisen musste, wo sie ihn hier in der Wirklichkeit, direkt vor den Augen hatte, jetzt schepperte sie lustig in der Küche mit dem Geschirr, trällerte ihr Morgenlied und bereitete sorglos ein duftendes Frühstück, als wäre nichts. Hatte sie alle ihre Sinne, ihre Wahrnehmung, ihr Mitgefühl verloren? Hatte sie ihn nicht mehr gern? Wollte sie vielleicht bald aus dem Container ausziehen und ihn alleine lassen, weil er doch kein richtiger Mann geworden war, der entsprechend für sie und das Kind sorgen konnte?

Solche wirre Gedanken plagten Jan zusätzlich, als hätte ihm der Körperschmerz nicht gereicht. Endlich kam dann Klara aber doch, mit einem strahlenden Gesicht und einer duftenden Tasse Kaffee, rein ins Schlafzimmer. Über Nacht hatte sie sich entschieden, nicht zickig, nicht kindisch zu sein und Jan keine Szene wegen seiner Unachtsamkeit zu ihr zu machen. Sie hatte sich wieder gefangen und verstanden, wenn sie selbst Jan über ihren Zustand nicht erzählte, konnte er nicht ahnen, nicht wissen wie sie sich fühlt und was in ihr vorgeht. Also wollte sie ihm beim Frühstück endlich über Frauen und ihre Sehnsüchte, Kinderkriegen, Hormone und noch so einiges erzählen.

Und da war er! Ihr Traummann, dessentwegen sie ihr ganzes altes Leben aufgegeben hatte, den sie so, wie er war, lieben gelernt hatte, an dem sie unzählige seiner Seiten bewunderte. Ein Häufchen Elend, Jans Körper lag im Bett, verzweifelte Blicke werfend, die Augen voll mit Tränen, still in sich hinein schluchzend. Erwartungsvoll schaute er sie an, als wäre sie die Hilfe Gottes selbst. Klara verstand sofort: jetzt war sie, mit ihrem Leid wieder nicht dran. Jetzt hatte sie – was sonst! – zu pflegen, zu beruhigen, zu bemuttern. Männer! Sie setzte sich, einen tiefen Seufzer sich verkneifend, zu ihm ans Bett, nahm seine Hand, streichelte geduldig durch seine Haare und sprach: „Alles ist gut, alles wird gut. Es wird vergehen, das ist normal, auch den größten und stärksten Männern passiert einmal so etwas. Alles wird gut!“

Jan lag drei Tage im Bett und genoss die regelmäßigen Massagen von Klara, die seine Schmerzen milderten. Mit großem Bauch, angeschwollenen Beinen und quälenden Rückenschmerzen massierte sie dreimal am Tag seine Muskeln, die ihre blauen Wunder erlebten. Sie versuchte sich in Jan hineinzuversetzen. Immer wieder schwand sie in ihrer eigenen Gedankenwelt, während Jan unter ihren Händen genüsslich stöhnte. Immer wieder kämpfte sie gegen Ärger und Wutansätze, die in ihr keimten. Beim besten Willen konnte sie in diesen Momenten keine Liebe zu Jan empfinden. Immer wieder versuchte sie für sich zu argumentieren, dass er sicher nicht so war wie so viele Männer draußen, denen sie früher begegnete. Er konnte es ja nicht wissen. Er hatte keine Erfahrung mit solchen Dingen, er hatte es mit der besten Absicht gemacht. Aber immer wieder warfen sie ihre Rückenschmerzen, die bei jeder Handbewegung an seinem Rücken stärker und stärker wurden, auf sie und ihr Leid zurück. „Für mich ist niemand da. Niemand versteht und sieht, was ich brauche, was ich fühle, wie es mir geht.“ So schrieb sie spät am Abend, als Jan endlich eingeschlafen war, in ihr Tagebuch:

Warum gerade jetzt? Gott, wieso, wenn ich einmal jemanden brauche, wenn es mir nicht gut geht, wieso muss ich wieder für den anderen da sein? Ich fordere doch nicht so viel. Tagtäglich war ich für ihn da, bemühte mich um ihn. Ich wollte doch gar nicht schwanger sein, ich wollte das Kind doch gar nicht behalten.
Er redete es mir ein, er meinte, wir schaffen das schon! Er meinte, er würde für mich da sein.
Und jetzt, wo es mir von Tag zu Tag schlechter geht, manchmal kann ich kaum gehen, kaum Luft bekommen, die ganze Erde dreht sich um mich, bin wieder ich es, die sich zusammenreißen und für den anderen da sein muss, weil es dem anderen plötzlich noch schlechter geht als mir. Wer kann mir sagen, wer jetzt mehr Recht auf Aufmerksamkeit, Pflege und Zuneigung hat? Wer kann mir sagen, wer von uns beiden jetzt die Zähne zusammenbeißen soll, sich zusammenreißen soll? Wer kann mir sagen, wer von uns beiden mehr Recht auf Schmerzen hat? In meinen Augen ist Jans Schmerz lächerlich, aber ich weiß, dass es für ihn jetzt im Moment „der Schmerz" ist. Millionen von Menschen quälen sich täglich absichtlich, um so einen Schmerz

zu spüren. Sie sehen den Muskelkater als Bestätigung ihrer Sorge um sich, um ihren Körper. Sie versuchen ihr gesundes Dasein zu pflegen, körperbewusst zu leben oder sich für kurze Zeit von anderen Dingen abzulenken, zu entspannen. Ein Muskelkater ist doch kein richtiger Schmerz, oder? Nur, Jan weiß das nicht. Seine Muskeln haben noch nie so eine wahnsinnige einmalige Überforderung erlebt. Er hat bis jetzt alles nur in Maßen, das was notwendig war, was der Tag so mit sich brachte, gemacht. Ich weiß auch nicht, was in ihn gefahren ist. Wie soll ich ihm über meine Schmerzen erzählen, wenn er da wie ein kleines, hilfloses Kind zusammengerollt liegt und resigniert auf seine letzte Stunde wartet? Wie soll ich ihm erklären, dass sein Schmerz nichts ist? Und was würde es mir helfen, ihm jetzt über mein eigenes Leid, meine Beschwerden und Launen zu erzählen? Er könnte mir in diesem Zustand sowieso nicht zuhören. Ist das gerecht, nur weil ich Schmerzen gewöhnt bin, weil ich sie schon öfter im Leben erlebt habe, weil ich öfters an meine Schmerzgrenzen gekommen bin, dass ich immer wieder wegstecken muss? Bin ich dafür in den Container um-

gezogen, um mein Schicksal hier weiterzuführen, in den gewohnten Bahnen zu fahren? Habe ich mir nicht gerade von Jan und dem Rückzug eine Veränderung, Verständnis und Erleichterung erwartet? Habe ich von mir im Container nicht eine andere Klara erwartet? Aber von wo sollte ich die andere Klara plötzlich herholen?

Mit feuchten Augen und Herzschmerz legte Klara den Stift beiseite und schlief in ihrem Leid und Dilemma neben ihrem Tagebuch ein.

Am dritten Tag kam die Lebensenergie bei Jan wieder zurück. Er spürte seinen Körper wieder. Ein wenig Schmerz war noch da, aber er war sich sicher – es würde schon wieder werden, er würde überleben. Voller Dankbarkeit für seine Heldin, die ihm durch seine Not geholfen hatte, eilte er zu Klara, um sich in der lebendigen Pracht zu zeigen und ihr Freude zu machen. Sie hatte wieder mal Recht gehabt – er war nicht gestorben. Er fand sie im Garten bei den Blumen. Sie starrte abwesend in den Himmel. Jan merkte, dass sie nicht wirklich da war. Sein Gang wurde langsamer, er blieb stehen und mit Schrecken beobachtete er sie. So hatte er sie noch nie gesehen. Irgendetwas hatte sie an sich, was er nicht kannte. Als wäre seine Klara für immer verschwunden. Klar, sie stand da – er sah sie, aber es war doch nicht sie. Augenblicklich vergaß er, was er wollte. Sie bemerkte ihn, sie wandte sich ihm aber nicht zu. Das verstand er überhaupt nicht. Sie musste doch auch überrascht sein, dass er wieder alleine gehen konnte. Sie musste sich auch freuen, dass er wieder auferstanden ist. Sie musste doch die herrlichen Blüten an den Sträuchern sehen, die vor drei Tagen noch nicht da gewesen waren. Sie starrte unbeeindruckt das Nest an, welches quirlige Vögel in einem Bäumchen bauten, aber sie sah die kleinen nicht, die ihr um die Wette freudig entgegenzwitscherten. Was war passiert? Was war passiert? Wollte sie ihn wirklich verlassen? Jetzt? Klara drehte sich langsam zu Jan und versuchte ein Lächeln auf ihr versteinertes, verschleiertes Gesicht zu zaubern. Die Augen waren ganz matt, ohne jeglichen Lebensfunken und ohne das Strahlen, das er an ihr so liebte. Klaras gesamte Körperhaltung erinnerte ihn an seine Mutter, die sich in späteren Jahren ab und zu für einige Stunden in ihrem Zimmer eingesperrt hatte und niemanden zu sich lassen wollte. Nach längerer Zeit war sie wieder herausgekommen – mit roten, angeschwollenen Augen und hatte versucht, mit hoch erhobenem Kopf ein schmerzendes Lächeln auf ihre Lippen zu zaubern. Genau so, wie Klara jetzt. Nur scheinbar hatte Klara weniger Übung in so etwas, weil sich ihr Gesicht nur zu einer unschönen Grimasse verzerrte. In diesem Moment reagierte Jans Körper instinktiv. Ohne wirklich zu wissen warum, sprang er mit drei Schritten zu ihr und fing sie gerade noch rechtzeitig auf, bevor ihr Körper plötzlich gänzlich leblos zu Boden sank.

Ohne Zeit zum Nachdenken trug er die ohnmächtige Klara mit Mühe ins Haus. Er legte sie aufs Sofa und … er wusste nicht, was er weiter tun sollte. Sie war ganz blass. Ihr Körper war ganz schwer – außer leichten Atemzügen gab sie kein Lebenszeichen von sich. Jans Herz pochte wie wild. Sein gesamtes System suchte verzweifelt nach Hilfe, nach einer Anleitung, einem Rat. War Klara jetzt tot? Würde sie, so wie seine Mutter damals, von ihm gehen? Oder war das normal in ihrem Zustand und sie würde gleich das Kind zu Welt bringen? Oder? Was war passiert? Wer sollte ihm jetzt Antwort geben? Er würde gerne etwas tun, aber wie und was? Jan musste sich stark konzentrieren, damit er auch nicht gleich vor Angst und Schwäche zusammenbrach. Er spürte eine schreckliche Panik in sich hochkommen. Ein wohlbekanntes Gefühl. Etwas ganz Neues war aber dabei, dass er nicht Angst um sich, sondern um jemand anderen hatte. Es war sehr schlimm, fast unerträglich. Intuitiv fühlte er, dass jede Sekunde entscheidend war, dass er schnell handeln musste, dass er jetzt nicht viel Zeit zum Überlegen und zum Angsthaben, zum Verzweifeln und Flennen hatte. „Mutter, Mutter! Wo bist du? Mutter, hilf mir bitte! Was soll ich tun?“ Er schrie diese Worte laut in sich hinein. Und es geschah! Auf einmal sah er sich selbst zu, wie er, oder besser gesagt, sein Körper in die Küche rannte, ein Tuch nahm, in kaltes Wasser eintauchte und es, wieder zurück im Zimmer, Klara unter den Nacken und auf die Stirn legte. Er sah sich selbst, wie seine Hände ihre Bluse aufknöpften und sie von allen anderen beengenden Stücken befreiten. Er sah sich am Rande des Sofas sitzen und abwechselnd mit ruhigen Bewegungen ihre Fußsohlen und Handflächen sowie die Brust und den Bauch massieren und streicheln. Die Angst in ihm wich. Eine bekannte Wärme breitete sich in ihm aus. Sie schien sich sogar durch seine Hände, durch sein gesamtes Wesen auf Klara zu übertragen, sie einzuhüllen. Als würde er ihr von einer Lebensenergie, Lebenskraft literweise geben, solange, bis sie sich selbst entscheiden würde, wieder zurückzukehren. Sein gesamtes Wesen nahm die Wirkung jeder eigenen Handlung und Handbewegung, jedes Atemzugs wahr. Je mehr er sich beruhigte, umso kräftiger und regelmäßiger wurden Klaras Atemzüge. Je sanfter und hingebungsvoller er sie berührte und massierte, umso wärmer wurde ihr Körper und die Farbe kehrte nach und nach zurück in ihr Gesicht. Ein Teil von ihm schien alles mit Abstand und einer erstaunlichen Ruhe zu beobachten. Plötzlich nahm Jan fasziniert das Kind, das Klara in sich trug, unter seinen Händen wahr, das auf eine erstaunliche Weise mit ihm zu kommunizieren begann. Als würde ihm das Kind erzählen wollen, was die Mutter gerade brauchte. Als würde ihm das Kind jede einzelne Stelle zeigen, die er berühren, wo er die Energie hinfließen lassen sollte. Er fühlte sich in diesem Moment eins mit dem Kind. Er spürte in sich die Lebendigkeit, Lebenskraft, Selbstsicherheit, Ruhe und unglaubliche Weisheit des kleinen Zwerges. Wie hypnotisiert bearbeitete er auf eine seltsame Art Klaras liegenden Körper.

Sie war schon längst zu sich gekommen und lag regungslos da, erstaunt und tief gerührt, kaum atmend – um Jan nicht zu unterbrechen und die Atmosphäre nicht zu zerstören. Das war nicht Jan. Irgendein wunderbares Wesen massierte sanft ihre Füße. Auf eigenartige Weise berührte er ihren Bauch und das Herz. Bei jeder Berührung fühlte sie eine noch nie verspürte Wärme, die ihren gesamten Körper wie eine weiche Welle durchströmte. Instinktiv drehte sie sich zur Seite und ließ sich auch ihren Rücken und die Wirbelsäule bearbeiten. Sie merkte, dass sich ihre Atmung an die von Jan anpasste. Ein seltsamer Rhythmus – neu, elektrisierend, belebend. Sie hatte das Gefühl, als könnte sie in diesem Augenblick jede Körperzelle einzeln in sich wahrnehmen. Jede Zelle könnte ihr ihre eigene Geschichte erzählen. Sie spürte sie ungeduldig vibrieren, als wollten sie gleich explodieren, um sich im nächsten Moment zu beruhigen und ein zufriedenes Summen von sich zu geben. Klara schloss wieder die Augen und fiel in einen erholsamen Schlaf, während sich Tausende an nicht mehr benötigten, alten Bildern und Speicherungen aus ihren Zellen lösten. Sie wusste in ihrem tiefen Schlaf, dass alles in Ordnung war, dass alles so war, wie es sein sollte. „Alles ist gut … alles ist gut…“, sprach eine Stimme während des gesamten Schlafes zu ihr und streichelte ihr Gesicht.

***

Nachdem Jan wieder zu sich kam, wusste er, dass gerade etwas Besonderes geschehen war. Er fühlte sich sehr groß und stark, als könnte ihm niemals mehr irgendeine Situation etwas anhaben, ihn erschüttern. Als hätte ihn Gott persönlich erhört und ihm das geschenkt, was er brauchte. Keine Spur von Angst, ein tiefes Vertrauen und Wissen pulsierte in seinen Adern. Er schien alles zu wissen, was notwendig war, ohne eine einzige Frage zu stellen. So wusste er auch mit unerschütterlicher Sicherheit, dass es Klara und dem Baby gut ging. Er wusste, dass sie einen erholsamen Schlaf genoss und dass das Kind währenddessen über sie wachte. Er wusste, dass er gerade eine Verbindung mit dem Kind hergestellt hatte, über die er in jedem Moment über den Zustand von Klara oder dem Baby alarmiert oder informiert werden konnte. Er wusste, er hatte alles, was er für sein Leben, sein Dasein brauchte. Alles war perfekt. Er wusste, er musste nichts Besonderes tun, er brauchte einfach nur sein, so wie er war – alles andere ergab sich aus diesem Sein. Er wusste, er wurde von einer starken Hand, der er völlig vertraute, geführt. Ein magischer Moment, der ihn erschöpft neben Klara – mit einer Hand auf ihrem Bauch einschlafen ließ. Es konnte nichts mehr schief gehen!

Später schrieb Klara:

> *Immer, wenn es einem von uns schlecht geht, scheint noch irgendetwas zusätzlich zu geschehen, das die Schmerzgrenze des scheinbar Erträglichen noch weiter ausdehnt. Eine Grenze, vor der ich schon von vornherein in meinen Gedanken panische Angst habe. Alles scheint in mir überzeugt zu sein: noch ein Stück, noch ein wenig, noch ein Schritt zum Abgrund und die Welt bricht zusammen, alles wird vorbei sein. Meine Kraft, mein Mut scheint mich endgültig*

zu verlassen, ich glaube, ich kann nicht mehr. Aber was soll ich machen, wenn ich es nicht mehr ertragen kann? Wenn der Druck zu groß ist? Wenn ich es nicht mehr aushalte? Mein ganzes Wesen schreit: „Ich will nicht mehr, ich kann nicht mehr ...!“ Und? Es geht doch immer weiter - oder ist zumindest bis jetzt immer weitergegangen. Aus Angst vor einer solchen Situation, die unkontrolliert ausarten und mich über meine Kraftgrenze katapultieren und mir meine Klarheit und meinen Überlebenswillen rauben kann, suche ich in meinem Geiste andauernd nach Ausweichmöglichkeiten und Lösungen - bevor es zu spät ist. Was hilft es mir? Das Schicksal scheint mich auszutricksen. Es passiert letztendlich irgendetwas Unerwartetes, Unberechenbares. Liegt es an mir? Sind diese Zustände notwendig, oder sind sie vermeidbar? Würde ich mich von vornherein vor einer möglichen schrecklichen Situation nicht fürchten, würde sie dann auf mich auch so „atemraubend“ wirken? Macht sie nicht erst meine „anerzogene“ Angst so unerträglich? Es würde mir sicher helfen darüber zu sprechen, ich weiß nicht warum, aber bis ich mir selbst nicht klar bin, worum es geht, kann ich mit Jan über meine Sorgen und Zweifel nicht sprechen. Als müsste ich diejenige sein, die immer eine Antwort, eine Lösung bei der Hand hat und immer weiß, was zu tun ist. Was ist das in mir, was mich so denken lässt, was mich nicht aussprechen lässt, was mich bedrückt, wo ich unsicher bin? Dabei habe ich schon öfter die Erfahrung gemacht, dass schon das einfache Ansprechen und Aussprechen der Sorge oder meiner Zweifel und Fragen mich von einer großen Last befreiten und die gesuchte Lösung oder Antwort war auf einmal da. Immer wieder machte ich diese Erfahrung, die eine überraschende Wende meines Wohlbefindens ermöglichte und trotzdem, als hätte mein Organismus, mein Wesen noch nicht genug diesen Weg erforscht, ist er weiterhin misstrauisch und ängstlich geblieben. Er macht sich aufs Neue Sorgen, ängstigt sich, nur Verspottung und Erniedrigung dafür zu bekommen, dass er sein Innerstes entblößte und Schwäche zeigte. Ich weiß, dass Jan solche Reaktionen fremd sind, dass sie ihm gar nicht bekannt sind. Trotzdem, in solchen Kummermomenten scheint *mich irgendetwas zu übernehmen, mir zuzuflüstern, dass ich auf dieser Welt ganz alleine und verlassen bin. Dieses Etwas scheint sogar Situationen herauszufordern, damit es dafür eine Bestätigung findet. Als müsste ich selbst immer perfekt sein, als dürfte ich nie einen Fehler machen, als dürfte ich nie Schmerz und „den Blues“ haben. Als wäre es nicht menschlich, nicht normal - als wäre ich nicht normal. Was ist es nur, dieser Teil, der mich selbst boykottiert und mich, wie zuletzt, an den Rand meiner Kräfte, bis zur Ohnmacht treibt?*

Und weiter schrieb sie noch:

Es sind meine Ängste und meine Vorstellungen, die irgendwo in mir schlummern, zu denen ich scheinbar keinen bewussten Zugang habe und die außerhalb des Containers keinen Boden fanden, um sichtbar zu werden, als hätte ich damals keine Zeit für sie gehabt. Wer weiß das schon? Jetzt scheint es, als hätten sie nur gewartet, bis ich in dieser Abgeschiedenheit eine ruhige Minute finde, damit sie mich aus meinem Gleichgewicht, meiner Mitte bringen und mich verrückt machen oder mich aufrütteln können. Warum bin ich immer nur so ernst? Warum kann ich so wenig lachen? Gerade hier gibt es genügend Kleinigkeiten, über die man sich immer wieder freuen kann. Schon alleine die Tatsache, dass Jan Muskelkater nicht kannte und dachte, dass er deswegen sterben müsste, ist doch irgendwie zum Schmunzeln. Es scheint so, als hätte ich mir Heiterkeit und Fröhlichkeit verboten, abgewöhnt, als denke ich in mir, dass ich nur dann ein guter Mensch bin, wenn ich zu allem gewissenhaft und ernsthaft stehe. Schon meine Notizen werden einmal sicher den Eindruck wecken, dass es hier im Container für mich reine Qual war und dem ist sicherlich nicht so. Nur irgendwie ... die freudigen Augenblicke lebt man einfach, man ist dabei, über sie grübelt man nicht nach.

... und zum Schluss des Tagebucheintrags noch folgende Worte:

Ich wusste nicht, dass meine Vorstellungen von Liebe, Freude und Glück so ausgeprägt sind. Ich wusste nicht, dass ich eine Kriterienliste habe. Ich glaube langsam, dass erst dann, wenn einzelne Punkte erfüllt sind, ich das Gefühl der Liebe und Freude zulassen kann. Was für ein Irrsinn! Wie bin ich zu so einer Verrückten geworden? Und ich weiß nicht einmal, wie das so vor sich geht! Als hätte es nichts mit mir zu tun, als machte sich dieses Irgendetwas jedes Mal, wenn ich gerade dabei bin mich glücklich zu fühlen, selbstständig. Als würde dieses seltsame Ding über mich wachen und überzeugt sein, dass zu viel Freude und Glücksgefühl eine Bedrohung für mich bedeuten kann. Als müsste ich Angst haben, ich könnte mich in dieser Emotion verlieren, vergessen, mich selbst nicht mehr aushalten. Als würde irgendetwas in mir glauben, dann kann ich nicht mehr die Klara sein, die ich mir so schwer erarbeitet habe. Als wäre ich eine Frau geworden, zu der nur eine bestimmte Art und Menge an Wohlgefühl, Sanftheit und Zärtlichkeit passt. Als müsste die Liebe und Freude immer im Unendlichen und Unerreichbaren bleiben – wie eine Sehnsucht, ein Traum, dem man das ganze Leben nachjagt, der nur eine Motivation, einen Motor, einen Antrieb darstellt. Als dürfte ich diesen Traum nie erreichen. Als müsste ich Angst haben, dann keine Träume, keinen Antrieb mehr zu haben. Als würde ich mich dann selbst aufgeben und im Nichtstun und Genießen verschwinden. Wenn ich mir das so anschaue, wie soll ich je Liebe fühlen, wie soll ich je Freude und Glück erleben, wie soll ich je Mut haben, Nähe und Geborgenheit zuzulassen? Wie soll ich das, wenn ich tief in mir eine Angst davor habe? Wie soll ich das, wenn ich in andauernder Angst vor diesem und jenem lebe? Wie komisch! Die stärksten Ängste scheine ich nicht, so wie ich dachte, vor den typischen negativen Emotionen wie Trauer, Schmerz, Aggression und Ähnlichem zu haben - unglaublich, damit scheine ich ganz gut zurechtzukommen. Mit Gefühlskälte, Trostlosigkeit und Chaos scheine ich mich gut auszukennen, das sind Dinge, mit denen ich leben lernte, an denen ich mich scheinbar orientieren kann. Nicht zu glauben, aber Wärme, Lebendigkeit, Freude und Harmonie - das sind Dinge, mit denen ich irgendwie nichts anfangen kann - kann das sein?

Heilungsprozess

Stundenlang unterhielten sich Klara und Jan miteinander in ihrem neuen Garten, den Jan besonders lieb gewonnen hatte. Jan wollte alles wissen. Was eigentlich mit ihm und mit Klara geschah, wieso er nicht wusste, dass es ihr so schlecht gegangen ist, wieso sie ihm nicht darüber erzählt hatte. Unglaublich, aber wahr, jetzt konnte Klara plötzlich wieder mit Jan reden. Jetzt konnte sie alle ihre Zweifel und Sorgen ansprechen – ohne einen dicken Knoten im Hals zu haben, ohne zusammengeschnürten Magen, ohne ihren trotzigen Ausdruck. Frei von ihren schwermütigen Gedanken konnte sie auf einmal alles benennen und es kostete sie keinen Zentimeter an Kraft. Sie schämte sich nicht und sie fühlte sich sogar immer stärker und vitaler. Sie fühlte sich wieder verstanden und angenommen. Wie am Anfang. Wieso hatte sie nicht schon früher darüber mit ihm gesprochen? Warum hatte sie gedacht, es würde sie nur noch mehr Kraft und Mühe kosten? Was für einen Jan hatte sie die letzten Tage vor Augen gehabt? Irgendwie hatte sie ihm plötzlich ein anderes Gesicht, andere Konturen verpasst. Wie konnte das passieren? So wie sie Jan in der letzten Zeit sah, das war doch nicht der gleiche Jan, der jetzt bei ihr saß und aufmerksam ihren Worten lauschte. Wo waren sie beide die letzten Tage gewesen? Wo hatten sie sich bewegt und versteckt? Wohin waren sie verrutscht?

Jan konnte überhaupt nicht verstehen, wieso – wenn es ihr so schlecht gegangen ist – hatte sie ihn beim Zusammenbauen der Fitnessgeräte nicht unterbrochen. Wieso – wenn sie ihn gebraucht hatte – sagte sie nichts? Wie hätte er das wissen sollen? Hatte er einen Fehler gemacht? War er unvorsichtig? Unaufmerksam? War er schuld, dass er sich hatte mitreißen lassen und sich in einer anderen Welt, die ihn interessierte und faszinierte, kurzfristig vergessen hatte? Er hatte sich nichts dabei gedacht. Es war für ihn nichts Neues, er kannte diesen Zustand vom Malen, wo er früher für Tage die Welt um sich vergessen konnte und tief konzentriert in der Welt der Farben und Bilder weilte. Kannte Klara so einen Zustand nicht? Ging es ab und zu nicht jedem Menschen so? Musste man bei den Menschen immer da sein? Jede Sekunde präsent, geistig anwesend? Wie konnten sie dann ihre Arbeit verrichten? Wie und von wo konnten sie dann ihre verschiedenen Ideen gebären und umsetzen?

War es zwischen den Menschen – zwischen einem Mann und einer Frau – so, dass sie verpflichtet wären, immer wieder aufeinander zu achten und jeden Moment zu wissen, was der andere fühlte, was er brauchte, was ihm fehlte? War das der Grund, wieso die Männer diese Stärke, diese Kraft brauchten, die er jetzt aufzubauen versuchte? Klara hatte Recht. Wie hatte er es nur übersehen können, dass es ihr so schlecht ging, dass sie kaum mehr gehen konnte? Er hatte noch nie darüber nachgedacht. Er dachte, ihr geht es bei ihm gut, sie sprach doch immer nur über Vergangenheitsschmerzen. Irgendwo hatte er sich darauf verlassen, wenn ihr irgendetwas fehlen würde, dass sie zu ihm käme, ihn informieren würde und dass sie dann so, wie über alles andere, darüber gemeinsam reden. Und wie zum Auslachen, gerade dann, als sie ihn zum ersten Mal brauchte, lag er drei Tage im Bett und glaubte an Schmerzen und Sterben und ließ sich noch dazu von Klara pflegen und bemuttern, obwohl, so wie es schien eigentlich sie diejenige gewesen war, die Hilfe benötigt hätte. War der Zustand von Klara wirklich so schlimm gewesen? Schlimmer als seine Schmerzen, die Klara nach angeblich normal seien? Wie sollte er das wissen, was in ihr vorging, wie sich ihr Zustand für sie anfühlte? Wenn es wirklich schlimmer als seine letzten Schmerzen war, wieso konnte sie trotzdem noch laufen, lächeln, auf ihn eingehen, ihm geduldig erzählen und erklären? Wieso?

Jan begann vorsichtig Klara jeden Tag so zu massieren wie zuletzt und machte dabei jedes Mal die gleiche Erfahrung. Er verband sich in seinem Geiste mit dem zukünftigen Kind, dessen Bewegungen er unter seinen Händen zu spüren lernte. Er tauschte ein paar liebkosende Gedanken mit ihm, das Baby beruhigte sich und begann Jans Hände an verschiedene Stellen von Klaras Körper zu leiten. Wie genau das vor sich ging, wusste Jan nicht. Es kam ihm vor, als redete das Kind mit ihm. Er geriet dabei immer wieder in einen Zustand, wo er sich unheimlich stark und wissend vorkam. Ein Zustand, in dem es keine Fragen, nur innere Ruhe, stille Freude und unendliche Liebe zu Klara und dem Baby gab. Ein Energiefeld einer besonderen Qualität umhüllte in diesem Moment alle drei, erfasste vielleicht sogar das ganze Haus, oder die ganze Welt – ihre Welt. Heilende Wärme strömte dann aus seinen Händen, drang in die Tiefe von Klaras Zellen, wo sich uralte Blockaden und Ängste lösten. Sie und ihr Körper wurden unter seinen Fingern spürbar entspannter und weicher, die Wärme fand nach und nach den Weg zu Stellen, wo schon längst kaum vitale Energie geflossen war. Der kleine Zwerg, der noch nicht einmal geboren war, nistete sich genüsslich ein und wie ein Großer beobachtete er zufrieden das wohltuende Geschehen. Die werdende Mutter fiel jedes Mal bei dieser Behandlung in einen tiefen Schlaf, überließ den Körper sich selbst in einer Gewissheit, dass er selbst fähig war, sich zu entspannen, zu erholen, sich zu heilen. Währenddessen wurde sie jedes Mal von etwas Unsichtbaren auf eine Reise in eine weit entfernte Vergangenheit genommen, wo jedes Mal, wie im Traum eine überraschende Erkenntnis ihrer selbst stattfand. Ihr Geist, ihre Seele wurde, so wie ihr Körper, in eine wunderschöne, sanfte, warme, vertraute Energie eingehüllt und sie ließ sich führen. Sie wusste, viele erstaunliche Dinge geschahen in diesen Tagen. Wunder, die sie sich nie erhofft hatte, die viele ihrer Vorstellungen vom Leben und seinem Sinn veränderten. Einen kurzen Augenblick nach dem Aufwachen glaubte sie zu wissen, wer sie war und warum sie gerade zu dieser Zeit an diesem Ort war. Alles schien einen Sinn zu haben, als hätte man ihr ein Fenster geöffnet, durch das sie eine andere Sichtweise der Dinge gewann. Kurz vor dem Erwachen wurde dieses Fenster leider wieder geschlossen und eine Stimme sagte ihr immer wieder, dass das, was sie gerade erlebt hatte, alle neuen Erkenntnisse, unvergesslich in ihr gespeichert bleiben, damit sie zum richtigen Zeitpunkt auch in ihr Tagesbewusstsein, in ihr Alltagsleben einfließen konnten. Bis es soweit ist, würden sie in ihr keimen, sie führen und ihr ein Gefühl der inneren Gewissheit, Sicherheit und des Vertrauens geben. Nachdem diese Worte gesagt worden waren, verstummte die Stimme, die sanfte Wärme zog sich zurück und sie konnte die Augen öffnen. Jan lag jedes Mal verträumt neben ihr, beobachtete sie lächelnd und streichelte ihren Bauch. Ein Augenblick, in dem sie wusste, dass es sicherlich kein Zufall war, dass gerade sie zu ihm in den Container gekommen war. Ein Augenblick, in dem sie die ewige Bekanntschaft und Verbundenheit zu ihm spürte. Ihr Jan. Wo war er nur die lange Zeit, bis sie ihn zum ersten Mal gesehen hatte? Wo war er nur die vielen Leben, die sie ohne ihn verbringen musste? Liebevoll streichelte sie ihm die Haare von der Stirn, küsste ihn hingebungsvoll, als wollte sie die Zeit nachholen, in der sie voneinander getrennt waren. Ein Moment, in dem er genau verstand und wusste. Auf dieser Ebene gab es keine Differenzen, keine Missverständnisse zwischen ihnen. Sie schienen eines Wissens, eines Geistes zu sein. Jeder auf seine eigene Art. Sie waren wie Eins. Keiner wagte es, sich zu bewegen, sich aus dieser Verbundenheit zu lösen. Sie wussten, das normale Bewusstsein würde bald erwachen, sich wieder auf den Alltag ausrichten und die Weite verlieren. Sie wussten, die Fenster zu anderen Ebenen würden sich schließen und sie würden wieder „die Klara“ und „der Jan“ werden. Keiner wollte dies so wirklich, aber es beruhigte sie das Wissen, dass sie immer wieder zu diesem Zustand zurückkehren, sich gemeinsam auf diese Ebene des Vertrauens und Friedens begeben konnten. Egal, dass alle Erinnerungen an das gerade Erfahrene wie ein Traum verblassten, das Gefühl blieb und die bestimmte Gewissheit und das Vertrauen konnte ihnen niemand mehr wegnehmen. Sie waren ein Team.

In Klaras Bauch wurde es unruhig. Das kleine Wunderding in ihr begann sich zu bewegen und drängte sie, sich aufzusetzen, aufzustehen, ihre Muskeln und ihren Körper wieder in Spannung und Bewegung zu bringen. Klara rannte zu ihrem Schreibtisch und wollte ihren Traum schnell aufschreiben, aber bevor sie das Heft öffnete war alles weg – nur die Stimme lebte noch in ihr und sie hörte sie sagen: „Eines Tages wirst du dich erinnern, jetzt ist noch nicht die Zeit.“ Enttäuscht legte sie den Stift nieder, traurig suchte sie in ihrem Kopf nach irgendwelchen Spuren und Erinnerungsfetzen, aber vergeblich. Sie wusste, es war da, aber sie hatte keinen Zugang mehr. Das Fenster wurde geschlossen. Das Menschsein und ihre eigene Menschlichkeit holte sie ein und sie wurde traurig, fühlte sich klein, einsam und verlassen, zwar nicht von der ganzen Welt – wie früher, sondern verlassen, irgendwie von sich selbst. Der Schmerz im Rücken, sowie der „tonnenschwere“ Bauch wurden ihr wieder bewusst. Ihre angeschwollenen Beine trugen sie langsamen Schrittes zu Jan zurück, der in guter Laune bereits in seinem Bilderzimmer ein neues Bild malte und ..., sie hätte gleich wütend werden können. Wie konnte er nur so ruhig und zufrieden, sogar glücklich sein? Stört ihn nicht, dass er einen Teil von seinem Selbst wieder verloren hatte? Störte ihn nicht, dass er wieder so klein und menschlich geworden war? Störte ihn nicht, dass er sich nicht mehr erinnern konnte, dass er sie nicht mehr auf dieser Ebene des totalen Verständnisses erreichen konnte? Sie stand an der Schwelle zum Zimmer und beobachtete gleichzeitig Jan, der in der besten Laune, vor sich hin pfeifend, halb verträumt die ersten Farben auf die Leinwand auftrug und auch sich selbst, wie sie wie ein kleines, vierjähriges, trotziges Mädchen daneben stand, vor Verzweiflung und Wut in sich strampelnd, tobend und schreiend. Niemand sah sie, niemand verstand sie! Alle waren glücklich, mit sich selbst und der Welt zufrieden, nur sie – die letzte Spezies des Unglücks selbst – stand da und wusste vor lauter Zorn nichts mit sich anzufangen.

Jan schaute liebevoll und lächelnd Klara an, er kannte diese Szene bereits. Er wusste nicht wieso sie jedes Mal so betrübt wurde, wo er voll Elan, Kraft, Vertrauen und Tatkraft erfüllt war. Er konnte es nicht verstehen – wie konnte sie in einem Augenblick die Klarheit und Liebe selbst sein und im nächsten wie ein verlorenes, unglückliches Geschöpf dastehen, das sich nicht einmal traut, durch die Schwelle zu treten und den nächsten Schritt zu machen. Er lernte aber auch dieses an ihr zu lieben, zu bewundern und zu akzeptieren. Im Gegensatz zu Klara war er gewohnt, nicht alles verstehen zu müssen. Viele Jahre lebte er doch alleine in einer Welt, in der niemand da war, der ihm seine Fragen beantworten konnte und er hatte gelernt, damit zu leben, zu sein. Er hatte dabei gelernt, dass sich fast alle Fragen zu gewisser Zeit wie von selbst auflösen, von selbst beantworten. Wieso sollte er also betrübt sein, wo er doch gerade sich selbst, Klara und das Kind auf eine erstaunliche Weise erlebt hatte? Ja, er konnte sich an die Details nicht mehr erinnern, aber das wunderbare Gefühl, das Vertrauen, die Weite, Verbundenheit, Kraft und Weisheit – diese spürte er noch immer. Sie lebten in ihm, diese Gefühle, die ihm niemand wegnehmen konnte, die er immer wieder anzapfen, in Erinnerung holen, aufleben lassen konnte. Diese Gefühle waren es, die ihn zum Malen seiner Bilder inspirierten und diese Gefühle waren es auch, die er mit Hilfe des Pinsels und der Farbe auszudrücken versuchte, um sich ihrer auch im Alltag bewusst zu werden, sie zu bewahren. Vielleicht könnten eines Tages diese Bilder auch Klara helfen, sich in die Atmosphäre hineinzuversetzen, sich zu beruhigen. Intuitiv wusste er aber, dass er sie noch in ihrem Trotz lassen sollte, dass dieses Launische zu ihrem Heilungsprozess gehörte, und deswegen versuchte er nicht mehr, sie wieder zum Lachen zu bringen. Er ließ sie einfach an der Schwelle stehen – sie störte ihn nicht. Er liebte sie zu sehr, als dass sie ihn je in irgendeiner Situation, mit irgendeinem Teil von ihr stören konnte. Und gerade das machte sie nur noch wütender. Sie konnte es nicht verstehen und ausstehen! Wie konnte er plötzlich so gleichgültig, so rücksichtslos sein, nachdem sie gerade in dieser wunderbaren Einheit verbunden gewesen waren? Spürte er jetzt nicht mehr ihren Schmerz, ihr Leid? Warum kam er jetzt nicht zu ihr? Warum half er ihr nicht mehr? Ah, wie sie ihn nur in diesen Augenblicken hasste.

Sie drehte sich um und ging in die Küche. Sie setzte sich trotzig und verzweifelt auf einen Barhocker, strampelte mit den Füßen in der Luft – die kleine Faust eines vierjährigen Mädchens schlug auf den Tisch, das verletzte und blutende Herz pochte und schrie: „Warum liebt mich denn niemand? Warum versteht mich denn niemand? Warum bin ich so alleine? Warum hat mich niemand lieb? Werden diese Qualen nie aufhören?" Das Kind bewegte sich kurz in ihrem Bauch und sie erschrak, als wäre sie gerade geweckt worden. Plötzlich merkte sie, dass sie kein kleines Mädchen mehr war. Keinesfalls! Sie war eine werdende Mutter, die sich bald einer weiteren Verantwortung stellen musste. Was machte sie da nur für einen Zirkus? Das passte gar nicht zu ihr. Was würde sich Jan nur denken? Wo hatte sie sich da gerade verloren? Im Selbstmitleid? Klara fühlte sich so, als wäre sie erst aus einem Tiefschlaf aufgewacht.

Noch ein wenig trotzig und unsicher ging sie in die Küche um das Essen zu bereiten. Die Arbeit ging ihr schnell von der Hand. Sie vergaß ihren schweren Bauch, sie tänzelte auf einmal leichten Fußes in der Küche umher, bis letztendlich ein köstlicher Duft Jan in die Küche lockte. Er war nicht überrascht, als er ein junges, strahlendes und rotbackiges Wesen in der Küche fand. Er erwartete es gar nicht anders. Diese unheimliche Metamorphose eines Menschen war es, die er gerade in seinem Bild zu verewigen versucht hatte. Ein Augenblick der Wandlung, wo sich in einem Moment die Liebe mit Hass, die Traurigkeit mit Freude und das Glück mit Unglück vermischten. Ein Bild des Menschen, so wie ihn Jan gerade an diesem Tage erlebte.

***

Aufgrund der letzten Ereignisse und Erfahrungen wuchsen Klara und Jan noch fester zusammen. Klara ging es von Tag zu Tag besser, die täglichen Massagen – man könnte auch Behandlungen sagen – schienen bei ihr und dem Baby wahre Wunder zu bewirken. Bei jeder Berührung von Jan drang eine tief heilende Energie in die Zellen ihres Körpers ein. Die Muskeln hörten auf zu schmerzen, der Verstand beruhigte sich jedes Mal, die Millionen Gedanken, Sorgen, Zweifel und Befürchtungen verflogen, als hätte man sie weggesaugt – stattdessen breitete sich eine mollige Wärme in ihr aus und ein unendliches Vertrauen schien ihr gesamtes Wesen zu erfassen. In solchen Momenten machte es sich das Ungeborene mit ein paar heftigen Bewegungen gemütlich, als würde es sich in Eile die richtige Position zum Einnisten, Kuscheln und Genießen suchen, um keine einzige Sekunde von dieser Heilung zu verpassen. Alle drei verschmolzen dann zu einer harmonischen Einheit. Sie schienen in gleichem Rhythmus zu atmen, das Gleiche zu spüren, zu erfahren und zu wissen, als gäbe es keine Kraft, die sie verwirren, auseinander treiben könnte – der kleine Zwerg meldete sich mit heftigen Bewegungen, Treten gegen die Bauchwand und einem unheimlichen Zwicken, das sich wie ein Morsecode in Klaras Innerem anfühlte. Er schien sich ein wohltuendes Heilbad in Vaters Händen zu bestellen. Es gab keine feste Uhrzeit, keine Regelmäßigkeit. Es kam, wie es kam, als würde er all die eingefahrenen Programme und Gewohnheiten seiner Eltern durch spontane Unregelmäßigkeit durchbrechen wollen. Als wollte er sie schon jetzt zum Umdenken, was und wie und wann sich etwas gehörte, zu mehr Spontaneität, Flexibilität und zum Vertrauen erziehen. Sie liebten den Kleinen, der noch ungeboren sich bemerkbar machte. So ein einfühlsames Kind, das immer wieder zu wissen schien, was die Mutter, ihr Körper und die ganze Dreiereinheit brauchten, konnte kein Zufall sein. Ein Geschenk des Himmels? Eine logische Folge der ungewöhnlichen Umstände und der Liebe zwischen ihnen beiden? Oder eine starke Seele, die voll Elan und Vertrauen sich auf eigene Faust entschlossen hatte, die Mutter und den Vater mit Hilfe der Liebe und Kraft aus ihrer Isolation und Gefangenschaft zu führen, die Grenzen des Containers und ihrer eigenen Ängste zu sprengen?

In solchen Momenten wusste Jan ganz genau, worum es ging. Er konnte es nur nicht in Worte fassen. Sein Wesen – das gewohnt war, sich fast sein ganzes Leben lang in inneren Welten zu bewegen, sie wahrzunehmen und in ihnen mit sich selbst auf eine Art, für die es keine menschlichen Worte gab, zu kommunizieren – verstand wie selbstverständlich das gesamte Geschehen. Er wusste, dass nicht er Klara behandelte und heilte. Er spürte eine höhere Kraft, die in Form einer auf sie abgestimmten, heilenden Energie durch seinen ganzen

Körper floss, bis sie in seine Hände gelangte. Diese wurden dann von seinem Sohn an die richtigen Stellen dirigiert, um dort die Heilkraft zu lenken. Jan merkte die feinen Unterschiede, die unterschiedliche Schwingung des Energiestroms, der jedes Mal zuerst seinen gesamten Körper erfüllte, um dann gezielt an bestimmte Stellen bei Klara zu gelangen. Von irgendwoher wusste er, dass es für Klara nicht möglich war, diese Energie im gesamten Körper zu empfangen, so wie es bei ihm immer geschehen war. Wieso es so war, darüber machte er sich keine Gedanken. Die zurückströmende Wärme unter seinen Händen war ein Signal, dass es an der Zeit war, die Hände an eine andere Stelle zu verschieben – weil das Organ oder der Knochen, der Muskel mit der Energie schon ausreichend für den Moment belebt war und seinem eigenen, natürlichen Lauf bis zur nächsten Behandlung überlassen werden konnte. Von Tag zu Tag merkte er die Veränderungen unter Klaras Haut. Die Stellen, die noch vor ein paar Tagen lange Zeit brauchten, um die Energie aufzunehmen und sich zu aktivieren, wurden plötzlich bei einer flüchtigen Berührung hellwach. In einer neugierigen Erwartung richteten sie ihre Saugantennen gierig der wohltuenden Energie entgegen, um schnellstens zu erfahren, was für eine Nahrung, was für eine Schwingung Jan diesmal für sie bereit hatte. Diese Stellen wurden auch viel schneller als noch ein paar Tage zuvor „satt". Die Wärme erfasste immer größere Flächen, ließ die Kälte der eingefrorenen Stellen schmelzen und diese telegrafierten eifrig den benachbarten Regionen die freudige Nachricht, dass die Eiszeit vorbei war, damit diese sich auch im Vertrauen öffnen konnten.

Jan selbst fühlte seine eigenen Zellen unter den ungewohnten Energien vibrieren. Es fühlte sich für ihn so an, als wollten seine Zellen im ersten Moment alles, womit sie gefüllt waren und was dem Fluss der Energie im Wege stand, abschütteln, um sich im nächsten Moment, wie dressierte Soldaten, in eine perfekte Reihe aufzustellen, um mit größter Eleganz und Effizienz die frischen Energietröpfchen von einer Zelle zur anderen zu reichen, durchfließen zu lassen. Solche Momente waren es, wo ihn ein größeres Bewusstsein zu erfassen, wo er in sich selbst zu wachsen schien. Magische Augenblicke, wo alles Unbekannte bekannt war, wo es keine Fragen gab, weil bereits alles beantwortet war. Eine Imagination, während der ihm möglich war – auf seine Art – einen Einblick in vergangenen Schmerz, in Kränkung und Trauer in Klaras Gefühlswelt zu gewinnen, wovon sie selbst keine bewusste Ahnung mehr hatte.

Er sah, wie sich Mengen an gespeichertem Ärger und Frust unter seinen Händen lösten, die der heilenden Kraft und der friedlichen Einatmung und Ausatmung der Zellen im Wege standen. Er wusste auch, so leid es ihm tat, dass er ihr diese eitrige Masse aus Schmerz, Wut und Zorn nicht gänzlich abnehmen konnte. Er sah, wie sich diese erstarrte, eingefrorene, zähe Masse langsam – nicht sehr bereitwillig – aus Klaras Körper zu lösen begann. Einige Brocken davon flossen dann nicht gänzlich ab, sondern sie suchten sich einen neuen Platz dort, wo sie in ihr Bewusstsein gelangen konnten, wo sie von ihr erkannt, verarbeitet werden konnten. Sie rangen nach frischer Luft und Anerkennung, sie wollten keine Sekunde länger mehr im Asyl, in der Verdrängung, in der Vergessenheit, der Gefühllosigkeit und dem Tod weilen. Jeder einzelne Teil wollte gesehen, erhört, wie ein kleines Kind angenommen und in den Armen gewogen werden. Diese dichten Energieansammlungen flossen durch Klaras Kopf und Herz, weil sie dort die Aufmerksamkeit und Zuwendung bekommen konnten, die notwendig war, oder sie suchten sich einen Platz dort, wo sie einmal als Angst, Ablehnung, Frust, Widerstand, Schuld, Schmerz, oder sogar Scham entstanden waren. Vieles davon geschah fast automatisch, als gäbe es eine übergeordnete Kraft, die alles in die richtigen Bahnen lenkte. Viele dieser Teile wurden während Klaras tiefem Schlaf automatisch vom angesammelten, nicht mehr aktuellen Schlamm und Nebel der Vergangenheit befreit, der ihre klare Sicht und Wahrnehmung verzerrt und das ewige Zweifeln an sich selbst und der Umwelt immer aufs Neue zum Leben erweckt hatte. Einige Teile, die sich unter Jans Händen befreiten, auf die Oberfläche kamen, mussten von Klara noch bewusst wahrgenommen, angeschaut werden, damit sie erkennt, dass sie nicht mehr wahr sind, oder keine Bedrohung mehr darstellen. Es waren die berühmten „Schatten", denen man in die Augen schauen sollte, damit man ohne Furcht, dass einen einmal etwas einholt, weitergehen kann. Genau diese schattigen Teile waren es, die immer wieder die lang ersehnte Harmonie, die sich nach jeder Behandlung in Klaras Inneren ausbreitete, in eine Laune der Unruhe, Wut und scheinbaren Selbstzerstörung umkehrten. Launen, die Jan aus seiner Perspektive zu beobachten und mit der Behandlung in Zusammenhang zu bringen lernte. Sein Wesen wusste und sah in Klaras Herzen sich graue Gewitterwolken zusammenbrauen, die in Form von erleichternden Tränen den alles reinigenden Regen mit sich brachten, um das natürliche Licht, das Sonnenscheingemüt in neuer Frische erstrahlen zu lassen.

Klara war immer wieder wegen ihrer launenhaften Ausbrüche, die sie, so sehr sie sich auch bemühte, nicht kontrollieren konnte, unglücklich. Sie erkannte sich nicht wieder. So ein instabiles Selbst kannte sie nicht und konnte damit nicht umgehen. Ihre gesamte Erscheinung schrie jedes Mal verzweifelt nach Hilfe, nach einem Halt. Sie wollte aufgefangen, angenommen werden, ohne sich im nächsten Moment wieder abgelehnt, ungeliebt und bestraft zu fühlen. Sie forderte, sie zerrte an Jan. Sie flehte ihn an und im nächsten Augenblick beschimpfte sie ihn auf das Tiefste. Und er stand nur da – in seiner Ruhe, lächelte sanft, verständnisvoll und wissend, sein Herz umarmte sie innerlich. Ohne dass sie es ahnte gab er ihr Stabilität und Halt.

So konnte ihre Verbitterung und ihr Frust, das Ungefühlte und Unausgesprochene sichtbar werden. Jans Ruhe forderte Klara jedes Mal heraus. Sie sah in diesem Moment durch die Linse längst vergangener Erfahrungen mit Menschen, von denen sie sich ausgelacht, verletzt und im Stich gelassen fühlte. Sein verständnisvolles Lächeln fühlte sich für sie an, als würde er sie gerade auslachen. Sie empfand ihn als präpotent, rücksichts- und gefühllos, barbarisch, einfach zum Kotzen. Und ohne Scham spuckte sie all diese Empfindungen, die mit ihm eigentlich nichts zu tun hatten, auf ihn aus. Sie geriet in Rage – sie konnte und wollte in diesem Ausbruch mit den Beschimpfungen und Vorwürfen nicht aufhören und … währenddessen beobachtete sich ein Teil von ihr selbst, der sich über die gerade dargebotene Vorstellung vor Lachen auf dem Boden hätte wälzen können. Eine unheimliche Spaltung und Situation. Trotz des beobachtenden, neutralen Teiles musste

Beginn

Im Heilungsprozess beginnen wir uns nach und nach auf eine neue Weise zu erkennen. Wir spüren hinter unseren Taten, unseren Gedanken, unseren Sehnsüchten und Träumen einen tieferen Sinn.

Auf der Suche nach diesem Sinn beginnen wir die Vergangenheit – uns selbst – neu zu bewerten, analysieren, einzuordnen, zu zerpflücken. Im Glauben – es gehört sich so – stellen wir uns oft selbst an den Pranger, in der besten Absicht, endlich so die Wahrheit über uns zu erfahren. Tapfer bemühen wir uns, alles Verborgene, alle Schatten zu entlarven. Wir gehen mit uns hart ins Gericht, aus unserem aktuellen Bewusstsein werten wir unsere vergangenen „Ichs“ und beginnen uns plötzlich zu schämen, dass wir damals nicht gesehen, nicht besser gewusst haben.

S. 339

sie weitermachen. Einigermaßen schon bei Verstand, konnte sie sich nicht vorstellen aufzuhören und Jan – wieder bei Sinnen – in die Augen zu schauen. Sie würde doch plötzlich wie nackt, völlig entblößt, ausgezogen dastehen. Die drohende Scham war es, der sie nicht in die Augen zu schauen wagte – diese zwang sie, Jan weiter wie in einem Wettkampf zu provozieren, ihn mit wüsten Anschuldigungen doch aus seiner Ruhe, aus seiner Gelassenheit, aus seiner Mitte zu bringen. So hätte sie nicht alleine entblößt dastehen müssen – so hätte er sich auch schuldig gemacht.

Jan durchschaute dieses Spiel intuitiv. Er wurde noch immer gestärkt und geführt, solange Klaras emotionale Reinigung in dieser Phase steckte. Der Anschein, dass seine Hände nicht mehr an ihrem Körper lagen, täuschte ihren Verstand. Jans Bewusstsein war weiterhin erweitert, die unbekannte Kraft, die ihn unterstütze, floss noch weiter durch ihn und ermöglichte ihm, alles neutral und unbefangen, mit Abstand zu beobachten, ohne die wüsten Beschimpfungen auf sich zu beziehen, ohne es persönlich zu nehmen und darüber unglücklich und traurig zu werden. Er war die ganze Zeit für sie da, ohne dass sie es wusste und irgendwann gab sie endlich den Widerstand in Tränen auf. Das Trotzende, Leidende, Zornige, Ausgelieferte und Hilflose brach in sich zusammen. Irgendetwas Gestautes und Altes schien sie zu verlassen, eine, sich nach nichts anfühlende Leere folgte. Es fühlte sich an, als hätte sie sich völlig aufgegeben, als wäre sie keine Klara mehr, als wäre alles vorbei. Alles schien ihr egal zu sein. Sie weinte zwar, aber sie wusste nicht einmal warum. Sie fühlte nichts, sie wusste nichts. Sie weinte und weinte, bis sie vollkommen leer war und die Tränen auch nicht mehr fließen wollten. Eine ungeheure Müdigkeit erfasste schließlich ihr gesamtes Wesen, sie konnte sich nicht vorstellen, wie sie jemals noch aufstehen, ihre Glieder, ihren Körper bewegen, ihren täglichen Pflichten nachgehen könnte. Kein einziger Gedanke war in ihrem Kopf, kein einziges Wort drang aus ihrem Mund. Sie schien wie tot zu sein. Auf ganzer Linie – innerlich tot; dachte sie. Es gab nichts mehr, wofür es sich in diesem Moment zu leben lohnte. Es gab nichts mehr, wofür es sich zu kämpfen, einzusetzen lohnte. Es gab nichts mehr, was sie lösen oder weswegen sie durchhalten musste. Es gab einfach nichts, was sie musste. Absolut nichts. Nichts, was ihr eine Berechtigung zum Leben, einen Sinn für ihr Dasein, irgendetwas, wofür sie nützlich gewesen wäre, geben konnte. Niemand konnte sie doch so gebrauchen! So ein Wrack. Der eine Mensch auf Erden, den sie in diesem Container fand und der als Einziger immer zu ihr stand – Jan – den hatte sie gerade beschimpft und erniedrigt. Ihm hatte sie ihr wahres Gesicht gezeigt. Bravo! Wo lohnte es sich also noch hinzuschauen, hinzuspüren, hinzuleben?

Klara wollte nur noch sterben …

Zweifel

„Wieso habe ich es damals nicht so gemacht, wie ich es heute tun würde? Wieso habe ich damals nicht das gesehen, was ich heute sehe?“

Dieses Kurzschlussdenken verursacht weitere Schuldgefühle, Schmerzen, Bedrücktheit und ein Gefühl der Ausweglosigkeit. Schließlich wissen wir, wir können die Vergangenheit nicht umkehren, wir können es nicht mehr gut, besser machen.

Wie sollen wir jetzt mit der Last unserer Erkenntnis leben? Wäre es doch nicht besser gewesen, blind und unbewusst zu bleiben? Hätten wir dann nicht weiter frei und im besten Glauben an das Gute in uns leben können?

S. 340

Wollte sie das wirklich? Der Tod als einzige Erlösung, die letzte Lösung, Rettung, aber was dann? Und wie und warum sollte sie den Tod wollen, wenn ihr alles egal war? „Die Welt soll mich nehmen, schlucken, vereinnahmen. Ich bin da! Ich liege hier! Da hast du mich! Nimm mich! Friss mich auf! Das wolltest du doch immer, oder? Ich wehre mich nicht! Nimm schon! Na, nimm schon, alles, was du unbedingt, so eifrig, so gierig haben willst!“ Klara lag da, ihr war alles egal. „Nimm mich – mach mit mir, was du willst. War das alles, was du wolltest? Da hast du mich. Du kannst mich haben. Ist mir sowieso egal. Du hast gewonnen, ich gebe auf!“ Der Weinkrampf verstärkte sich wieder, sie schluchzte, die Nase war komplett zu, sie konnte keine Luft mehr bekommen. Sie gab unschöne, verrotzte Geräusche von sich, aber es war ihr egal. Jan hielt sie weiter ruhig in seinen Armen, wischte ihr geduldig Tränen ab, streichelte ihre Brust, ihre Stirn, hielt ihre spannungslose Hand.

Egal! Alles war egal. Sie fühlte gar nichts. Keine Wärme, keine Kälte, keine Zärtlichkeit, Zuneigung, Aufmerksamkeit, Liebe, nichts. Ihr Körper lag aufgegeben da und sie dachte sich nur: „Wenn er meinen Körper zum Streicheln braucht, soll er ihn haben. Wen interessiert das?! Jetzt! Ja, jetzt streichelt er mich, wenn alles vorbei ist, wenn ich es nicht mehr brauche, wenn ich es nicht mehr spüre, wenn ich am Ende meiner Kräfte bin! Typisch!“ Klara schien abseits von sich zu stehen und sich oder das, was von ihr übrig geblieben war, zu beobachten. Sie ekelte sich vor sich selbst: „Was für ein Haufen Elend bin ich? Was für eine Leiche? Was für ein Nichtsnutz – ein Schwächling!“ Wo war die starke Frau, die sie immer gewesen war und immer sein wollte? Die Frau, die für die anderen aufbauend da gewesen war und immer einen Rat wusste. Eine Frau, die die Welt verbessern, verändern, retten wollte. Eine Frau, die den Mut gehabt hatte, ihr gesamtes bisheriges Leben loszulassen und sich auf ein Abenteuer, den Container, einzulassen. Eine Frau, welche die Kraft verspürt hatte, den verschollenen, gestrandeten Robinson aus seiner Insel wieder in das Leben, zu den Menschen zurückzuführen. Was für eine Ironie! Was für eine Lachnummer! Sie? Sie sollte jemanden ins Leben führen? Was hatte sie sich nur dabei gedacht? Sie war doch diejenige, die jetzt tot da lag! Selbst aufgegeben und sich selbst bemitleidend, ohne Kraft und Mut, die Augen zu öffnen, sich mit der eigenen Lage, der eigenen Zerbrechlichkeit zu konfrontieren.

Solche und viele andere Gedanken gingen Klara durch den Kopf, während ihr Körper weiter weinte. Aber waren es wirklich ihre eigenen Gedanken? Waren es ihre Worte, war es wirklich in ihrem Kopf? Das ganze Geschehen ihres Körpers, das Bild nach außen interessierte sie nicht. Das war ihr egal. Was sie interessierte war, wie konnte sie so herzzerreißend weinen, sich

Gordischer Knoten

Der Gordische Knoten ist in unserem gewohnten Denksystem versteckt: wir bewerten, urteilen, wollen alles einordnen. Wir lernten in Dimensionen von „gut", „besser", „am besten", „schlecht", „noch schlechter" und „böse" zu denken.

... und möglicherweise ist es einfacher als wir glauben:

jeder Augenblick ist einfach so wie er ist.

- Es ist so wie es ist -

S. 341

vor sich selbst ekeln, sterben wollen und dabei trotzdem noch denken und sich beobachten. Was, wenn sie gar nicht litt? Was, wenn sie das Ganze nur vorspielte, um sich selbst glaubhaft zu machen, wie arm und bemitleidenswert sie war? Es konnte doch nicht sein – dass sie es mitten im Schmerz noch schaffte, sich zu beobachten und sich selbst zu belächeln. Was für ein wahrer Schmerz sollte es sein, der sie nicht gänzlich schluckte, nicht vollkommen vereinnahmte, nicht alles um sich herum vergessen ließ? Was für ein Schmerz sollte das sein, wenn sie noch überhaupt irgendetwas nachdenken konnte und wissen wollte? Was machte sie sich da nur vor? Wo war der Schmerz, wo tat ihr irgendetwas weh? Wo denn nur? Im Herzen? Im Kopf? In der Seele? Ah ja? Sie spürt doch nichts, also was für ein Schmerz dann?

Hatten solche paranoiden Zustände auch ihre Klienten gehabt? Wie viele Male hatten sie versucht, ihr die Zustände, ihre Hoffnungslosigkeit und Resignation zu beschreiben, näher zu bringen? Wie viele Male hatte sie versucht, diese Menschen mit tröstenden und kraftvollen Worten aufzubauen, ihnen den Sinn des Lebens aufzuzeigen? Hatte sie diese Menschen je verstanden? Würde ihr jetzt helfen, wenn ihr jemand in diesem Zustand die Sinnhaftigkeit des Lebens vor die Nase hält? Wenn er ihr kluge, wichtige, aufputschende Worte um das Maul schmiert? Würde sie dann auch nicht nur ein müdes höfliches „du-hast-doch-keine-Ahnung"-Lächeln auf ihre Lippen zaubern? Wäre ihr nicht nur noch mehr zum Kotzen? Würde sie in sich selbst nicht noch mehr auf Trotz schalten? Würde sie denjenigen dann nicht am liebsten ins Weltall schießen wollen, damit sie endlich Ruhe hat? „Ach Klara, Klara! Was für eine Therapeutin, was für eine Hilfe warst du eigentlich für diese Leute? Wie konntest du glauben, du wärst gut in deinem Job? Wie konntest du so großkotzig, so eingebildet sein und denken, du würdest diese Leute verstehen und du könntest ihnen sogar wirklich helfen? Solltest du nicht zuerst dir selbst helfen können und dann, wenn du weißt, um was es geht, wenn du weißt, über was du redest, erst dann deine Flügel schützend über jemanden ausbreiten? Klara, Klara! Für wen hast du dich eigentlich gehalten? Wie konntest du dir das Recht herausnehmen, für andere zu wissen? Wie konntest du dir das Recht herausnehmen, für andere zu fühlen? Bist du Gott? Wie konntest du nur?! Schau dich mal an! Du schaffst es nicht einmal hinzusehen. Wie bemitleidenswert! Wie viele Male wolltest du von deinen Klienten, dass sie sich selbst anschauen, dass sie erkennen, dass sie aufhören sich selbst zu täuschen, selbst zu belügen? Wusstest du, was du da eigentlich Tag für Tag geplappert hast? Wusstest du, was du von den armen Menschen gefordert hast? Gerade du – die du

Es ist so wie es ist

Wenn wir eines Tages erkennen, dass uns alles, was wir erleben, jede unserer Handlungen, jede Emotion und jeder Gedanke ein einmaliges, bewusstseinserweiterndes Erlebnis beschert …

wenn wir einmal verstehen, dass wir in jedem Moment – immer! – so handeln, wie es uns in diesem Moment am besten möglich ist und nicht anders …

wenn wir einmal lernen unsere Schuldgefühle loszulassen und unsere Schritte als Erfahrung, ohne sie zu bewerten, zu betrachten …

… dann kann in uns innere Ruhe und Gewissheit, dass alles gut ist so wie es gerade ist, einkehren.

S. 342

jetzt nicht einmal die Fürsorge von Jan, seine Liebe, seine Bedingungslosigkeit wahrhaben, annehmen willst? Wo ist deine Fürsorge? Wo ist deine Liebe und die Bedingungslosigkeit zu dir selbst? Wie sollst du von jemand anderem etwas annehmen können, wenn du es in dir nicht erkennen, nicht annehmen kannst? Wie sollst du es jemand anderem geben können, wenn du es dir selbst nicht geben kannst? Klara, Klara! Wo hast du bist jetzt gelebt? Auf welchem Planeten, welchem Mond? Schämst du dich nicht? Wie viele Male hast du das Wort Wahrheit und Selbstlüge in den Mund genommen? Wie viele Male hast du gepredigt – den Obdachlosen mit deinen studierten Worten den Kopf gewaschen? Du hast gedacht, du bist zu dir selbst immer ehrlich gewesen, hast du dich nicht selbst damit belogen? Ha! Was für ein Witz! Würdest du dann hier so liegen, ein Häufchen Elend der edelsten Sorte, in sich selbst zusammenbrechend? Du dachtest, du seiest das Abbild von Ehrlichkeit, du hast keine Maske, keine Fassade? Und was glaubst du, was bröckelt dann jetzt? Was lässt dich nackt, entblößt und entblättert da liegen? Aus was glaubst du, bestehen die vielen Schichten, die jetzt sichtbar werden und fallen? Aus purem Gold, Heiligkeit und Reinheit? Wozu hätte es dann so viele Schichten gebraucht? Um eine Schicht mit der anderen zu verdecken?! Unschuld und Reinheit braucht man doch nicht zu verstecken – oder?“

„Was war das?“ Irgendetwas bewegte sich heftig in Klara. Ihre Aufmerksamkeit verschob sich augenblicklich zu diesem Gefühl. „Um Gottes Willen! Das Baby! Gott, was bin ich für eine Mutter? Ich zerfließe hier in Selbstmitleid, bereite mich auf das Sterben vor, strafe mich mit Selbstironie und Selbstauslachen und dabei habe ich den kleinen Zwerg in mir gänzlich vergessen! „Baby, Liebstes, entschuldige … entschuldige bitte, dass ich dich vergessen habe. Tut mir furchtbar leid, dass du dir dies alles anhören musstest!“ Elefantentränen kamen aus Klaras Augen, sie fasste sich am Bauch und streichelte ihn sanft. Ohne sich etwas dabei zu denken, öffnete sie endlich die Augen und erschrocken schaute sie Jan an. „Wo war ich denn die ganze Zeit? Was ist geschehen? Ist mit dem Baby alles in Ordnung?“ Der Blick in Jans Gesicht beruhigte sie. Seine Hand lag auf ihrer Stirn, die andere auf ihrem Bauch. So, als würde er die ganze Zeit das Baby getrennt von Klaras Leid, der inneren Welt, halten. Erschöpft und dankbar bewegte Klara ihren Körper. Sie vergaß gänzlich, dass sie sich vor kurzem nicht vorstellen hatte können, irgendwo noch ein wenig Kraft zu finden, um zumindest den kleinen Finger zu bewegen. Wie lange war sie eigentlich diesmal wieder weg gewesen? Sie setzte sich auf, mit einer Hand strich sie liebevoll und dankend über Jans Gesicht. Mehr konnte sie nicht machen und sagen. Seine Augen sprachen zu ihr: „Gern geschehen. Ich bin immer für dich da.“

Schuld

Eine Heilung geschieht nicht im Erkennen von Schuld und

eine Heilung geschieht auch nicht im Loslassen von Schuld – aus dem Wissen heraus, dass es keine Schuld gibt,

eine Heilung beginnt nicht durch Vergewaltigung seiner Selbst, an die Schuld nicht mehr zu glauben, sondern ...

eine Heilung beginnt mit dem Erkennen, dass man sich noch immer schuldig fühlt und

eine Heilung beginnt auch mit dem Annehmen des eigenen Selbst, das irgendwo noch an Schuldigsein glaubt, also dann, wenn man lernt, sich so anzunehmen, wie man gerade ist.

S. 343

Seltsam, aber sie schämte sich nicht. Auf einmal war

es ganz leicht, aufzustehen, sich zu bewegen, die Glieder durchzustrecken. Ein vergessenes Kinderlied drang unerwartet zu ihr und sie begann es für den Kleinen leise zu summen. Sie wollte, dass er weiß, dass ihr Ausbruch vorbei war, dass es mit ihm nichts zu tun hatte und dass alles wieder gut war. Sie hoffte, dass diese eigenartige Selbstzerfleischung keinen Schaden beim Baby hinterlassen würde. Am Abend schrieb sie dann in ihr Tagebuch:

Ich verstehe es nicht. Aber was verstehe ich schon?! Wie viele Male werde ich noch so einen Zirkus veranstalten? Wie viele Male falle ich noch auf mich selbst rein? Ich weiß jetzt doch Bescheid über die Wirkung von Jans Behandlung, über die Wirkung dieser Energie, die durch ihn fließt. Immer wieder geschieht das Gleiche mit mir. Immer wieder sage ich mir, dass ich die in mir schlummernde Wut nicht an Jan auslassen und dass ich ihn nicht als Feind betrachten werde. Immer wieder gehe ich das Geschehene in meinem Kopf durch, um für nächstes Mal vorbereitet zu sein. Ich weiß jetzt und erkenne, wie viel Schmerz und Trauer,

Selbstvorwürfe, Selbstwut, Zweifel und Schuldgefühl in mir gespeichert sind. Ich spüre, dass mir sogar auch das Ungeborene noch vor der Geburt hilft, mich von diesen alten, nicht beach-

teten Lasten zu befreien. Ich weiß, dass das Kind mir die Kraft, den Mut und das Vertrauen gibt, das Richtige geschehen zu lassen, diese Behandlungen nicht zu unterbrechen und trotz den „Selbstqualen" weiterzumachen. Warum, wenn ich dies schon alles weiß, wenn ich weiß, was mich erwartet, was da vor sich geht, warum steige ich jedes Mal darauf ein, warum identifiziere ich mich dann plötzlich mit dem ganzen alten Leid, der Wut, dem Ärger? Warum

Heilungsprozess

In Heilung zu sein heißt auch, immer mehr zu vertrauen, dass man sich selbst und die anderen eines Tages in Unschuld bzw. Schuldlosigkeit erkennt.

In Heilung zu sein heißt auch, zu wissen und zu vertrauen, dass Heilung ein stetiger Prozess ist, der immer voranschreitet und nicht rückwärts laufen kann.

- Heilung ist ein stetig voranschreitender Prozess -

S. 344

kann ich es in mir nicht einfach erkennen und abfließen lassen, ohne herumzutoben, ohne mich dann dafür schuldig zu fühlen? Ah, menschliche Psyche - einmal dachte ich, ich verstehe dich, ich weiß Bescheid und dabei bist du so unergründlich, so verschlüsselt und geheimnisvoll. Was soll man mit dir tun?

Vergangenheit

Selbstverständlich war für Klara die Beschäftigung mit eigenen Ängsten, Verhaltensmustern und Traumen kein Neuland. Schließlich war sie eine ausgebildete Psychotherapeutin, die besonders auf die Aufarbeitung von Traumen und Krisensituationen bei ihren Klienten spezialisiert war. Während ihrer Ausbildung und auch im Laufe ihrer Praxis verbrachte sie, wie es vorgeschrieben war, etliche Stunden und Tage mit Supervision, Selbstschau und Selbstanalyse, um bei ihrer Arbeit immer unbefangen und möglichst unabhängig sein zu können. In ihren wenigen freien Stunden beschäftigte sie sich mit dem Studium von neuesten, auch alternativen Techniken und Methoden, welche die Ergründung und Heilung der menschlichen inneren Welten versprachen. Ihre traumatische Kindheit, unter dem Diktat einer herrischen und strengen Mutter, sowie ihre pubertäre Zeit und vorzeitiges Erwachsenwerden, das von vielen Missverständnissen, Selbstzweifeln und dem Kampf um einen soliden Platz in der Gesellschaft und der ewigen Suche nach dem richtigen Partner geprägt war, dachte sie schon längst verarbeitet und abgeschlossen zu haben. Klar war ihre scheinbar misslungene, nicht reparable Kindheit ein Grund, warum sie sich für den Beruf der Psychotherapeutin entschlossen hatte. Sie hoffte dort, in der Stille ihres kleinen Zimmers, abseits der verdächtigenden, unterstellenden und urteilenden Augen der ganzen Welt, die Antworten auf alle ihre Fragen zu finden. Sie wollte wissen, was mit ihr nicht stimmte, was es war, das sie die ganze Zeit daran gehindert hatte, sich gegen die dominante und alles besser wissende Mutter zu stellen und die eigene Meinung mit fester Stimme, ohne „wenn und aber", zu sagen. Warum hatte sie nicht die Kraft gefunden, der täglichen Erniedrigung entgegenzuwirken, es nicht mit gesenktem Kopf und zusammengeschnürtem

Magen und einem dicken Kloß im Hals einfach hinzunehmen? Ihre ganze Energie wurde darauf verwendet, die Tränen, die sie in den Augenwinkeln schon spürte, aufzuhalten, die zuckenden Mundwinkel festzunageln, um auf dieser Art der Mutter den letzten Triumph nicht zu gönnen. Trotz dieser Anstrengung schaffte sie es oft nicht, ihre Tränen zu stoppen, die für die Mutter ein Anlass für weiteres Schimpfen waren. Weinen tut doch nur jemand, den man nicht wirklich für irgendetwas gebrauchen kann.

Genauso waren es die allmonatlichen Besuche der Freundinnen der Mutter, die an Klaras instabilem Nervenkostüm zerrten. Immer wieder ließ eine nach der anderen ihren Frust raus und Dampf ab über die misslungenen, undankbaren Kinder, aufgrund derer sie ihr ganzes Leben verpassten. Sie musste diese „Damen" der „besseren" Gesellschaft – so sahen sie sich gerne – mit Kaffee, Cocktails und selbst gebackenem Kuchen bedienen, während diese ihre verärgerten Blicke auf sie warfen. Wie sollte sie da vor ihnen stehen? Was sollte sie tun? Was für ein Gesicht sollte sie machen? Was für ein Gesicht sollte man im Gerichtssaal machen, wenn man in der Rolle des Angeklagten, des Verbrechers, der gerade von allen schuldig gesprochen worden ist, steht und selbst keine Ahnung hat, was eigentlich los ist? Was, wenn die Geschworenen Recht haben? Was, wenn das Urteil berechtigt ist? Was, wenn man irgendetwas unbewusst angestellt hat? Alle wissen es, alle sehen es, nur man selbst nicht. Klara selbst hatte doch im Laufe ihres Lebens Menschen kennen gelernt, die der Wahrheit nicht ins Auge schauen wollten; sie sah, wie sie sich selbst belogen, verleugneten, sich eine beschönigte Wahrheit zurechtzimmerten. War es möglich, dass die Mutter mit ihren Geschworenen – Freundinnen – Recht hatte? Kann es sein, dass Klara auch, wie so viele andere, einiges verdrängte, nicht sehen wollte, der eigenen Wahrheit über sich selbst nicht in die Augen schauen wollte, damit sie vor sich selbst in besserem Licht stehen konnte als es wirklich der Fall war? Die Mutter schien doch von allen anderen, außer von Klara, geliebt und geachtet zu werden. Egal, ob es Verwandte oder ihre Arbeitskollegen waren. Nur der Vater von Klara, der hat sich noch vor Klaras Geburt aus dem Staub gemacht. War Klara dem Vater nachgeraten? War sie auch so ein Nichtsnutz? Keiner sprach von ihm und Klara verdächtigte die Mutter, dass sie diesen Mann nie über ihre Schwangerschaft informierte.

Klara wollte eines mit Sicherheit nicht – sie wollte sich selbst nicht belügen. Egal, wie nüchtern oder niederschmetternd die Wahrheit über sie selbst sein sollte, sie wollte es wissen. Jede auch noch so schmerzende und negative Erkenntnis und Information schien ihr annehmbarer und besser zu sein als die Ungewissheit. Was sie mit Sicherheit nicht wollte, war anderen weh tun, andere verletzen, sie unglücklich und traurig machen. Sie wollte nicht, dass die Menschen vor ihr Angst haben müssen. Als kleines Mädchen hat sie überhaupt nicht verstanden, warum ihre Mutter sie nicht weggab, wenn sie ihr doch scheinbar solche Qualen bereitete. Warum setzte sie sie nicht einfach am Straßenrand aus oder gab sie im Kinderheim ab? Einmal hat sie es der Mutter sogar vorgeschlagen – sie wollte als vierjähriges Mädchen mit ihrer Kinderlogik etwas Gutes tun. Sie wollte Verständnis für die Mutter zeigen und schlug ihr vor, sie in ein Kinderheim zu bringen, über das sie gerade einen Bericht im Fernseher gesehen hatte. Statt der erwarteten Freude entflammte die Mutter in einem zornigen Wutanfall. Ihr Kopf wurde in Sekundenschnelle dunkelrot, sie sprang aus dem Fernsehsessel, die Fetzen flogen, eine schwere Hand landete in Klaras Gesicht. Noch tagelang spürte sie die Fingerabdrücke an ihrer kleinen Wange. Der Mutter schossen in diesem Wutanfall Worte wie „undankbar“, „nicht verdient“, „wie komme ich dazu“ und viele andere hervor, die bei der Vierjährigen aufgrund des großen Schocks, den ihr kleines Herz gerade erlebte, kaum bis zu den Ohren vordrangen. Die kleinen Augen sahen nur eine tobende Mutter, die sich plötzlich an die Brust fasste und mit schmerzverzerrtem Gesicht in den Sessel, aus dem sie vorher aufgesprungen war, zurückfiel. Sie atmete schwer, seufzte und stöhnte. Die kleine Klara stand erschrocken da und schaute, was sie gerade angestellt hatte. Hatte sie die Mutter kaputt gemacht, verletzt? Wie konnte sie nur so etwas tun? Wie konnte sie das der Mutter antun? Der kleine Körper stand vor dem bebenden Mutterkörper, im Gesicht noch eingefrorene kindliche Freude und Erwartung, für die Mutter endlich eine Lösung, eine Erleichterung gefunden zu haben. Der Körper stand still, bewegte sich nicht, das kleine Herz schien nicht zu schlagen, die Brust vergaß zu atmen. Nur der Kopf, das kleine niedliche Köpfchen, arbeitete auf Hochtouren und verstand nichts. Die Seele des kleinen Geschöpfs schien in einer hundertstel Sekunde alle Windungen, Ecken und Winkel des Gehirns auf der Suche nach einer Erklärung durchzuforsten. Alles drehte sich im Kreis – die Welt, das Zimmer entfernten sich immer mehr, sie schien in der Unendlichkeit zu schwinden. Mit letzter Kraft hielt sie sich im Körper und starrte auf das unveränderte Bild – die Mutter mit bleichem, aber mit roten Flecken übersätem Gesicht, schwer nach Luft schnappend, den Mund wild bewegend, irgendwelche Worte sprechend, die Klara aber nicht hörte. Dann passierte irgendetwas. Irgendeine Kraft ermöglichte es dem Kindeskörper, die Beine endlich zu bewegen. Sie erhob sich vom Boden und rannte, rannte in das eigene Zimmer, wo sie sich unter die Bettdecke flüchtete und sich zusammengerollt an die Wand drückte. Der ganze Körper zitterte furchtbar, die Welt und die Gedanken wollten nicht aufhören sich zu drehen. Das kleine Geschöpf wollte verschwinden, mit dem Bett, der Bettdecke oder der Wand eins werden, unter die Erdoberfläche fallen oder sich in Luft auflösen. Es erschien unmöglich, weiter leben zu können. Es erschien unmöglich, noch einen Schritt aus dem Bett zu machen, die Augen zu öffnen, wieder ins Wohnzimmer zu gehen. Was würde sie dort vorfinden? Es war etwas ganz, ganz Schlimmes geschehen. Sie hatte es verursacht und sie war jetzt auch weggelaufen. Sie war diejenige, die nicht einmal versucht hatte, der Mutter zu helfen.

Diese und andere Ereignisse hatte die erwachsene Klara schon längst verarbeitet. Sie verstand, dass sie als Kind die eigene Mutter aus ihrer dem Alter und der Erziehung entsprechenden Perspektive betrachtet hatte. Sie glaubte, sie hätte sich mit sich selbst und mit der Mutter, die mittlerweile an den Folgen ihres langjährigen Alkoholkonsums gestorben war, versöhnt. Es war der Beruf, der ihr half, diese Wunden zu heilen, sie neutral, unbefangen, mit Abstand anzuschauen und Schuldgefühle zu verarbeiten. Was sie früher aber nicht wusste war, dass sie das Schicksal zu bestechen versuchte. Durch einen helfenden Beruf, ihre Aufopferung, wollte sie sich eine Berechtigung für ihr Dasein verschaffen. Sie wollte sich selbst annehmen, anerkennen können. Unbewusst gönnte sie sich keine Minute Pause, sie hörte auch in ihrer Freizeit nicht auf, in ihrem Geiste für andere Lösungen zu suchen, anderen zu helfen. So glaubte einem Teil in ihr, dem vielleicht doch in ihr schlummernden bösen Ich keinen Rahmen und keine Zeit zu bieten, um aktiv zu werden. Nein, wenn doch irgendetwas da war, was sie nicht wusste, was ihr nicht bewusst war, dann lernte sie, es unter Kontrolle zu haben und als Dank für diese Möglichkeit versuchte sie, noch mehr armen, aufgegebenen, heruntergekommenen Menschen zu helfen.

Das alles wusste aber Klara schon längst über sich. Das alles hat sie sich schon hunderttausend Mal vor Augen geführt, mit anderen Berufskollegen besprochen, geheilt. Ihre eigene Vergangenheit war für sie verarbeitet, abgeschlossen, ad acta gelegt. Es waren für sie nur mehr Vergangenheitsepisoden, die ihr halfen, ihre heutige Persönlichkeit zu werden. Sie betrachtete ihre Kindheit als eine Notwendigkeit, eine Schulung zum sensibel und einfühlsam Werden, um später ihrem Beruf, ihrer Berufung nachgehen, um die Menschen verstehen zu können. Wäre dies alles anders gelaufen, wer wäre sie jetzt? Irgendwo war sie doch mit sich zufrieden.

Sie konnte sich nicht vorstellen anders, jemand anderer zu sein. Sie war sie und das war okay so. Nicht einmal die schmerzvollste aller vergangenen Erfahrungen konnte ihr heute etwas anhaben – dachte sie. Wenn sie so zufrieden mit sich war, wenn sie die Vergangenheit verarbeitet und mit ihr abgeschlossen hatte, woher kamen dann all die Wut, der Ärger, der Schmerz und die Trauer, die sie jedes Mal nach Jans Behandlung spürte?

***

In den letzten Jahren, vor dem Einzug in den Container, beschäftigte sich Klara auch mit alternativen Therapien und Heilmethoden, die unter den Kollegen nicht viel Beifall fanden. Dabei ging es ihr gar nicht so sehr um ihre Klienten, sondern um sie selbst, um langjährige, immer wieder auftretende Kopfschmerzen, unerwartete Krämpfe im Hinterkopf und Unterleib. Viele schulmedizinische Untersuchungen hatte sie hinter sich gehabt, immer mit dem gleichen Ergebnis – alles schien in Ordnung zu sein, sie war kerngesund, es gab keinen sichtbaren, erkennbaren Grund für diese Beschwerden.

Die Schmerzen wurden mit der Zeit immer schlimmer, traten häufiger auf und in den unpassendsten Momenten. Beim Einkaufen, direkt vor der Kasse, fuhr es einmal plötzlich wie ein dreihundert Watt starker Stromschlag durch ihren Kopf, bis in die Schultern, lähmte sie in der Sekunde und ihr wurde schwarz vor Augen. Sich nichts anmerken zu lassen, die bezahlten Sachen zu schnappen und sich an die frische Luft zu schleichen, um sich irgendwo anzulehnen, bis der Anfall vorüber war, kostete sie die letzte Kraft.

Als das zum ersten Mal geschah, erschrak sie sehr. Sie dachte an einen Schlaganfall, aber wie immer – physisch gesehen gab es keine beunruhigenden Anzeichen. Mittlerweile hatte sie gelernt, auf ihre Weise damit umzugehen. Sie wusste, es kommt, es geht. Nicht einmal die genauesten neurologischen Untersuchungen zeigten irgendwelche Auffälligkeiten. Sie selbst fand es auffällig, dass es meistens in der Freizeit passierte, wenn sie nichts „Wichtiges" zu tun hatte, außer sich zu entspannen, in Augenblicken, in denen sie versuchte, für sich selbst zu sein, sich selbst etwas Gutes zu tun. Je länger so eine ruhige Zeit dauerte, umso öfter und stärker traten dann die Krämpfe und Schmerzen auf. Egal, welche Schmerzmittel sie auch nahm, sie halfen nichts, außer dass sie zusätzlich noch benebelt und betäubt wurde, ohne wirklich fähig zu sein, sich mit irgendeiner Tätigkeit abzulenken. Dann saß sie da, in einem eigenartigen Bewusstseins-, einem seltsamen Dämmerzustand, der fast alles, außer den Schmerz, ausblendete. Wie ein Scherz und nicht wie ein Schmerzmittel wirkte das Ganze. Statt ihn zu mildern, wurde der Schmerz dadurch noch präsenter, noch wahrnehmbarer.

So lernte sie verschiedene Meditationsarten und Übungen kennen. Sie versuchte sich ehrlich mit dem Schmerz auseinander zu setzen. Wie sie verschiedener Literatur entnommen hatte, sollte jeder, auch ein noch so kleiner physischer Schmerz oder eine Krankheit, eine Ursache in uns selbst, in unserer Psyche oder unserem Inneren haben. Psychosomatische Beschwerden wurden sie genannt. So wie immer wollte sie den Kopf nicht in den Sand stecken – sie wollte die Wahrheit wissen, wie vernichtend sie auch sein sollte. Vielleicht war es gerade dieser eigentümliche Schmerz, der sie auf die Spur, auf den Weg führen würde, um das zu finden, wonach sie seit der Kindheit auf der Suche war – den Grund für ihre Andersartigkeit, den Grund ihres Schuldigseins …

Vielleicht, wenn sie einmal direkt in den Schmerz schauen könnte, würde sie dort das eigene unbekannte und vielleicht böse Selbst, das die Mutter und ihre Freundinnen ohne Mühe in ihr zu sehen schienen, finden. Wenn sie es nur könnte, wahrhaftig, ehrlich diesen Schmerz zu durchschauen. Egal, was ans Tageslicht käme – Hauptsache, die ewige Ungewissheit und Unsicherheit wären vorbei. Alles, was man weiß, damit kann man etwas machen, damit kann man umgehen lernen, auf das kann man reagieren – dachte sie. Doch egal, welche Technik sie auch benutzte, welche alternativen Heiler oder Therapeuten sie aufsuchte, der Schmerz gab sich nicht Preis. Immer wieder versuchte sie alleine zu seiner Quelle, zu dem besagten Punkt zu gehen. Egal, wie groß der Schmerz war, wie punktuell er sich anfühlte, wie fortgeschritten sie in den Meditationstechniken war, es gelang ihr nicht. Kaum an dem Punkt angekommen, fand sie dort nichts mehr. Die Stelle erweiterte sich, wurde tiefer und plötzlich gab es den Punkt nicht mehr. Der Schmerz schien ihr, ihrer Aufmerksamkeit auszuweichen, sich vor ihr zu verstecken, sie an der Nase herumzuführen. Kaum, dass sie sich auf ihn ausgerichtet hatte, hörte er auf zu schmerzen, kaum nahm sie ihre Konzentration zurück, schmerzte es wieder. Als würde jemand mit ihr Katz und Maus spielen.

Unheimlich!

Und immer dann, wenn sie nach tagelangen Schmerzen beschloss, doch wieder zum Arzt zu gehen, weil sie nichts anderes mehr wusste, weil sie alles andere schon ausprobiert hatte, gerade dann, zwei Schritte vor der Ordination, wie um sie auszulachen, hörte der Schmerz plötzlich auf, als wäre er nie da gewesen.

***

Die schmerzvollste Erfahrung, wenn man so sagen kann, hatte sie mit ihren jungen siebzehn Jahren gehabt. Sehnsüchtig wartete sie damals auf ihre Volljährigkeit, um dann endlich das „Zuhause" „offiziell" verlassen zu können und ihr eigenes Leben aufzubauen, abseits von all den Vorwürfen, der Unzufriedenheit, Verbitterung, Gekränktheit, dort, wo man frei atmen konnte, niemandem im Wege stand und nicht für jeden Schritt belächelt wurde. Sie hatte einen Plan, besser gesagt einen großen Traum. Sie wollte reisen – dorthin, wo niemand etwas über sie wusste, wo niemand sie kannte, wo die Menschen noch

Bewusstwerdung

Uns selbst, den Sinn unseren Seins sowie die Sinnhaftigkeit unserer Vergangenheit können wir immer nur unseres Bewusstseins- und Entwicklungsstandes entsprechend erkennen und verstehen. Während der Bewusstwerdung lernen wir, den Botschaften der Vergangenheit zu lauschen, die wir in verschiedener Form (Erinnerungen, Blockaden, Überzeugungen ...) in den Zellen abgelegt haben. Wie Zwiebel schält sich in uns eine Schicht nach der anderen, um im richtigen Moment alle in den Zellen und im Energiefeld gespeicherten Wegweiser auf die Oberfläche, in unser Bewusstsein zu bringen.

Wie automatisch werden wir in verschiedene Lebenssituationen geführt, welche uns helfen, gespeicherte Informationen zu befreien, sie zu erkennen, zu erleben und zu verstehen ...

S. 345

mit der Natur verbunden waren und in einer vorurteilslosen Einheit lebten. Sie wollte diesen Menschen begegnen, ihre Lebensart und Lebensweisheit kennen lernen und diese Erkenntnisse in ihre Arbeit mit Menschen einfließen lassen. Sie hoffte auf eine kleine, harmonische Familie. Ihre eigene Familie, die sie sich selbst aussuchen, die sie nach ihren eigenen Vorstellungen gründen konnte. Insgeheim hoffte sie auf einen liebevollen, verständnisvollen Partner, der sie nehmen konnte, so wie sie war, mit dem sie ihre Weltanschauung, ihre Ideale teilen konnte, mit dem sie über Gott und die Welt diskutieren, träumen konnte. Ihr eigenes Kind sollte niemals Erniedrigungen erfahren müssen, so wie sie selbst sie erlitten hatte. Ihr Kind sollte nie traurige Augen und ein Gefühl der Unbrauchbarkeit haben müssen. Ihr Kind sollte von klein auf als ein individuelles Wesen akzeptiert werden. Ein Wesen, das gerade eine neue Welt zu erkunden und zu verstehen versucht. Ein Wesen, dem sie für seine ersten Schritte eine möglichst optimale, respektvolle, nicht beengende, nicht erstickende Unterstützung bieten und es begleiten wollte. Ein Kind, von dem sie selbst viel lernen wollte. Sie freute sich schon, es von den ersten Schritten an, den ersten unbefangenen Konfrontationen mit der menschlichen Wirklichkeit beobachten zu können. Sie erträumte sich eine kleine, heile Welt und hoffte, dass sie eines Tages Wirklichkeit werden würde.

Wie das Schicksal so spielt, kam es früher, als sie dachte. Gerade siebzehn geworden, traf sie den Mann ihrer Träume, ihren Prinzen. Er war genauso alt wie sie, und sein Zuhause war auch nicht gerade das Honiglecken. Er hatte auch seine großen Pläne, seine Ideale – er wollte auch die Welt verändern, verbessern. Jede Minute, die sie zusammen verbrachten, planten sie ihre gemeinsame Zukunft. Mit Klaras achtzehntem Geburtstag sollte es soweit sein. Sie wussten nicht wie und wohin, aber sie hatten Vertrauen zu sich selbst, vertrauten der einmaligen Liebe zwischen ihnen. Sie hatten keine Angst, sie wussten, sie werden alles schaffen und durchstehen, solange sie nur zusammen waren. Nichts und niemand konnte sich zwischen sie stellen, sie auseinander bringen – so stark war ihre Liebe. Fast von ihrer ersten Begegnung an wussten sie, dass sie füreinander bestimmt waren. Es war keine jugendliche Naivität. Beide waren ihren Altersgenossen durch ihre Ernsthaftigkeit und ihr Erwachsensein einen großen Schritt voraus. Sie waren keine Kinder mehr und sie waren sich dessen bewusst. Längst waren sie bereit, die Verantwortung für ihr eigenes Leben zu übernehmen. Aus dieser Liebe und der Freude auf die näher kommende, bald absehbare Freiheit heraus wurde Klara unerwartet schwanger. Beide freuten sich riesig, das Glück war perfekt. Nur mehr vier Monate trennten Klara von ihrem ersehnten Geburtstag, es konnte nichts mehr schiefgehen. Noch nie hatte sie sich auf einen Geburtstag so gefreut und ihn so sehnsüchtig erwartet wie jetzt. Und dann passierte es. Durch unglückliche Umstände erfuhr Klaras Mutter von der Beziehung und nicht nur das – auch von ihrer Schwangerschaft. Die Ereignisse überschlugen sich auf einmal, alles war so verwirrend, so schnell hintereinander geschehen, dass sie sich heute kaum mehr erinnern konnte, wie es der Mutter zu Ohren kam.

Die Mutter kam gerade von einer ihrer „Busenfreundinnen" nach Hause, entschlossen griff sie zum Telefon und wählte eine Nummer, die sie von ihrer Freundin bekommen hatte. Die Telefonnummer eines Spezialisten; eines diskreten Spezialisten, der kein großes Aufsehen um solche Dinge machte. Sie vereinbarte einen Termin für Klara. Erstaunlicherweise war sie an dem Tag ziemlich ruhig und nett. Einschmeichelnd erklärte sie ihrer Tochter – plötzlich nannte sie sie „meine Tochter" – dass sie für sie auf Empfehlung ihrer Freundin einen Termin bei einem Frauenarzt vereinbart hatte. In ihrem zarten, jungen Alter dürfe man nichts riskieren, man solle sich untersuchen lassen, ob alles in Ordnung sei. Konnte es sein, dass sich die Mutter aufgrund von Klaras Schwangerschaft plötzlich ihrer eigenen Mütterlichkeit bewusst wurde und Klara nun etwas Gutes tun wollte? Klara selbst war zuvor noch nie bei so einer intimen Untersuchung gewesen, deswegen war sie froh, dass dies die Mutter in die Hand genommen und organisiert hatte. Vielleicht würde sich zwischen ihnen nun doch alles zum Guten wenden? Schließlich hatte die Mutter seit einigen Monaten aufgehört zu trinken – wieso sollte ihr dann Klara nicht doch eine Chance geben?

Der Termin war gleich am nächsten Tag, früh am Morgen. Das Krankenhaus war noch leer, Klara schien die einzige Patientin zu sein. Vielleicht wurde sie aufgrund des Anrufes der Mutter einfach schnell vorgeschoben. Sie wartete ruhig in der Ordination. Der Arzt und die Mutter diskutierten im Nebenraum. Sie konnte sie durch die Glasscheibe beobachten, aber nicht hören. Sie sah, wie die Mutter einen Umschlag in seine Hand drückte, den er dann in seinen Kittel einsteckte. Sie konnte sich noch erinnern, wie sehr sie sich wunderte, dass der Arzt in seinem Mantel eine Tasche zu haben schien, die perfekt zur Umschlagsgröße passte. Wie witzig. Nur ein Zufall? Die Ernüchterung folgte gleich. Der Arzt kam zurück in die Ordination, die Mutter verschwand. Der Arzt erklärte Klara, er werde in aller Diskretion das Kind aus ihr rausholen. Er sagte ihr, die Zeit sei noch günstig, der Embryo noch nicht zu groß. Man müsse es sofort machen, um spätere Komplikationen zu vermeiden. Klara konnte es nicht fassen. Sie verstand nicht einmal richtig, was der Arzt da redete. Sie versuchte etwas zu sagen, halb ohnmächtig stotterte sie vor sich hin, sie wusste gar nicht, ob die Worte auch wirklich aus ihrem Mund rauskamen oder ob ihre Verzweiflung, ihre Verwirrung sie schon im Ansatz durch die Tränen erstickten.

Sie wiederholte immer wieder: „Nein, nein! Das ist ein Irrtum, ich will das Kind behalten! Ich freue mich auf das Kind, ich will Mutter werden. Ich bin hier nur zur Untersuchung, ob mit dem Baby und mir alles in Ordnung ist. Das ist ein Missverständnis … das geht nicht … Holen Sie meine Mutter zurück, sie erklärt es Ihnen! Bitte … bitte … b… i… t… t… e… " Alles umsonst. Als bedeutete sie nichts, als wäre sie niemand. Während sie den Arzt anflehte, erzählte er immer wieder nur eines: „Ich habe gehört, du willst Psychologin werden. Du hast gerade einen Platz an der Uni bekommen. So kannst du aber nicht studieren. So wirst du es nicht schaffen. So lassen sie dich nicht zum Studium zu. So wird nie was aus dir. Du bist erst siebzehn, deine Mutter wollte es so, sie ist für dich verantwortlich. Keine Sorge, du bekommst eine Narkose, du wirst nichts spüren und in ein paar Minuten ist alles vorbei." Es konnte doch nur ein Traum sein, nicht die Wirklichkeit. Klara hatte auf einmal keine Macht mehr über ihr eigenes Leben, über ihren eigenen Körper. Er schien nicht ihr zu gehören. Fremde Menschen konnten anscheinend bestimmen, entscheiden, was für sie gut und was schlecht war, was sie brauchte und was nicht. Das konnte doch nicht wahr sein! Das konnte nur ein Albtraum sein! Sie würde bald erwachen, zu ihrem Freund laufen und ihn bitten, nicht bis zum Geburtstag zu warten, sondern gleich wegzugehen, noch am selben Tag. Weg, weit weg, irgendwohin weg – Hauptsache weg. Und Klara erwachte tatsächlich. Im ersten Moment glücklich, dass es nur ein Traum war, um im nächsten Moment festzustellen, dass der Albtraum wahr war, dass sie noch immer in einem kargen, ungemütlichen, schmalen und kalten Krankenhausbett lag. „Oh, Gott! Nicht doch! Sag mir bitte, dass es nicht wahr ist! Lass bitte ein Wunder geschehen! Lass das, was ich glaube, das geschehen ist, ungeschehen machen! Bitte! Bitte!" Sie konnte sich noch nicht bewegen, nur die Tränen flossen still ihre Wangen hinab. Was für ein Scherz! Der Arzt, der sich angeblich um das Wohl seiner Patienten kümmern sollte, betrat das Zimmer. Kein anderer Mensch war weit und breit zu sehen. Ohne jegliche Anteilnahme, ohne jegliches Mitgefühl, sprach er zu Klara: „In ein paar Minuten kommt deine Mutter und holt dich hier ab. Es muss schnell gehen, bevor der normale Betrieb im Haus anfängt, bevor die ersten Patienten kommen. Ich will da keinen Zirkus, keine Herumzickerei haben. Und merke dir: Nach drei, vier Tagen sollte der Eingriff nicht mehr nachvollziehbar sein. So lange bleibst du zu Hause im Bett. Du willst doch keine Schwierigkeiten machen, oder? Du bist doch ein großes Mädchen. Du hast noch dein ganzes Leben vor dir. Eines Tages wirst du mir dankbar sein!" Er drehte sich um und ging. Im nächsten Moment kam Klaras Mutter mit glasigen Augen in den Raum. Sie hatte wieder getrunken. In ihrem Unglück und ihrer tiefen Verzweiflung, während der Körper langsam erwachte, stieg in Klara eine unbeschreibliche Wut auf diese Person, die sich ihre Mutter nannte, hoch. Sie sollte es nicht wagen, sie zu berühren! Sie sollte es nicht wagen, sie anzuschauen! Die gedemütigte Klara sammelte all ihre Kraft und versuchte, alleine aus dem Bett zu steigen. Hastig sammelte sie ihre Kleider auf. Der furchtbare Schmerz in ihrem Bauch und Unterleib konnte sie nicht aufhalten. Ihr Zorn und Hass gaben ihr Kraft. Sie wollte nichts anderes, nur weg sein.

Am nächsten Tag bekam sie hohes Fieber. Die Mutter sperrte sie in ihrem Zimmer ein, damit sie nicht hinaus, damit sie ihren Freund nicht anrufen konnte. Sie hatte furchtbare Schmerzen, sie dachte, sie würde sterben. Durch die Tür flehte sie die Mutter an, mit ihr ins Krankenhaus zu fahren oder einen Arzt anzurufen. Umsonst. Aufgegeben, ungläubig dem Spiel des Schicksals gegenüber – so nah an ihrem Glück war sie gewesen und jetzt, jetzt war alles vorbei. Ihr ganzes Leben in ihr war gestorben. Ihr ganzer Mut, ihr Vertrauen und Optimismus, ihr Glaube an die eigene Zukunft. Obwohl sie die Liebe ihres Lebens gefunden hatte, jemanden, der jetzt ihre Hand halten und sie hätte trösten können, lag sie alleine, wie eine Kriegsgefangene in ihrer Zelle, nur ein paar Kilometer von ihrem Liebsten entfernt, der von dem Ganzen nichts ahnte.

Am vierten Tag fuhr sie die Mutter schließlich ins Krankenhaus. Klara war mittlerweile alles egal, das hohe Fieber und die furchtbaren Schmerzen hatten sie vollkommen betäubt. Sie fantasierte in ihren Welten, wo dies alles nicht geschehen war. Sie war in ihrer kleinen Welt, mit ihrem Prinzen und ihrer Tochter, die gerade die ersten Schritte durch einen wundervollen, blumigen, duftenden Garten machte. Genüsslich beobachtete sie den kleinen Zwerg, der noch unsicher umhertapste. In diesem Zustand hörte sie kaum die Fragen ihres Geliebten, der an ihrem Bett saß. Eine Krankenschwester in Ausbildung, die das Pärchen kannte und über ihre Beziehung Bescheid wusste, hatte ihm ausrichten lassen, dass Klara im Krankenhaus lag. Er wusste noch immer nicht, was ihr fehlte. Geduldig und liebevoll streichelte er ihre Hand, machte sich große Sorgen um sie. „Klara, was ist passiert, was ist passiert?" Die Ärzte gaben ihm keine Auskunft – er gehörte schließlich nicht zur Familie. Die Besuchszeit war dann auch schon vorbei, er musste gehen.

Danach sah ihn Klara noch ein einziges Mal. Er verstand nichts. Er verstand nicht, wie sie es zulassen, wie sie so etwas hatte tun können, ohne es mit ihm vorher zu besprechen. Er glaubte ihr ihre Ohnmacht, ihre Machtlosigkeit nicht. Er fühlte sich in seiner Liebe verraten, hintergangen. Es war schließlich auch sein Kind. Er hatte ein Recht darauf, es zu wissen, mitzuentscheiden. Sie hatten immer über alles gesprochen. Wie konnte sie ihm nur so etwas antun? Er hatte ihr so vertraut! Sein ganzes Leben, seine Träume hatte sie in diesem Moment zerstört. Wie konnte sie nur? Unter Tränen stürmte er aus dem Zimmer. Wie konnte er jetzt je wieder einem Menschen vertrauen! Das war das letzte Mal, dass sie ihn sah. An mehr aus diesen Tagen konnte sie sich nicht erinnern.

Klara erwachte aus ihren Gedanken über die Vergangenheit. Verwundert schüttelte sie den Kopf. Sie dachte, diese Geschichte sei schon längst verdaut, abgeschlossen. Es war einmal. Die Geschichte hatte mit der heutigen Klara nichts mehr zu tun. Wie kommt es, wie ist es möglich, dass plötzlich mitten im Container, über zwanzig Jahre später, wo sie ganz andere Sorgen hatte, mitten im Geschirrspülen solche Details in ihr hochkommen? Sie zittert ja am ganzen Körper! Sie spürt wieder diesen Hass auf ihre Mutter, als wäre es gerade erst geschehen. Sie hatte sich in dem Unrecht, das ihr angetan worden war, verloren, als wäre es gestern gewesen. Im Herzen schmerzte der Verrat ihres Geliebten, auch der Kopf meldete sich wieder. Sie konnte noch immer nicht verstehen, wie unmündig, wie unfähig sie damals war. Wie konnte es nur passieren, dass das Leben von einem Tag zum anderen vorbei war?

Klara zwinkerte ein paar Mal bewusst, schüttelte noch einmal den Kopf. Ein kalter Schauer durchfuhr sie vom Kopf bis zu den Zehenspitzen, als würde sie diese unangenehme Erinnerung von sich abschütteln. Nein! An all das wollte sie sich niemals mehr erinnern. Sie war jetzt ein anderer Mensch! Sie atmete ein paar Mal tief durch und musste mehrmals niesen. Dann schien sie wieder im Container, in der Gegenwart gelandet zu sein und versuchte sich weiter dem Aufräumen der Küche zu widmen.

Schmerz

Während der regelmäßigen Behandlung fühlte Jan immer wieder die unglaubliche Intensität von Klaras Ängsten und Schmerzen, die, so wie es ihm schien, in dem gesamten Körper, in jeder einzelnen Zelle gespeichert waren. Wieso es so war und wie ein Mensch, eine Frau – Klara – dazu kam, soviel Angst, Schmerz und auch Wut in sich zu tragen, dass wusste er nicht und konnte es sich auch nicht vorstellen. Seitdem er wieder in seiner Kraft war und bewusst Klara behandelte, hatte er gelernt, in dieser Hinsicht keine Fragen zu stellen. Intuitiv merkte er, dass er von einer unsichtbaren Kraft, der er endlos vertraute, geführt wurde. Die Welt, die sich in ihm während der Behandlung entfaltete, stellte ein Phänomen dar, welches, sobald er wieder in das normale Tagesgeschehen eintauchte, verschwand und er nur eine vage Vorstellung davon hatte, was gerade passiert war. Es war für ihn aber kein Problem, dies zu akzeptieren, sich keinen großen Kopf deswegen zu machen. Seine Natur lernte zu vertrauen, dass sich die Tür zu seiner anderen Kraft und Einsicht zum richtigen Zeitpunkt öffnen würde und er dann aus diesem sonst verborgenen Wissen handeln konnte. Schon aus diesem Grund machte er sich im Gegensatz zu Klara keine großen Sorgen um die anstehende Geburt. Während jeder solcher Heilbehandlung telegrafierte ihm das Baby verschiedene Botschaften, die er zwar nicht sofort verstand, die aber in seinem Unbewussten gespeichert wurden, so als würde das Kind bei ihm eine Datenbank mit Anweisungen für die Zukunft anlegen, damit alle Daten zum richtigen Zeitpunkt, wie durch ein Zeitschloss programmiert, in das Bewusstsein des Vaters treten können.

Klara meinte, zu einer ordentlichen Geburt benötigt man dies und jenes. Spezialisten, Geräte und wer weiß, was alles noch. Wie immer verstand Jan all diese Dinge nicht und irgendein Teil von ihm wollte es auch nicht verstehen. Wieso denn auch? Er war doch auch im Container, ohne den ganzen „notwendigen" Schnickschnack geboren worden. Wieso gelang es Klara nicht sich mit der gleichen Vertrauensquelle und der gleichen Wissenskraft wie er zu verbinden? Sie hatten es mehrmals gemeinsam versucht, aber es ging nicht. Bei den Behandlungen spürte sie zwar etwas, aber sie hatte es immer nur mit Jans Fähigkeiten und seinem Talent in Verbindung gebracht. Sie glaubte nicht daran, dass es ihr auch möglich wäre, so eine Kraft in sich zu entfalten. Sie beneidete Jan um seine „innere Stimme", oder das „Mutterbild", welches ihn in schwierigen Situationen begleitet und beraten hatte. Sie meinte, er hätte das geschafft, was viele Menschen versuchten, sich mit seiner Seele zu verbinden, sich von ihr führen zu lassen und aus ihr zu handeln. Sie hatte ihm sogar irgendein Buch zu diesem Thema besorgt, aber seltsamerweise konnte Jan ausgerechnet dieses Buch überhaupt nicht lesen. Obwohl er die Buchstaben und Worte sah, gingen sie irgendwie nicht in seinen Kopf. Er erwischte sich dabei, ein und denselben Satz immer wieder zu lesen und doch nicht zu verstehen, um was es geht, was gemeint war. Nach einer halben Seite wurde er sehr müde und schlief ein. Was Klara mit der „Seele" meinte, wusste er immer noch nicht. Er verstand nur, dass jeder Mensch so etwas haben musste. Wenn er es richtig verstand, müsste also auch Klara eine Seele haben – wenn sie meinte, das wäre es, was ihn begleitete. Da sich aber in seinem Leben jeden Tag so viel Neues ereignete, hob er sich dieses Thema für spätere Tage auf, damit er es einmal mit Klara noch genauer besprechen konnte.

Vom Baby wusste Jan, dass die Geburt nahte. Es hatte scheinbar noch irgendwelche Aufgaben bei Klara zu erledigen und dann konnte es losgehen.

Wie immer versuchte Jan auch diesen inneren Dialog zwischen ihm und dem Kind aufzumalen. Er versuchte die Welt, in der er sich in diesen wunderbaren Momenten bewegte, aufs Papier zu bringen. So wie damals, als er noch alleine gewesen war und nicht gewusst hatte, was seine Träume bedeuteten, wollte er jetzt Klara helfen, sich mittels der Konzentration auf seine Bilder in diese unbekannte Welt einzuklinken. Auf diese Art wollte er ihr die Hand reichen, damit sie ihm in diese Welt folgen, sie gemeinsam mit ihm erfahren konnte. Eigentlich war es doch die Welt des Kleinen – die Klara in sich selbst trug, und es war Jan ein Rätsel, wieso es ihr so schwer fiel, sich auf diese Energie, diese in ihr wohnende Welt zu besinnen. An ihrem Desinteresse konnte es wirklich nicht liegen. Jedes Mal, wenn er ihr seine Gefühle und Erfahrungen aus diesen Augenblicken schilderte, lauschte sie sehr aufmerksam. Fasziniert betrachtete sie dann seine Bilder – sie fand sie sehr schön, harmonisch, aber sie meinte, sonst nichts weiter in ihnen zu sehen, keinen bestimmten Kontakt zu irgendetwas Außergewöhnlichem zu bekommen. Sie hatte auch nicht den Drang, Jan dorthin zu folgen. Sie meinte zu wissen, dass nur auserwählten Menschen – zu denen scheinbar Jan gehörte – der Zugang zu höherem Wissen möglich sei und nur sie fähig seien mit der Seele zu kommunizieren. Damit konnte Jan schon überhaupt nichts anfangen. „Was ist ein Auserwählter?“, fragte er immer wieder. Als etwas Besonderes konnte er sich sicher nicht betrachten. Für ihn waren Klara und das noch ungeborene Kind etwas Besonderes. Für ihn waren die echten, selbst gepflanzten Blumen im Garten etwas Besonderes. Der Himmel, die Sonne, auch der Wind sowie all die anderen Menschen hinter der Mauer, die tagtäglich all die wunderbaren und für ihn noch immer unverständlichen Sachen machten – das alles war etwas Außergewöhnliches. Nein, er selbst war sicher nichts Besonderes, er war normal, immer der Gleiche, er war immer er.

***

Die Zeit vor der Geburt verbrachte Jan mit dem Umbau des früheren Elternschlafzimmers. Mit sicherer Hand, als hätte er jetzt schon die Bedürfnisse und den Geschmack des baldigen Sohnes gekannt, werkte er stundenlang an dessen zukünftigem Kinderzimmer. Bunt und lebendig bemalte er die Wände, Schränke und Regale. Meistens kam er mit Material aus, das sich bereits im Haus befand. Es waren nur Kleinigkeiten, die fehlten, die Klara bei ihrem nächsten Außenbesuch, der aber wahrscheinlich erst nach der Geburt stattfinden würde, holen sollte. Niemand vom Experimentteam wusste, dass sie ein Kind erwarteten. Viele Abende lang diskutierten sie gemeinsam dieses Thema. Sagen? Nichts sagen? Was ist richtig für das Experiment? Was ist das Optimale für sie? Was für das Kind? Sie konnten sich nicht einigen, keine Klarheit zu diesem Thema gewinnen, also warteten sie, bis ihnen eine Eingebung das Gefühl vermittelt, was das Richtige sein sollte. Jan versuchte sogar das Kind selbst zu befragen, aber er bekam keine Antwort und auch kein Gefühl. Als wäre es ihre eigene Entscheidung. Ganz einfach – eine Entscheidung. Wie machte man so etwas? Jan war hier überfordert. Er war gewohnt Sachen zu tun und zu begegnen, so wie sie auf ihn zukamen. Wenn er irgendwelche Entscheidungen auch traf, dann bekam er es gar nicht mit. Er tat einfach immer das, was ihm im jeweiligen Moment als das Beste erschien. Oft war es das Einzige, was ihm einfiel, also konnte man es nicht Entscheidung nennen. Jan war einfach nicht gewohnt, auf einer Kreuzung zu stehen und eine Wahl zu haben. Wie sollte er also wissen, was auf einmal aus mehreren Möglichkeiten das Beste ist?

Vor kurzem hatte er noch nicht einmal über das Experiment etwas gewusst, er war einfach er und das hier war einfach seine Welt und jetzt gab es scheinbar so viele Faktoren, die man plötzlich bedenken musste. Jetzt war es nicht mehr nur seine Welt, in der er das tat, was ihm einfach einfiel, sondern es war was Größeres, Besonderes – ein Experiment! Wie sollte er aber wissen, was das Beste für das Experiment war? Wie sollte er wissen, was das Beste für das Kind war? Und Klara? Und er? Und für alle zusammen? Klara meinte zu ihm, ein normales Kind bräuchte zu seiner harmonischen und gesunden Entwicklung dies und jenes. Menschen, Schule, Freunde, Sport, Musik, Kino und wer weiß, was noch. Jan meinte dazu, er wäre auch ein Kind gewesen und hätte alle diese unbekannten Sachen nicht gebraucht. Was sollte also ihr gemeinsames Kind benötigen? Er selbst war als Kind und jetzt auch mehr als zufrieden. Ihm fehlte nichts, er hatte mehr als er je gedacht hätte. Sein Leben schien erfüllt zu sein. War es nur ein Schein?

***

Eines Tages konnte es Klara mit sich selbst, ihren Ängsten und Zweifeln nicht mehr aushalten. Sie hatte das Gefühl, sie erstickt in sich selbst, wenn sie Jan nicht beichtet, wie sehr sie sich vor dem Gebären im Container, ohne ärztliche Versorgung – und das noch in ihrem Alter – fürchtet. Wie sollte sie sich entspannen können und das Wunder der Geburt genießen können, wenn sie immer mehr verängstigt war und in jeder Ecke des Containers nur mögliche Gefahren, aber keine Sicherheiten sah? Was hätte sie nicht alles getan, um ihre Großmutter, die in ihren Mädchenjahren die einzige Stütze in ihrem trostlosen Leben gewesen war, um einen Rat bitten zu können? Die Oma hatte immer einen Ratschlag gewusst. Oma konnte trösten, stundenlang an Klaras Bett sitzen und ihre kleine Hand halten.

Oma wusste immer, dass alles gut sein wird, egal was und wie es kommt und Klara vertraute Oma. Nie im Leben hatte sie jemandem mehr vertraut als diesem liebenswertesten und verständnisvollsten Menschen auf der ganzen großen Erde. Hätte die Oma jetzt im Container sein können, würde sich die Klara vor der Geburt nicht fürchten. Es wäre sicher alles gut. Oma wäre eine Garantie dafür, dass alles gut verlaufen würde. Sie hätte sicherlich das Kommando übernommen. Klara hätte nur die Augen schließen müssen, Omas Stimme lauschen, und das wäre auch schon alles, was Klara zu tun hätte – alles andere würde dann wie von alleine passieren. Nur, die Oma war, kurz bevor Klara die ersten Schritte in die Schule tat, gestorben. Es war sehr traurig, der Oma nicht erzählen zu können, was so alles über den ganzen Tag in der Schule geschehen war. So traurig, wie jetzt – wo sie die Oma nicht in ihre außerordentlichen, wundervollen und unglaublichen Erfahrungen einweihen konnte. Sie hätte stundenlang mit Oma im Wohnzimmer oder im Garten sitzen und ihr ununterbrochen erzählen und erzählen können. Die Oma wäre nie müde beim Zuhören gewesen. „Ah, liebe Oma, warum bist du so früh von mir gegangen?“

***

Klara öffnete ihre Augen – sie lag auf dem Sofa im Wohnzimmer. Eigentlich wollte sie nur für einen kurzen Moment ihre Beine hochlegen. Die Geburt nahte, den Bauch konnte sie kaum mehr tragen, sie musste sich jetzt immer wieder hinlegen, um den Rücken durchzustrecken, zu entlasten und das Blut aus den Beinen abfließen zu lassen. Jan hörte sie im Nebenzimmer noch immer fleißig werken. Er bastelte an irgendeiner Überraschung – sie durfte in den letzten Tagen das zukünftige Kinderzimmer nicht betreten. Was für eine Überraschung konnte das wohl sein? Das war jetzt aber nicht ihr wichtigstes Problem. Sie musste auf jeden Fall sofort mit Jan reden. So ging es nicht weiter. Nein! Warum sollte sie sich unnötig ängstigen und fürchten? Sollte sie nicht auf ihr Gefühl hören? Ist es in ihrem Alter nicht unverantwortlich, aus irgendeiner romantischen oder naiven oder experimentierfreudigen Vorstellung heraus zu handeln? Nicht auf das eigene Gefühl zu hören, sich selbst zu vergewaltigen und sich selbst und das Kind einer unnötigen Gefahr aussetzen? Container und Experiment hin oder her! Nicht einmal einen Kilometer von ihrem Bett entfernt, gleich hinter der Mauer, wartete eines der modernsten Krankenhäuser der Stadt. Sie brauchte nur hinauszugehen und sich dort untersuchen und versorgen zu lassen. Nein, sie war nicht eine von diesen Frauen, die unbedingt jede einzelne Sekunde der Geburt auskosten wollten. Sie war keine Heldin. Sie hatte schon einmal ein Kind verloren und das zweite Mal … nein, das würde sie nicht verkraften!

Klara stand auf und schweren, aber entschlossenen Schrittes ging sie zu der verschlossenen Zimmertür, hinter der seltsame Geräusche zu hören waren. Vorsichtig klopfte sie an. Die Geräusche hörten auf und ein strahlendes, voll in fleißiger Freude glühendes Gesicht erschien im kleinen Spalt zwischen der vorsichtig geöffneten Tür und Zarge. Jans schmunzelnde Augen musterten Klara vorsichtig, genau wie ein kleines Kind, das sich nicht sicher war, ob es sich verraten hatte und erwischt wurde. „Ich muss dringend mit dir reden. Kannst du so schnell wie möglich zu mir kommen?“, sagte Klara, drehte sich um und ging in die Küche. „Ahjej, die Küche …“, ging es Jan durch den Kopf. Das war kein gutes Zeichen. In der Küche wollte Klara immer nur ernste Gespräche führen. Dort konnte man sich nicht so bequem wie im Wohnzimmer hinsetzen und den Gedanken freien Lauf lassen. „Das wird wieder eng“, dachte er sich weiter und hatte kaum Lust, seine Zauberwelt, seine Spielburg, in der er sich gerade befand und mit seinem Sohn bereits in der Fantasie spielte, zu verlassen. „Mama ruft, also müssen wir gehen. Sie ist hier der Chef!“, sagte er zu seinem imaginären Sohn und lächelte über seine eigene Bemerkung. Er wusste nicht genau, was ein Chef war, aber Klara benutzte immer wieder gerne diese Redewendung und er fand es passend, sich dieser jetzt auch zu bedienen.

In der Küche leuchtete das hellste Licht, eine dampfende Teekanne stand mit zwei großen, leeren Tassen am Tisch. Eine blaue Tasse für Jan, eine gelbe für Klara. Noch ein Zeichen, dass es ein langes, ernstes Gespräch, besser gesagt, einen Monolog geben würde. Die spielerische Laune in Jan wollte trotz der ernsthaften Atmosphäre in der Küche, die Klara absichtlich zu ihrer eigenen Unterstützung gezaubert hatte, nicht aufhören. Er wusste, dass es ihr nicht gefiel, wenn er in so einer ernsten Situation, wo sie gerade irgendetwas, was ihr am Herzen lag, mitzuteilen versuchte, spielerisch aufgelegt war und scherzte. Das war wieder so ihre Eigenart, die er nicht verstand. Wieso muss bei den Menschen alles so streng sein? Wieso kann Klara scheinbar nur mit einem ernsten Gesicht und Strenge das ausdrücken, was ihr wichtig war, oder was sie bedrückte? Am Anfang ihrer Beziehung war er jedes Mal aufgrund ihrer bedrückten Ausstrahlung auf eine schwerwiegende Aussage, die gleich sein gesamtes Leben hätte ruinieren können, vorbereitet. Er dachte, ihr oder sein Leben wäre bald zu Ende, Klara würde wieder ausziehen, oder sie wüsste irgendetwas sehr Wichtiges, was er noch nicht erfassen konnte. Und es war letztendlich immer wieder das Gleiche – nichts Tragisches, nichts Erschütterndes, Lebensbedrohliches. Es ging um Klaras Gefühle und Gedanken. Eigentlich wollte sie nur gehört werden. Es dauerte eine Zeit lang, bis er begriff, dass sie von ihm gar keine Antwort, keine Aussage wollte. Interessanterweise war es Klara selbst nicht bewusst, dass sie von ihm nichts wollte. Sie zerrte an ihm, wollte irgendwelche

Antworten haben, aber keine von diesen konnte sie zufrieden stellen. Sie beschwerte sich – sie warf vor, sie tobte, weinte, verzweifelte. Nach und nach lernte er, nur dazusitzen und sie zu beobachten. Er fand sie jedes Mal faszinierend. Ihre innere Welt war für ihn das größte Rätsel und nachdem sie sich ausgesprochen hatte, fand sie erstaunlicherweise meistens selbst die gesuchte Antwort, eine Antwort, die ihr Jan in dieser Form hätte nie geben können. Er staunte oft, um welche einfachen Dinge es ging. Ihm selbst würde es nie einfallen, sich wegen so etwas den Kopf zu zerbrechen. Und noch erstaunlicher – dann war sie glücklich. Unglaublich, aber wahr. Sie bedankte sich sogar bei ihm, dass er ihr geholfen hätte, sich Klarheit zu verschaffen und die Antwort zu finden. Und dabei tat er die ganze Zeit nichts, er saß nur da, nippte an seinem heißen Tee und passte auf, dass er sich von ihrer Emotionalität nicht reinziehen lässt und nicht irrtümlich doch auf irgendeine Frage eingeht. Währenddessen wandelten sich in seinem Geiste die Worte, die sie die ganze Zeit sprach, in Farben um. Er hatte auf einmal eine neue Beschäftigung. Nicht dass er ihr nicht zuhören würde, oh nein! Er hörte nur in verschiedenen Schattierungen und Farbtönen zu, die entsprechend ihrem emotionalen Ausdruck miteinander tanzten, sich aneinander schmiegten, dann sich wieder voneinander entfernten, trotzten, sich nicht anschauen wollten, sich voreinander versteckten, oder miteinander zu verschmelzen versuchten. Wie gerne hätte er diese Bewegungen sofort mit dem Pinsel verewigt. Alles was er später probierte, war viel zu starr gegenüber dem, was er in der Küche mit seinem inneren Auge aus Klaras Mund kommen sah.

An der Schwelle zur Küche sprach er zu seinem Sohn: „Also, schauen wir mal, in welchen Farben die Mama heute spricht, was für ein Bild sie heute malt.“ Seine gute Laune wollte nicht aufhören. Er beobachtete sich selbst, wie er sich auf den Barhocker setzte und für

Klara eine ernste Miene zu schneiden versuchte. Er wusste, dass sein Sohn die ganze Zeit über mit dabei war – er fand es so noch lustiger, es war doch ein Spiel. Klara setzte sich auch auf einen Hocker, genau ihm gegenüber und er merkte sofort ihre roten Augen – sie hatte schon wieder geweint! Kein gutes Zeichen, es würde noch schwieriger als er dachte. Er trennte sich in seinen Gedanken vom Sohn, schloss die Tür zu seinem Spielplatz und konzentrierte sich voll auf Klara. Er mochte nicht, wenn sie gelitten hatte, egal, wie banal oder für ihn unverständlich auch der Grund für ihre Verzweiflung war.

Die Worte wollten aus Klaras Kehle nicht raus. Sie räusperte sich, hustete, um die Stimme zu klären und trotzdem kam aus ihren Lippen kaum ein verständliches Wort an Jans Ohren. Ihre Augen wirkten sehr verängstigt. Sie versuchte es mit Kraft und Entschlossenheit zu überspielen, aber Jan konnte sie nicht mehr täuschen. Er wollte aufstehen, sie umarmen, sie trösten, ihr zeigen, dass er doch für sie da war, ihr die Hand halten, sie streicheln, ihr sagen, dass alles gut sein würde. Dies alles war sein Bedürfnis und sein Herz tat dies auch innerlich. Bevor er überhaupt daran dachte, hielt ihn im Körper irgendetwas fest. Er konnte sich nicht vom Stuhl bewegen. Er sah sie nur an und wartete geduldig. Er wusste nicht wieso, aber er wusste, sie hasste ihn in diesem Moment. Sie wollte, verlangte, dass er endlich etwas sagte. Irgendetwas, das ihr endlich helfen sollte zu explodieren, aufzuspringen, damit sie endlich Kraft bekommt, um entweder zu schreien oder zu kratzen, zu beißen, um sich zu schlagen. Ein Ausbruch, der ihr ermöglicht, sich in ein wildes Tier zu verwandeln, nichts mehr von sich selbst wissend, für nichts mehr verantwortlich seiend, einfach nur den Instinkten und den Trieben folgend, ihnen freien Lauf gebend, um endlich alles rauslassen zu können, was in ihr gestaut war und mit Druck an die Oberfläche drang. Sie wollte einfach aus sich raus – jetzt sofort. Dieses Gefühl, in sich gefangen zu sein, sich nicht entfesseln, befreien zu können, war nicht zu ertragen.

Jan sah auf einmal das Bild von schreienden, blutenden, wütenden, sich verletzenden Farben vor sich. Ein Gemetzel aus rot, dunkelrot, feuerrot und noch mehr rot. Er gab auf. Unbewusst entschloss er sich ihr zu helfen. Sein Gesicht schaltete auf eine unschuldige Miene und seine Stimme fragte in einem sanften Ton: „Darf ich dir Tee einschenken?“ Mit diesem Satz war seine Arbeit getan, er hatte den Vulkanausbruch endlich gestartet. Die rote Wulst explodierte vor seinen Augen. In Lichtgeschwindigkeit schossen die rötlichen Töne in alle Richtungen und übersäten die gesamte Umgebung mit stacheligen, glühenden Funken, die alles, was ihnen in den Weg kam, zu verbrennen suchten. „Du! Du musst immer fragen! Warum kannst du mir nicht einfach einschenken? Du spielst hier immer den Höflichen, den Rücksichtsvollen ... Wie lächerlich! Wen interessiert schon eine Tasse Tee!? Wen interessiert schon, ob sie leer oder voll ist? Gibt es keine wichtigeren Dinge? Wenn du so ein Samariter bist, warum sperrst du dich stundenlang in dieses blöde Zimmer und warum siehst du nicht, warum fühlst du nicht, wie schlecht und wie schwer es mir geht?! Ha?!! Ja, ja. Dafür bist du zu blöd. Klar, du hier in deiner künstlichen Welt kannst auch keine Ahnung haben, was ein richtiger Mensch ist, was in ihm vorgeht, was ein wahres Leben ist! Du hockst schon seit einer Ewigkeit da und glaubst, das Ei erfunden, die Wahrheit gefressen zu haben. Du! Gerade du hast keine Ahnung, das sage ich dir! Du bist nichts und niemand! Du bist nur ein Experiment, nichts weiter. Was weißt du schon von Frauen? Was weißt du schon von Kindern? Was weißt du schon vom Gebären? Wie kannst du mich je verstehen, wissen, was in mir vorgeht, was ich brauche? Du! Du bist immer mit allem zufrieden. Ja, klar! Dir kann ja auch in deiner Welt nichts geschehen. Du hast keine Ahnung von Verantwortung, von Sorgen, vom Kampf ums Überleben. Du weißt nicht, wie es ist, einen Menschen zu verletzen, oder verletzt zu werden. Was will ich eigentlich von dir? Warum bin ich eigentlich da? Was willst du schon diesem Kind geben können? Du willst ein Vater sein? Ha, dass ich nicht lache! Was weißt du denn von der Ernsthaftigkeit des Lebens? Du glaubst nur, du bekommst einen weiteren Spielkameraden – das ist alles, was du glaubst! Ach, was … warum verschwende ich eigentlich meine Energie und meine Kraft, von der ich im Moment sowieso nicht genug habe, um dir irgendwas zu erklären? Du kannst es sowieso nicht verstehen. Geh nur in dein Spielzimmer … Geh! Geh und lass mich in Ruhe! Ich kann dein zufriedenes Gesicht nicht ertragen. Geh! Verschwinde!" Die Lautstärke der letzten Worte überstieg die Möglichkeiten Klaras Stimmbänder. Die schrille Tonlage und die Aggression ließ die mittlerweile kräftige Stimme wieder versagen. Die ganze Situation, wäre sie nicht so ernsthaft gewesen, wirkte sehr grotesk. Statt der letzten Worte kam eigentlich nur ein schrilles Quietschen aus dem dunkelroten Gesicht heraus. Die mittlerweile kaltblau gewordenen Feuerfunken am Rande des Bildes – die noch immer vor Jans Augen tanzten – verbrannten alles. Das Gemälde war leer und kalt, nur in der Mitte tropfte der tiefe Schmerz aus Klaras Herzen. Dunkelrote, schwere Bluttropfen liefen aus dem Bild direkt auf den Fußboden, während sie selbst, überzeugt in ihrem Recht, aus der Küche stürzte und sich im Schlafzimmer einsperrte.

Obwohl Jan schon einiges gewohnt war, dies überstieg wieder mal sein Fassungsvermögen. Hätte er nicht in den Farben gesehen und gedacht, hätte er überhaupt keine Ahnung, was gerade passiert war. Es war schon sehr heftig und er war sich nicht sicher, was für ein Bild er in diesem Moment von sich selbst und seinem Gemüt malen würde. Lieber wollte er gar nicht hinsehen. Er fürchtete, dass auch aus seinem Herzen das Blut auf den Boden tropfte und sich dort mit Klaras Blut in einer dunklen Lache vermischte. Irgendetwas tat ihm weh, aber was? Noch immer hatte er Verständnis für Klara, aber hatte er es auch für sich selbst?

Über was wollte sie eigentlich sprechen? Was war jetzt wirklich das Thema – was bedrückte sie? War er das etwa? War er der Grund von ihrem Leid, war es das, was sie sich ihm zu sagen bemühte? War er es, der ihr Herz zum Schmerzen, zum Bluten gebracht hatte? Gab es da vielleicht einen Teil von ihm selbst, den er nicht wahrnahm, der nur für Klara sichtbar war und der sie – ohne sein Wissen – attackierte? Wenn das so war, wie sollte er denn aber diesen Teil finden, wie sollte er dagegen etwas unternehmen, wenn er nichts von ihm wusste, wenn er es nicht spürte? Konnte es sein, dass Klara Recht hatte, dass er zu dumm für die menschliche Welt war? Dass er zu wenig ernst und verantwortungsbewusst war?

„ES"

Wir speichern Traumen, Kränkungen, Frust in uns, heben es in der Hoffnung auf, eines Tages eine Lösung, eine Antwort auf das „Warum?" zu finden, bis eine Zeit kommt, wo das „Fass" übervoll wird, kein einziges Tröpfchen mehr aufgenommen werden kann.

Wir sind müde, ausgelaugt, wollen nicht mehr. Das nächste Tröpfchen bringt das Gefäß zum Überlaufen, zum Explodieren – man kann es nicht mehr kontrollieren – man kann es nicht mehr ertragen, in sich tragen – es muss raus! Egal wo und wann.

Jetzt!

Jetzt in diesem Moment. Egal was passiert …

Man hat Angst, aber! „ES" zu kontrollieren – das geht nicht mehr.

S. 346

Unfähig, der Vater für das kommende Kind zu sein? Was sollte er aber damit tun? Wie sollte er sich verändern? Wie sollte er anders werden als er war? Er war doch immer er, wie sollte er jetzt jemand anderer werden – jemand, der für Klara und den Kleinen optimal wäre? Die gedankliche Blutlache unter seinem Stuhl wurde immer größer. Zuerst war das Rot noch hell, wurde jetzt aber immer dunkler, die Tröpfchen wurden immer schwerer. In sich gekehrt, wie nebenbei, wischte Jan im Geiste automatisch die Blutspuren auf dem Boden weg. Gedankenverloren hob er sich vom Stuhl und schritt langsam, schwermütig in seine Spielburg. An seine ungezähmte Freude und Begeisterung, die in ihm lebte, bevor er in die Küche gekommen war, konnte er sich nur mehr vage erinnern. Er hoffte jetzt nur, den Sohn im Kinderzimmer wieder zu treffen, der die Mutter sicherlich besser als er kannte, um sich mit ihm zu beraten. Der ganze Weg aus der Küche bis ins Kinderzimmer wurde mit seinem eigenen Schmerz, Zweifel und seiner Ratlosigkeit in Form einer schweren Energiespur, die er mit jedem Schritt hinterließ, markiert.

Der Kleine saß Gott sei Dank in der Ecke des Zimmers und wartete schon. Er musterte Jan neugierig und verständnisvoll mit seinen wissenden Augen. Jan schaute sich um. Das gesamte Zimmer war fast fertig und strahlte in hellen Farben. Er versuchte die Frische des Gartens und die Leichtigkeit, die ihn seine Blumen lehrten, in das Kinderzimmer zu übertragen. Das Kind in der Ecke folgte Jans Blick und nickte begeistert mit dem kleinen Köpfchen – als hätte er von dem Geschehen in der Küche nichts mitbekommen. Das Zimmer war einfach perfekt. Jan setzte sich mitten ins Zimmer – so wie früher – vor seine Bilder und weinte. Nach langer Zeit wusste er wieder einmal nicht, was zu tun war.

Im Nebenzimmer lag Klara auf dem gemeinsamen Bett und trotzte.

Jetzt war sie nicht traurig. Nein! Endlich hatte sie es ausgesprochen, endlich war es raus. Was jetzt auch geschehen würde, wie sehr sie Jan auch hassen würde nach diesem Auftritt, sie war erleichtert. Endlich war es raus aus ihr! Aber was jetzt? Jetzt war sie wieder alleine. Endlich hatte sie es geschafft, den letzten Menschen, den sie noch hatte, zu verletzen, aus ihrem Leben zu verbannen. Aber sie hatte doch Recht, oder?

Irgendetwas in ihr hatte beschlossen, sich die Oma herzutrotzen. Oma, die immer ihre Partei ergriffen, die sich immer auf ihre Seit gestellt hatte. Sie brauchte jetzt einfach einen Verbündeten. Sie wollte es hören, dass sie das Richtige getan hatte, dass sie Recht gehabt hatte. Klara wollte niemanden sonst sehen, oder hören. Wenn es einen Gott gab, wenn an dieser Gottesgeschichte etwas Wahres dran war, wenn er wirklich gütig, wenn er allwissend und allmächtig war, dann musste es doch möglich sein

Jetzt

Schmerz, Trauer, Wut, Aggression, Angst, alles Gestaute, Angesammelte, nicht Angesprochene, jede scheinbar noch so bedeutungslose, winzige Kränkung drängt jetzt an die Oberfläche, will endlich erkannt, befreit, ausgesprochen werden. Die Zeit der Verdrängung, der Selbst-Ignoranz scheint sich für einen Augenblick aufheben zu wollen. Egal, wo man gerade ist, was man gerade tut, das eine Tröpfchen zu viel bestimmt den Zeitpunkt.

Es ist Jetzt!

Und wenn nicht jetzt – wann dann? Wohin mit dem Ganzen? Ein neues Gefäß errichten? Noch mehr schlucken? Sich noch mehr zurücknehmen, würgen, festhalten? Wieso? Warum? Warten? Auf was? Bis wir uns selbst nicht mehr ertragen, nicht aushalten, nicht anschauen können …

S. 347

ihre Oma sofort, in welcher Form auch immer, zu ihr zu zaubern. „Sofort! Hörst du mich?! … Bitte …"

Obwohl sich Klara sicherheitshalber im Zimmer eingesperrt hatte, ging plötzlich die Tür auf und Jan trat ein. Aber er war doch der Letzte, den sie jetzt sehen wollte. „Die Oma, sagte ich! Habe ich mich nicht deutlich genug ausgedrückt?" Ganz ehrlich, sie hatte ein wenig Angst mit Gott in diesem Ton zu sprechen, schließlich war es ihr erstes Gespräch mit Gott überhaupt, aber diese Art war die einzige, in der sie im Augenblick fähig war zu kommunizieren – egal mit wem. Die Logik sagte ihr, wenn es ihn wirklich gab und er allwissend war, hatte es sowieso keinen Sinn, sich bei ihm einzuschleimen. Er würde dann schon wissen, dass sie wütend war. Und wenn er – wie man sich erzählt – gütig war, dann würde er schon Verständnis für sie haben. Es hatte doch keinen Sinn so zu tun, als ob sie bester Laune wäre und Lust hätte, irgendeinen Lobgesang zu singen. Nein, das würde keinen Sinn ergeben. Wenn es Gott wirklich gab, dann hatte er auch für ihren Zustand Verständnis und sie brauchte sich nicht zu verstellen. Aber! …, schickte Gott etwa Jan statt der Oma herein? Schließlich, kaum hatte sie nach der Oma gerufen, war Jan hereingekommen. „Was für ein Witz! Machst du dich lustig über mich, oder was? Siehst du nicht meinen Schmerz, meine Qual? Siehst du nicht, wie ich Jan beschimpft und verletzt habe? Ich habe keine Lust ihm jetzt in die Augen zu schauen, ich will mich jetzt nicht schämen. Was soll dieser arme Mann mit mir jetzt anfangen? Soll ich ihn etwa noch mehr verletzen? Siehst du nicht, dass ich jetzt eine Gefahr für die Allgemeinheit bin? Selbstmitleid – wiedergeboren in diesem Körper, der sich Klara nennt, gemischt mit Ärger und Wut? Schaffe ihn bitte hier weg, bevor ich noch mehr Leid anstelle, bitte! Die Oma ist – ob du es glaubst oder nicht – die einzige, die es schafft, das wilde Tier in mir zu zähmen und es zu verstehen, bitte!"

Jan blieb wie erstarrt vor dem gemeinsamen Bett stehen. Er wollte schon die Hand nach Klara ausstrecken, er wollte sie schon sanft an der Schulter berühren … Die Tränen in seinen Augen waren noch nicht trocken, aber er wollte doch nur … wusste aber auch nicht wie. Irgendeine Kraft ließ es nicht zu. Seine Hand nahm wieder traurig Platz in der Hosentasche, er drehte sich langsam um und ganz leise schlich er sich wieder aus dem Zimmer, die Tür ganz vorsichtig hinter sich schließend. Zwei Schritte hinter der Tür blieb er – über sich selbst verwundert – stehen, drehte sich um und schaute verwirrt auf die Tür. Warum ist er da jetzt eigentlich rausspaziert? Was war mit ihm los? Was half es, wenn sich auch er jetzt verkroch? Offensichtlich hatten sie miteinander irgendein Problem, es war doch nicht seine Art, vor solchen Problem Angst zu haben, sich zu verstecken, zu flüchten. Er hatte ja diese Kraft, diese Führung. „Ich gehe einfach wieder da

LOSLASSEN

Ahnt man das Gefahrgut, das man die ganze Zeit über in sich trägt? Fühlt man die Stärke der innewohnenden explosiven Ladung? Die tickende Bombe? DAS alles weilt in uns? Ist „ES" das, womit wir uns tagtäglich bemühen zurechtzukommen, was wir vor der ganzen Welt zu verbergen, die Welt, oder uns davor zu schützen versuchen?

Ist das der Sinn unseres Lebens, „ES" zu sammeln, zu stauen, zu wahren, zu wachen, zu kontrollieren?

All die Kraft und Energie, die wir für „ES" aufwenden …

Sind wir müde? Können, wollen wir nicht mehr? Haben wir genug? Ist uns alles egal? Ist dies der Moment, wo wir „ES" nicht mehr aushalten wollen, und/oder können …

S. 348

rein, ohne zu wissen was kommt, ohne etwas Bestimmtes zu wollen, setze mich trotz meiner eigenen Trauer neben sie, nehme einfach ihre Hand, wie schon so viele Male und …“ Jan wusste nicht was dann weiter geschieht „… es würde schon das Richtige geschehen!“

Die Tür öffnete sich und Klara sah, wie schon wieder Jan hereinkam. „Das kann doch nicht wahr sein! Werde ich hier verspottet oder was? Ich gebe auf, es ist mir sowieso egal. Ist ja nichts Neues in meinem Leben, dass mich niemand hört.“ Klara legte sich bequem auf den Rücken, rückte ihre Kissen zurecht, damit die Rückenschmerzen gemildert wurden, schob ihr Kinn provozierend nach vorn und sah Jan trotzig in die Augen. Erstaunt merkte sie, dass er auch geweint hatte. Das Kind in ihrem Bauch bewegte sich unruhig, als wollte es etwas sagen. Die Lippen von Klara begannen sich wie von selbst zu bewegen. Sie sprach ganz ruhig. Jan hielt die ganze Zeit, während sie sprach, ihre Hand, streichelte sie sanft und wiederholte immer wieder leise „Es wird alles gut, es wird alles gut …“ und war sich nicht sicher, ob er es zu Klara oder sogar zu sich selbst sagte. Es war fast so, als hätte jemand anders in ihm gesprochen.

Im Raum wurde alles ruhig. Eine mollige Wärme breitete sich aus und hüllte das gesamte Bett, das gesamte Zimmer in einen Duft von warmem Kakao. Das Licht einer lodernden Flamme aus Omas Kamin machte eine vertraute, beruhigende Atmosphäre. Und Klara erzählte und erzählte all ihre Sorgen. Ihre Augen waren geschlossen, die Oma hielt liebevoll und geduldig ihre Hand und wiederholte immer wieder: „Du hast Recht meine Liebe, es ist nicht einfach, ein Mensch zu sein, aber du schaffst es schon. Ihr schafft es! Alles wird gut. Du wirst sehen, alles wird gut …“

Jan saß neben Klara am Bett und während er ihre Hand streichelte, beruhigte er sich langsam, gewann sein Vertrauen wieder. Eine friedliche Wärme schien sich um ihn herum und im Haus auszubreiten. So, als hätte jemand einen Kamin im Raum erschaffen, angezündet und einen duftenden Kakao gekocht. Erschöpft ließ er sich von der molligen Wärme in einen wachsamen Schlaf wiegen. Noch immer bei Klara, ihre Hand haltend, begann er seltsame Bilder zu sehen. Zum ersten Mal im Leben sah er Schneeflocken, über die ihm Klara so viel vorgeschwärmt hatte. Sie tanzten freudig durch das Zimmer, sie schmolzen vor dem Kamin und im Dampf des heißen Kakaos, der auf einmal auf dem Nachttisch stand. Diese wundervollen, glitzernden, weißen Dinge schienen erleichternden, kühlenden Hauch von strahlender Klarheit und Einfachheit mit sich gebracht zu haben. Auf einmal gab es nichts, was kompliziert oder unlösbar gewesen wäre. Und während die Flocken so angstfrei, fröhlich vor sich hinschmolzen, sangen sie ein freudiges Liedchen, das Jans und Klaras Herz mit quirliger Leichtigkeit erfüllte. Eine angenehme Kühle schien die Hitze in Klaras Kopf und in ihrer Brust, im ganzen Körper sowie die Spuren der Explosion und die Verbrennungen bei beiden zu lindern und zu heilen. Der kleine Sohnemann saß zufrieden zwischen ihnen beiden, spielte und summte das Schneeflöckchenlied mit. Auf dem Kopf hatte er eine dicke Mütze, einen Schal um den Hals und winzige Handschuhe an seinen kleinen Händchen. Schelmisch sah er den Vater an und fragte: „Na, was sagst du zu diesem wundervollen Zauber? Gefällt es dir? Komm, lass uns spielen, lass uns Spaß und Freude haben. Es wird alles gut, du wirst es noch sehen.“ Anscheinend ging das ganze märchenhafte Szenario auf das kreative Konto des Kleinen, sogar die Melodie, die aus allen Ecken des Raumes klang, schien seine Komposition zu sein. Wozu nur die dicke Mütze, die Handschuhe und der Schal? Plötzlich traf Jan ein kleiner Schneeball, mitten auf seine Nase. Es fühlte sich kalt an. Der kleine Zwerg lächelte herzlich und zauberte gleich warme Handschuhe auch an Jans Hände. Alles war gut. Das Schneeballspiel begann. Jan atmete leicht, sein Herz war mit Freude gefüllt und wieder frei.

Auf einmal erwachte Jan aus der lustigen Schneeballschlacht und merkte, dass Klara noch immer seine Hand hielt und aus dem Schlaf noch etwas erzählte, weil sich ihre Lippen sanft bewegten. Die seltsame Stimmung im Raum schien Jan angenehm betäubt zu haben. Er fühlte sich wie in eine Wattewolke gebettet. Im Rhythmus des Flockenliedes wurde er noch immer geschaukelt und gewogen. Er versuchte etwas zu sagen, aber eine Hand legte ihm einen Finger auf den Mund, strich ihm vorsichtig über die Augen und er schlief fest ein.

Und Klara? Klara sprach noch lange in ihrem Traum mit ihrer geliebten Oma. Wie immer wirkte Omas Kakao und ihre Wärme sehr beruhigend. Sie konnte endlich in einen erholsamen, sorglosen Schlaf fallen. Es drohte keine Gefahr. Sie wusste, Oma würde die ganze Zeit über bei ihr wachen. Eine große Dankbarkeit für Oma und den lieben Gott, den es doch gab und der ihre trotzige Art nicht persönlich nahm, überflutete sie. Wie ein kleines, unschuldiges Mädchen schlummerte sie mehr als zehn Stunden vor sich hin, bis sie völlig regeneriert, wie neu geboren erwachte. Sie spürte wieder das Leben und die Energie in sich strömen, endlich war sie wieder angekommen. Eine stille Freude wärmte das Herz und dèn gesamten Körper, sowie das Gemüt auf. Sie wusste, es würde alles gut werden, besser gesagt –

es war alles gut!

Befreiung

Klara wachte aus ihrem Traum mit der Oma auf und wusste plötzlich, was sie zu tun hatte. Sie fühlte sich sehr erholt und voller Elan. Die Möglichkeit, mit der Oma – wenn auch nur im Traum – zu kommunizieren, schien ihr neue Kraft zu geben. Noch im Bett liegend hörte sie Jan wieder im Kinderzimmer werken. Sie stand auf, machte das Bett, zog sich an. Im Augenblick, als sie an die Kinderzimmertür anklopfte, sie öffnete und Jan in die Küche bat, wusste sie nicht ganz genau, ob sie diese Szene nicht schon einmal erlebt hatte. Ein Déjà-vu? Ja, sie musste etwas dringend mit ihm besprechen.

Entschlossenen Schrittes ging sie in die Küche, machte einen Früchtetee für beide, schaltete das direkte Licht an, um sich bei der Diskussion gut sehen und konzentrieren zu können. Es sollte nicht gemütlich, sondern praktisch sein.

Gerade als sie die dampfende Teekanne auf den Tisch stellte, kam Jan herein. Er lächelte. Die Szene kannte er schon. Er war neugierig, was diesmal kommen würde. Er hatte sich noch nicht richtig von dem gestrigen Ereignis erholt. Er hatte nur sehr wenig geschlafen. Das Kind schien ihn mitten in der Schneeballschlacht geweckt zu haben, es wollte sein Zimmer so schnell wie möglich fertig haben. Die Zeit der Geburt nahte. Jan freute sich sehr, mit dem Kind wieder alleine im Zimmer zu sein und sich während des Bastelns erneut in seiner eigenen Welt zu verlieren. In dieser fand er auch Erholung von dem gestrigen Durcheinander, dort konnte er seine Gedanken ordnen und das Geschehene mit Abstand betrachten. Wie automatisch räumte er seine geistigen Bilder auf, ohne es wirklich bewusst wahrzunehmen, oder diesem eine Bedeutung zu geben. Kaum merkte er, dass er gedanklich sogar die Blutlache in der Küche und alle anderen rötlichen Spuren der Explosion, die er in seiner Fantasie sah, weggewaschen hatte. Ohne es zu wissen, tat er so was wie eine geistige Heilarbeit. Eigentlich versuchte er in seinem Inneren nur ein neues, erholsames Bild zu malen. Er versuchte, sich vor seinen Augen eine Umwandlung, eine Transformation des Ausbruchs und der Verletzungen vorzustellen. Genau so, wie es ihm seine Mutter beigebracht hatte, wenn er verletzt worden war, begann er seine eigenen und Klaras Wunden im Herzen zu umsorgen und zu verbinden. In seinem Inneren sah er, wie ein weißer Verband in einem schönen Muster um die Wunde in seinem Herzen gewickelt wurde, bis diese sich endlich verschloss und zu bluten aufhörte. Eine große Erleichterung stellte sich ein. Der Schmerz, den er gestern durch Klaras Vorwürfe gespürt hatte, schien verflogen zu sein. Nur ein leichtes Jucken in der Brust erinnerte noch an die Wunde. Die Müdigkeit und Mattheit löste sich langsam und er spürte, wie er immer mehr wieder zu seiner Vitalität und Kraft kam. Er war erstaunt über die Wirkung seiner inneren Bilder. Er stellte sich doch nur vor, wie er das gestrige, blutende Bild verändert, oder besser gesagt ein neues, geheiltes Bild malt – und schon fühlte er sich besser. Ein Wunder!? Vielleicht sollte er diese Bilder wirklich aufmalen beide, das Verletzte und dann das Versorgte/Heilende, und sie dann nebeneinander aufstellen. So konnte er die mögliche Veränderung und damit auch die Entwicklung ausdrücken und beobachten.

Eigentlich war ursprünglich seine Absicht, sich nur ein zukünftiges Bild vorzustellen, und kaum tat er es – nur in seinem Geiste und nur einen Augenblick lang – schon schien eine Heilung oder zumindest eine Erleichterung in ihm zu geschehen. Er musste unbedingt noch mehr damit experimentieren und sehen, was man alles auf diesem Wege bewirken konnte. Wieso sollte es nicht möglich sein, auch Klara so zu helfen? Er hatte ja damals auch nur seine Träume aufgemalt, die dann plötzlich Klara in Fleisch und Blut, nicht nur im Gedanken, zu ihm, in seine Welt brachten. Es musste also möglich sein!

Mit diesen Gedanken setzte sich Jan, genauso wie gestern, auf den Barhocker in der Küche – Klara gegenüber – und war für eine neue Lektion im Staunen und Wundern bereit.

***

Klara wunderte sich selbst über ihre Verwandlung und über die seltsame Leichtigkeit, die sie in ihrem Herzen spürte. Als wäre das Ganze gestern nur ein böser Traum gewesen. Ihr Herz schien voll mit Liebe Jan regelrecht zu umarmen. Plötzlich fühlte sie sich auf eine übergeordnete Weise wieder zu ihm hingezogen. Irgendetwas war da, das sie mit ihren Sinnen nicht erfassen konnte, das sie mit ihrem Verstand nicht verstehen konnte. Eine Verbindung einer anderen Art, die, wie sie sich auch bemühte, nicht zu durchschauen war. Sie lächelte Jan ein wenig schüchtern an. Sie war sich nicht sicher, wie er aufgrund des gestrigen Zirkus auf sie reagieren würde. Sie hätte es verstehen können, wenn er es ihr jetzt übel genommen hätte. Diesmal erinnerte sie sich ganz genau an jedes einzelne Wort, das sie zu ihm gesagt hatte. Es war ihr peinlich. Selbstverständlich hatte sie das Ganze gar nicht so gemeint – irgendwie ist es ausgeartet – aber rückgängig konnte sie es nicht mehr machen, es war geschehen.

Ein wenig unsicher versuchte sich Klara bei Jan wegen gestern zu entschuldigen – es war nicht gerade ihre Stärke, eigene „Schuld“ laut zuzugeben. Sie kam sich sehr tollpatschig vor und konnte kaum Worte finden, um das auszudrücken, was in ihr vorging. Es war passiert, sie konnte es nicht mehr ungeschehen machen. Sie selbst war sich gar nicht sicher, ob sie an ihr Schuldigsein wirklich glaubte – sie wusste doch selbst nicht, warum sie so explodierte. Sie wusste aber, dass sie ihn tief verletzt hatte, und das tat ihr unendlich leid. Das wollte sie sicherlich nicht, das war nicht ihre Art – oder doch? Sie wusste aus eigener Erfahrung, wie sich so eine Verletzung anfühlt, und deswegen wusste sie auch, dass da eine einfache Entschuldigung nicht viel bringt. Wie viele Male haben verletzende Worte von anderen trotz einer späteren Entschuldigung in ihr weitergelebt und in den unerwartetsten Momenten geschmerzt, sie geschwächt. Wie viele Male kamen sie wieder hoch und ließen sie erneut verzweifeln. Ein Wurm, der sich durch fremde, vielleicht auch gar nicht so gemeinte, nur im Affekt ausgesprochene Worte, eingenistet hatte und verursachte, dass sie sich immer wieder fragen musste, ob derjenige trotz seiner kurzfristigen „Sinneslosigkeit" nicht doch ein wenig Recht hatte. Diese Unklarheit und Unsicherheit war es, die dann in ihr weiterlebte und sie zu zerfressen versuchte. Also, welche entschuldigende Worte, oder was für eine Tat wäre es, die jetzt ihren Wutanfall von gestern hätte ungeschehen machen können?

Klara stand auf, zittrig ging sie um den erhöhten Bartisch zu Jan und umarmte ihn. Sie versuchte es mit ihrem ganzen Herzen zu tun, sie versuchte es zu fühlen, bei der Umarmung mit ihrem ganzen Wesen dabei zu sein. Die innige Umarmung und das zärtliche Streicheln über seinen Kopf sollten ihm vermitteln, dass er von ihr geliebt wurde, so wie er war, ohne Wenn und Aber – Worte fand sie dafür keine. Was sie nicht wusste war, dass in Jan die ganze Zeit schon ein neues geistiges Bild am Entstehen war. Er sah eine wunderschöne Blume in Klaras Herzen wachsen. Zögerlich, schüchtern und doch fest entschlossen wollte sie blühen, sich entfalten. Ein Blütenblättchen nach dem anderen traute sich, sich zu öffnen und auch seine Innenseite der Welt zu zeigen. Aus einer verletzlichen, schüchternen Knospe wurde eine Blüte. Mit jedem Schritt nach vorne – raus aus der inneren Isolation in die Welt – schien sie eine leichte Strömung auszusenden, die Jans Herz berührte. Noch verängstigt und unsicher klopfte sie an seine Tür, die bereits weit offen stand. Sonderbar, jetzt sah Jan auch seine eigene Blume, die einfacher gestrickt war, nicht mit so vielen Schichten wie Klaras, dafür war seine aber sehr kräftig, wobei ihre schien noch fast durchsichtig, transparent zu sein, als würde sie sich noch nicht trauen, ihre ganze Schönheit und Kraft zu zeigen, preiszugeben, sogar so, als würde sie selbst von dieser nichts wissen. Scheinbar bewahrte sie ihre Kraft und Energie noch in ihrem Inneren, für den richtigen Augenblick.

Ein Blütenblatt nach dem anderen war es, das Jan die Form und die Vielschichtigkeit, aber auch die Sensibilität und Verletzlichkeit von Klaras Herz erahnen ließ und er nahm erleichtert und dankbar Klaras Liebe wahr. Im Geiste sprach er vorsichtig mit ihrer zarten, gerade sich selbst neu gebärenden Blume. Er sprach ihr Mut zu, bot seine helfende, unterstützende Hand an und sah zu, wie die Knospe immer mehr und kräftigere Farbe bekam, immer sichtbarer und greifbarer wurde. Strömungen der Dankbarkeit flossen zu Jan, bis in seinem geistigen Bild ein bunter Fluss strahlender Farben zwischen ihm und Klara entstand.

***

Jans Kraft wuchs. Wieder einmal, aber auf einer neuen Ebene, auf eine neue Art verstand er, dass Klara ihn mochte und dass der ganze Zorn und die Wut mit ihm selbst eigentlich nichts zu tun hatten. Erstaunlich, aber plötzlich übernahm Klaras Blume die Initiative, als wollte sie selbst Jan etwas sagen. Unheimlich aber wahr, sein scheinbar von ihm ausgedachtes, fantasiertes Bild begann sich zu verselbstständigen und mit ihm – ohne sein Zutun – zu kommunizieren. Klaras Blume verschob sich, wie ein Schauspieler, ein wenig aus der Mitte des Bildes, verschloss wieder ihre Blütenblätter und wurde erneut zu einer Knospe. Einer gefesselten Knospe. Ein festes Seil war um sie geschlungen, wurde immer enger, ließ sie kaum mehr atmen. Sie wurde ganz blass, die Lebensenergie schien aus ihr zu schwinden. Sie zitterte in sich, bewegte sich verzweifelt hin und her, als würde sie versuchen, diese Fesseln los zu werden – es kostete sie ihre gesamte Kraft. Sie wurde immer transparenter, die äußeren Blätter begannen zu trocknen und fielen ab. An Stelle der Blütenblätter gähnte eine Leere, aus der die ersten Blutstropfen zu fließen begannen und dann bildete sich eine eitrige Wunde, mit einer dicken, vernarbten Kruste. Ein trauriges Bild, das da vor Jans Augen entstand. Sehr traurig, alleine deswegen, weil Jan, außer zuschauen nichts unternehmen konnte, da das Bild jetzt von alleine lebte. Einen kurzen Moment dauerte es noch – die Knospe schien ihre letzte Kraft, die sie irgendwo tief drinnen versteckte, für Notfälle aufbewahrte, zu mobilisieren. Sie blähte sich auf, wurde purpurrot vor lauter Anstrengung, bis sie endlich explodierte. Die angestaute Wut in ihr, der Ärger über diesen hilflosen, ohnmächtigen und ausweglosen Zustand ermöglichte ihr, auf diese unschöne und scheinbar gefährliche Weise die Fesseln zu sprengen und sie, wenn auch mit aggressiver Kraft, los zu werden. Endlich! Einige Blättchen wurden dabei verletzt, die gesamte Blume war jetzt jedoch offen – von innen nach außen gekehrt, aber noch sehr matt, ausgelaugt und ausgepowert. Kein schönes Bild. Der Wutausbruch hatte ihr geholfen, sich zu befreien, aber was jetzt? Mit Mühe fiel sie wieder in sich zusammen, mit letzter Kraft sammelte sie schwer angeschlagen alle ihre Schichten, um das Innere zu schützen, mit einem Blatt nach dem anderen begann sie sich zu verschließen. Jetzt sah es so aus, als würde die Knospe erschöpft in einen Tiefschlaf fallen. Jan war entsetzt. Er rieb an seinen Augen, er wollte diese

Bilder nicht mehr sehen, aber sie wollten nicht verschwinden. Nach einem kurzen Schreck öffnete die Knospe aber wieder ihre Augen, zwinkerte Jan schelmisch zu, rückte wieder in die Mitte der Bühne, beugte sich dankend vor und wurde wieder zu der kräftigeren, sich langsam öffnenden, zärtlichen Blume von vorhin. Puuhh … atmeten Jan und Klaras Blume gleichzeitig erleichtert und zufrieden, wie nach langer, schwerer Arbeit, aus.

Jan, noch immer in Klaras wohltuender Umarmung gefangen, ein wenig erschrocken und ein wenig glücklich, verstand jetzt dank der Blume, dass Klaras Aggression von gestern und auch einige andere Male eigentlich verzweifelte Befreiungs- und Entfesselungsversuche waren. Sie hatte nur die ganze Zeit auf einen endgültigen Auslöser von außen gewartet, damit sie sich auf diese, im Inneren aufbewahrte Kraft ausrichten konnte und diese, ohne einen einzigen, winzigen Tropfen davon zu verschwenden, durch einen engen Kanal auf die Oberfläche zu einer Explosion fließen lassen konnte. Und dieser Auslöser war eben Jan oder besser gesagt seine Worte gewesen. Weil kein anderer da gewesen war, war er mit seiner Liebe die Plattform, die Bühne, auf der sich Klara in Sicherheit bewegen und austoben, ihre Fesseln loswerden konnte. Ihre Blume – ihr Herz vertraute darauf, dass er es verstehen und verkraften würde.

„Viele Menschen, so auch Klara, erschrecken in solchen Momenten über sich selbst und die Wucht der Kraft und der scheinbaren Gewalt, die offensichtlich zerstörerisch wirkt. Sie neigen dazu, es ein anderes Mal zu unterdrücken – sie ahnen, dass viel mehr davon in ihnen gespeichert ist. Sie glauben, das war erst die Spitze von einem Eisberg, der gerade zu schmelzen begann. Sie befürchten, dass es nächstes Mal noch explosiver sein und noch mehr Schaden und Verletzungen anrichten könnte. Dabei ist es gerade diese geballte

Kraft, die aufgestaut und benötigt wird, um wirklich zu zerstören – sie zerstört eigene Fesseln, die man sich aus irgendeinem Grund unbewusst angelegt hat, sie sprengt die Enge, in die man sich selbst einmal unbewusst, aus welchem Grund auch immer, flüchtete. In diesem Sinne ist diese Energie wirklich zerstörerisch und es mag sein, dass sie im ersten Augenblick dem Menschen den Boden unter den Füßen entreißt. Das ist aber „nur" die ungewohnte, plötzliche Weite und Freiheit, die eine gewisse Unsicherheit hervorruft, da man gelernt hat, lange Zeit in seiner Fesselung, in seiner Enge durch das Leben zu balancieren und dies oft als den „normalen", gegebenen oder sogar notwendigen Zustand zu betrachten."

Überrascht von sich selbst sprach Jan diese Worte zu Klara, während sie in stiller Aufmerksamkeit neben ihm stand. Die Umarmung hatte sie schon längst gelöst, nur aus Angst davor, sie könnte den unerwarteten Fluss seiner Worte unterbrechen, traute sie sich nicht, zu ihrem Platz zu gehen und sich zu setzen. Endlich hörte Jan auf zu reden und öffnete seine Augen, die über die ganze Zeit halb geschlossen waren. Jetzt strahlte er sie mit tiefem Verständnis für sie und ihr Toben von gestern an. Er selbst verstand kaum, wie er zu diesen „klugen" Worten gekommen war. Was wusste er denn schon von Menschen!? Eigentlich hörte er sich die ganze Zeit über selbst zu, während er diese Worte sprach und gewann dadurch selbst einen tiefen Einblick in die Problematik der menschlichen Hilflosigkeit und Aggression; die Worte schienen sich einfach selbst gesprochen zu haben.

***

Klara sah wieder einmal einen neuen Jan vor sich. Sie wusste nicht, ob sie Angst bekommen sollte – es war doch irgendwie unheimlich – aber ihr war nicht danach, sich zu ängstigen, also stand sie nur da und hörte zu. Obwohl sie Psychotherapeutin war und viele Male Aggression von außen bei anderen Menschen begegnete – von diesem Standpunkt aus hatte sie es noch nie betrachtet. „Aggression als Entfesselungs- und Befreiungskraft? Interessant ...", dachte sie sich. Sie musste zugeben, sie fühlte sich schon den ganzen Tag sehr leicht und befreit, also konnte wirklich etwas Wahres dran sein. Aber dass dieser Erklärungsversuch gerade aus Jans Mund kam, der eigentlich keine Ahnung über die Innenwelten der „normalen" Menschen hatte, das war wirklich etwas Neues.

Sie setzte sich wieder auf ihren Stuhl und sah Jan neugierig an. Der lächelte kurz mit einem unschuldigen Lächeln, das eigentlich sagte: „Entschuldige, ich weiß auch nicht, von wo es gekommen ist. Es war einfach auf einmal da ...", zuckte kurz mit den Schultern, hob die Teetasse zu seinem Mund und trank das schon längst kalt gewordene Getränk, als wäre gerade nicht etwas Besonderes passiert.

Die Aussprache, die Klara eigentlich halten wollte und weswegen sie Jan in die Küche gebeten hatte, war jetzt nur mehr eine Formalität. Es ging alles sehr locker. Während sie sprach, wunderte sie sich über sich selbst. Warum konnte sie diesmal alles so frei aussprechen, ohne Angst vor Jans Ablehnung zu haben? Ursprünglich hatte sie Angst, dass sie dieses Gespräch nicht ohne versteckte, unterschwellige Vorwürfe und Schuldgefühle schaffen würde, die sich in ihrer Stimme und ihrer ganzen Körpersprache spiegeln würden. Sie hatte gedacht, sie würde viel Energie aufwenden müssen, um sich zu kontrollieren, damit ihr Inneres nicht wieder die Überhand bekäme und wieder damit beginnen würde, Jan, wenn auch versteckt, zu attackieren. Stattdessen schien es gerade ihr Inneres zu sein, das diesmal mit Leichtigkeit die richtigen Worte fand, und sie konnte erleichtert endlich das ausdrücken, was ihr schon viele Wochen auf dem Herzen lag. Ein Wunder, eine Wende, eine Befreiung war unerwartet in Klaras Welt geschehen.

„Weißt du Jan, es geht diesmal nur um mich und meine Ängste. Es geht um die Schwangerschaft und um die sich nähernde Geburt. Es geht um meinen eigenen Körper, mein Alter, meinen Mut und meine Schwäche. Obwohl ich schon einige Zeit mit dir aus freien Stücken im Container lebe und mich freiwillig entschied, nicht nur ein Betreuer oder Beobachter des Experiments, sondern ein Teil davon zu sein, bin ich trotz allem anders gestrickt als du. Für mich ist dies alles nicht selbstverständlich. Ich bin eine moderne Frau, die an den menschlichen Fortschritt, an die Wissenschaft und die immer weiter fortschreitende Entwicklung glaubt und ich bin ein Mensch, eine Frau, die regelmäßig die Dienste von anderen Menschen mit Freude in Anspruch genommen hat. Ich war froh, immer wieder zur Maniküre, zum Friseur und zur jährlichen Untersuchung zum Arzt gehen zu können. So hatte ich das Gefühl, mir etwas Gutes zu tun, mich um mich selbst zu kümmern, um mich zu sorgen, mich zu pflegen. Ich vertraute allen diesen Menschen, von denen ich immer wieder ein mir wichtiges Feedback über meinen Zustand bekam. Und jetzt, wo eine weitere wichtige Wende in meinem Leben naht, die unmittelbar mit meinem Körper zu tun hat, ein Zustand, dessentwegen ich voller Ängste bin, scheint es mir über meine Kräfte, über meinen Mut zu gehen, das Kind hier, ohne jegliche Betreuung, zur Welt zu bringen. Ich wollte mich dieser Erfahrung gegenüber nicht gleich ablehnend verhalten, ehrlich – ich bemühe mich wirklich. Ich arbeite jeden Tag an mir selbst und mit meinen Ängsten. Ich versuche mir zu sagen, dass auch in meiner Welt es immer wieder Frauen gibt, die ihre Kinder zu Hause, ohne fremde Hilfe zur Welt bringen. Ja, es ist auch draußen nicht eine so große Seltenheit, und es ist keine spezifische Angelegenheit des Containers. Aber es ist so, dass ich nie so eine Frau war und auch nie sein wollte. Ich fand es verrückt und riskant, in der heutigen Zeit ein Kind zu Hause gebären zu wollen, wo die moderne Medizin mit ihren Krankenhäusern volle fachliche Betreuung bietet. Ich wollte mir und dem Kind auf jeden Fall die bestmögliche Unterstützung, Behandlung und Sicherheit gönnen, um alle möglichen Komplikationen zu vermeiden. Ich weiß, du lehrst mich das Vertrauen auf eine höhere Kraft und ich spüre sie jetzt immer öfter in mir, aber dann kommen in mir wieder diese Zweifel und Ängste hoch. Ich kenne mich auf einmal nicht mehr aus, weiß nicht mehr, was richtig und wichtig ist. Dieser Zwiespalt in mir raubt mir meine Kräfte, was sich sicherlich irgendwie auch auf das Kind auswirken muss – und das will ich nicht. Manchmal habe ich sogar das Gefühl, dass ich dich attackiere, dich angehe, beschuldige, nur damit zwischen uns etwas platzt, damit du wütend auf mich wirst, damit du mich hier nicht mehr sehen willst, damit du mich rauswirfst, damit ich gehen kann. Dann muss ich nichts entscheiden, dann muss ich mich mit diesem gedanklichen Hin und Her nicht plagen. Ich fühle mich schuldig an diesen unbewussten oder vielleicht sogar bewussten Provokationen; ich kann nicht mal sagen, ob ich es absichtlich tue – das bin doch nicht wirklich ich, der solche Dinge tut, denke und hoffe ich irgendwo. Es scheint nur meine große Verzweiflung und die schwierige Lage, in der ich mich befinde und in die ich mich ja auch selbst gebracht habe, aufzuzeigen. Was ich mit dem Ganzen sagen will ist, dass ich es nicht mehr aushalten kann – ich habe große Angst, mit der ich nicht umgehen kann, und das macht die ganze Sache nur noch schlimmer. Der Punkt ist, ich will raus aus diesem Container, ich will mich von den Ärzten untersuchen lassen, ich will Gewissheit und Sicherheit haben. Ich will mich spüren und wieder atmen können, ich will mich in fachliche Hände begeben, die tagtäglich damit zu tun haben. Ich will mich aufgehoben fühlen und ich will loslassen können. Ich will die übermäßige Verantwortung, die auf mir lastet – nicht nur für mein Leben, sondern auch für das Leben des Kindes – den Profis überlassen. Ich bin nicht für diese „do-it-yourself“ Welt geschaffen. Ich brauche Hilfe und Unterstützung nach meinem Bedarf und meiner Vorstellung, sonst werde ich wirklich verrückt. Ich weiß, es sind zu viele „Ichs“ und ich weiß nicht, ob du das verstehen kannst, aber bitte glaube mir, es hat nicht im Geringsten mit dir zu tun. Es geht diesmal nur um mich. Es fällt mir sehr schwer, so für mich zu sprechen. Irgendein Teil von mir hätte wahrscheinlich den Rausschmiss und den Entzug deiner Liebe in Kauf genommen, bevor er sich so schwach, verletzlich, ratlos und hilfsbedürftig zeigt, bevor er fünfzig Mal hintereinander „ich“ sagt, aber ich bin jetzt stolz auf mich und erleichtert, dass ich es dir endlich gesagt habe.“

Klara sprach diese Worte wie in einem Atemzug. Als hätte sie Angst, dass ihr die Puste ausgeht und sie dann nicht mehr weiterreden könnte. Es war ein ungeheuer schneller Wortschwall, der da auf Jan prallte. Er hörte sowieso nur jedes dritte Wort, obwohl er mit Verständnis und voller Konzentration die ganze Zeit über zuhörte. Nur, er sah vor seinen Augen nicht Klara, sondern die Blume in ihrem Herzen sprechen. Mit jedem Wort wurde sie kräftiger und mutiger. Zum Schluss zwinkerte sie Jan zu, beugte sich vor in einer eleganten Geste und zeigte stolz ihre pralle Blüte. Sie bedankte sich bei Jan, dass er ihr geholfen hatte, sich zu entfalten, zu erstrahlen und den alten Staub, der die Blütenblätter verklebte und ihnen das Einatmen der frischen, lebendigen Energie erschwerte, abzuschütteln. Er verstand auch, dass das Aussprechen der Worte selbst wichtiger war, als dass er ihnen zuhörte. Es war für Klara wichtig, dass sie es schaffte, ihre Sorgen und ihre Ängste auszusprechen, sie preiszugeben, sie nicht zu unterdrücken, oder irgendwo in der Tiefe zu vergraben.

Die Blume war so nicht gezwungen, im Inneren geschlossen zu bleiben und vor der ganzen Welt die angestaute Ladung zu verstecken, zu bewachen. Sie konnte sich öffnen und loslassen. Die Blume war glücklich dankbar und Klaras Herz erstrahlte jetzt in neuer, längst vergessener Frische und Kraft.

Jan wurde klar, dass Klara jetzt das tun musste, was sie tun musste. Er fühlte sich so stark wie noch nie. Wieso sollte er die Person, die er so liebte, nicht unterstützen in dem, was sie brauchte? Gäbe es einen besseren Grund, den Container zu verlassen, als aus Liebe zu seiner Frau, die das jetzt brauchte und wollte? Früher oder später musste er sowieso hinaus, also wieso nicht gleich? Auf was warten? Er würde sicher auch beim Hinausgehen geführt und deswegen vertraute er, dass für alle das Richtige geschehen würde.

„Gut, ich komme mit. Wir packen morgen unsere Sachen und gehen für dich Ärzte und ein Krankenhaus suchen. Ich will dich unterstützen und bei dir sein. Ich habe keine Angst. Es wird alles gut, du brauchst dir um mich keine Sorgen zu machen. Ich schaffe das schon. Du und das Kind, ihr seid jetzt wichtiger, und wenn du das Gefühl hast, das ist das, was du brauchst, machen wir es. Wir sind doch ein Team, wie du manchmal gerne sagst.“ Jan sprach ganz ruhig, hob die Tasse mit Tee zum Mund und zwinkerte ihr auf eine neue Art, die er Klaras Blume abgeguckt hatte, zu.

„Aber …“ war das einzige was aus Klaras Mund herauskam. Sie wollte irgendetwas sagen, aber was? Wie erstarrt saß sie da, wie am Stuhl festgenagelt, ohne jegliche Bewegung. Alles in ihr stand still. Der Kopf war leer, der Mund halb offen – in der Bemühung, irgendetwas zu sagen – aber es kam nichts. Die Augen starrten Jan an und wollten nicht glauben, was sie sahen, die Ohren wollten nicht hören, was sie hörten. „Ja wirklich? Würdest du? Bist du sicher?", war dann alles, was sie fähig war zu sagen.

Plötzlich stand sie auf, und wie ein kleines Mädchen mit lustigen Zöpfen am Kopf rannte sie zu ihm, um sich ihm um den Hals zu werfen. Sie war überglücklich in diesem Moment, nur sie wusste es kaum. Sie hatte keine Zeit dafür, es zu wissen. Sie war zu sehr beschäftigt. Sie übersäte Jans Gesicht mit tausend Küssen. Sie tänzelte in der Küche herum, als hätte sie keinen großen schwangeren Bauch und trällerte immer wieder: „Wir gehen raus, wir gehen raus. Wir gehen wie eine richtige Familie gemeinsam in meine Welt hinaus ..."

Jan schaute zufrieden und fröhlich die wunderschöne Blume an, die auch so tat, als wäre sie über Klaras Reaktion überrascht gewesen, aber dann begann sie sich auch zu drehen, zu tänzeln, sich von allen Seiten zu zeigen und schickte gleichzeitig tausend blumige Küsse zu Jan.

Entscheidung

Am nächsten Tag standen sie früh auf. Die erste Begeisterung bei Klara war bereits verflogen und wurde mehr oder weniger von einem üblichen Abreisestress abgelöst. Was sollten sie mitnehmen? Was sollten sie einpacken? Eines war klar: Sie wollten unerkannt bleiben. Noch am Abend verpasste Klara Jan und sich einen neuen Haarschnitt – Jan rasierte sich nach Jahren zum ersten Mal auch noch seinen Bart ab, weil der Bart bei dem ersten „Ausbruch" auf den Bildern aller Fernsehstationen deutlich zu sehen war. Sonstige Bilder waren ziemlich unscharf, also machten sie sich nicht so viele Sorgen, dass man ihn auf der Straße erkennen würde. Schwieriger war es schon mit Klara, die der Öffentlichkeit von Anfang an als die mutige Therapeutin vorgestellt worden war, die sich ganz alleine in den Container wagte. Nur, das war schon vor einigen Jahren gewesen und jetzt veränderte die Schwangerschaft auch noch Klaras Aussehen – in der Außenwelt wusste niemand, dass sie ein Kind erwartete, aber sicherheitshalber blondierte sie noch ihre Mähne. Das Wichtigste war, überlegt zu handeln und den Container in der Nacht zu einer optimalen Stunde, zu der auf der Straße am wenigsten los war, unbemerkt zu verlassen. Das müsste so gegen drei, vier Uhr morgens sein.

Aber was sollten sie nun wirklich mitnehmen und wie lange würden sie bleiben? Würden sie überhaupt wieder zurückkehren? Und wie würde Jan mit der ganzen Situation klarkommen? Wo würden sie wohnen, zu welchem Arzt, in welches Krankenhaus sollte Klara gehen? Und was, wenn die Menschen Jan oder sie doch erkennen würden? Das wäre eine Katastrophe! Klara konnte es sich beim besten Willen nicht vorstellen, wie das vor sich gehen sollte. Jans plötzlicher Entschluss mitzugehen stellte alle ihre Vorstellungen und Pläne auf den Kopf. Damit hatte sie in den kühnsten Träumen nicht gerechnet. Sie dachte wenn, dann geht sie alleine, findet ein Krankenhaus, quartiert sich bis zur Geburt in einer kleinen Pension ein und genießt eine Weile die Bequemlichkeiten und Freuden der äußeren Welt, auf die sie jetzt Monate verzichtete. Stattdessen war jetzt alles komplizierter, gefährlicher geworden. Eigentlich wollte sie eine Erleichterung erfahren, stattdessen lasteten jetzt neue Sorgen auf ihr. Es ging ja auch noch darum, wie Jan auf die neue Umgebung, die neue Welt, von der er jetzt schon so viel gehört hatte, reagiert. Was, wenn er wieder durchdrehen würde – wie damals beim ersten Versuch – und gleich hinter der Mauer, mitten auf der Straße zu einem kleinen verängstigten Kind würde? Ja, er fühlte sich jetzt stark und bereit. Klar, aber das war jetzt, innerhalb der schützenden Containerwände. Wie die wahre Welt auf ihn wirken würde, konnte niemand erahnen – er selbst auch nicht. War es wirklich ein geeigneter Zeitpunkt Jan gerade jetzt, wo es hauptsächlich um Klara ging, mitzunehmen? Sie ging ja, um Gefahren zu minimieren. Sie ging ja, um verantwortungsbewusst zu handeln, Sicherheit zu haben und mit Jan zusammen könnte es mehr oder weniger eine unsichere, waghalsige Geschichte werden.

„Was soll ich tun, was soll ich nur tun? Was ist das Richtige? Was ist richtig für mich, für das Baby und was für Jan?“ Während sie so nachdachte und sich diese Fragen stellte, lief sie hin und her durch alle Zimmer, versuchte zwar zusammenzupacken, aber es schien so, als würde sie eher im Zimmer nach zufriedenstellenden Antworten suchen. Die Überlegungen im Kopf liefen wieder auf Hochtouren. „Schon wieder bin ich am Verrücktwerden, schon wieder bin ich am Durchdrehen. Wenn ich es nicht schaffe, bald eine Antwort zu finden, werde ich in kürzester Zeit wieder explodieren. Was soll ich nur tun?“

Um sich zu beruhigen, ging sie ins Badezimmer, ließ wohltuendes warmes Wasser in die Wanne und tauchte ein. Auf diese Weise hatte sie schon früher gelernt, in eskalierenden Stresssituationen eine Erleichterung und eine den Umständen entsprechende Entspannung zu finden. Sie wusste nicht warum, aber nach einigen Minuten entspannte sich ihr Geist tatsächlich. Es war so, als würde ihr das ihren gesamten Körper umhüllende Wasser einen Schutz vor der Außenwelt, eine Zuflucht geben. Dort war sie für die Dauer des Bades ganz für sich alleine, weg von der ganzen Welt. Nur sie mit sich selbst. So wie das Wasser ihren Körper gewichtslos machte und die Rücken- und Beinschmerzen dadurch linderte, schien es gleichzeitig auch ihren Kopf zu entlasten.

***

Während sich Klara im Bad zu beruhigen bemühte, eilte Jan von einem Raum zum anderen. Irgendwie dachte er, es könnte sein, dass er sein Zuhause niemals wieder sieht. Er konnte es sich nicht vorstellen, was es bedeuten würde, aber sicherheitshalber sah er sich überall um und versuchte sich alles einzuprägen, um kein einziges Stück und keinen Winkel von der Welt, die bis jetzt die seine war, zu vergessen. Später würde er es sicher malen, um sich auch draußen ein wenig von seinem Heim, seiner Heimat zurückzuholen. Was das Zusammenpacken anging, da hatte er wirklich keine Ahnung, was er mitnehmen sollte. Er verließ sich auf Klara, die schon wissen würde, was er dort drüben brauchte. Unglaublich guter Laune ging er das gesamte Anwesen durch. „Erstaunlich“, dachte er sich: „Mir wird am meisten mein neuer Garten fehlen. Ich werde die ständige Veränderung der Pflanzen und des Tages nicht mehr beobachten können. Auch wenn wir nur für ein paar Tage wegbleiben, werde ich einen Teil der ständigen Metamorphose verpassen. Ich komme zurück und finde den ganzen Garten in einem neuen, anderen Zustand, einer neuen Farbe, in neuer Energie und Pracht und ich werde nicht wissen, wie dies geschehen ist." Das tat Jan unheimlich leid. „Wie auch immer", grübelte er weiter, „Klara ist wichtiger. Es geht jetzt um sie und das Kind. Das mit den Blumen und Pflanzen werde ich schon irgendwie verdauen. Es ist sicher eine neue und interessante Erfahrung, einen Abschnitt zu verpassen, bereits das fertige Ergebnis zu sehen und zu rätseln, wie es geschehen sein könnte." Er setzte sich auf die selbst gebastelte Schaukel, schaute voller Liebe und Zuneigung seine Gartenpracht an und lauschte den Straßengeräuschen, die durch die Mauer drangen und die mittlerweile zu seinem Alltag gehörten. Er versuchte sie auseinander zu bekommen, zu sortieren, zu identifizieren, in Verbindung und Zusammenhang mit all dem zu bringen, was ihm Klara über die Straße erzählt hatte. Aber es ging nicht. Es war für ihn noch immer nur ein Geräusch, eine Kulisse, auf die er schon sehr neugierig war, er wollte wissen, was alles sich eigentlich dahinter verbirgt. Nur noch wenige Stunden trennten ihn von seiner neuen Erfahrung – das war aufregend! Alles war in ihm ruhig, er wusste, er brauchte keine Angst zu haben. Er würde versuchen, alles so anzunehmen, wie es auf ihn zukommt, er würde versuchen zu akzeptieren, wenn etwas nicht nach seinen Vorstellungen laufen würde. „Am besten stelle ich mir gar nichts vor, so kann nichts schief gehen. Alles wird so sein, wie es sein wird, ich kann schließlich jederzeit zurückkehren."

***

Der Geist von Klara begann im Badezimmer wieder auf Hochtouren zu laufen. Nach der kurzfristigen Erholung kamen wieder hunderttausend Gedanken hoch und wollten sich trotz des Bades nicht und nicht beruhigen. Sie tauchte sogar mit dem Kopf unter, versuchte sich gänzlich zu entspannen und nur an das Bad und an die Erholung zu denken. Es ging nicht. Zwei Klaras kämpften in ihr. Die eine, die sich immer sehnsüchtig gewünscht hatte, mit jemandem gemeinsam durch dick und dünn zu gehen – genau die Klara, die sich immer wünschte, einen Mann, einen Freund, zu finden und mit ihm zusammen zu sein, der in jeder Situation zu ihr steht. Und jetzt hatte sie sogar einen Mann, der bereit war, nur ihretwegen sich selbst herauszufordern, über seinen eigenen Schatten zu springen und sich auf das gänzlich Unbekannte einzulassen. Könnte sie noch mehr von ihm verlangen? War das nicht der Liebesbeweis schlechthin, den sie immer haben wollte? Hatte sie nicht geglaubt, dass alles andere nur mehr ein Kinderspiel wäre, wenn sie erst einmal so jemanden finden würde? Hatte sie nicht gedacht, alles andere wäre dann nur mehr ein Klacks? Welche Situation auch kommen möge, sie würden sie gemeinsam bewältigen!? Da kam die zweite Klara zu Wort und konterte: „Alles nur kindliche Träumerei! Einen Prinzen auf einem weißen Pferd wolltest du! Ein Märchen, verstehst du?! Das hier, das ist kein Märchen! Das hier ist ein reales Leben und nicht irgendeines, sondern Hardcore pur! Wer lebt schon im Container und hat noch nie im Leben andere Menschen oder auch nur die Straße gesehen? Erwache doch! Das hier ist kein Kinderspiel! Es geht um Verantwortung, um Sicherheit! Du weißt doch, wie es dort zugeht. Du weißt, wie die Menschen sind. Du kannst dir vorstellen, was alles passieren kann. Wer sonst soll die Verantwortung übernehmen? Jan? Sei nicht lächerlich! Wie soll er denn Verantwortung übernehmen, wenn er keinen blassen Schimmer hat, was ihn erwartet? Jan kann leicht eine Entscheidung aus Liebe, aus dem Herzen, aus seiner Seele und aus romantischen Beweggründen heraus treffen, wenn er nicht ahnt, was auf ihn zukommt und wovon er eigentlich spricht. Wem wollt ihr beiden Verrückten eigentlich helfen? Es kann sein, dass ihr niemandem helft – nicht dir, nicht Jan, nicht dem Kind und schon gar nicht dem Experiment – wie lächerlich! Und sogar euer romantisches Märchen, das ihr in diesem beschützten Rahmen lebt, wird wie eine Seifenblase platzen. Und wenn wir schon dabei sind, meine Liebe: Hast du eigentlich je darüber nachgedacht – für den Fall, dass da draußen doch alles gut läuft, dass Jan nicht in Panik gerät, dass keine Katastrophe geschieht – hast du für diesen Fall darüber nachgedacht, dass Jan außer dir und seiner Mutter in seinem Leben noch keine andere Frau gesehen hat? Ist es nicht leicht, einen Menschen zu lieben und zu verehren, wenn man keine Wahl hat? Kannst du dir vorstellen, was in dir passiert, wenn er sich für andere Menschen, für andere Frauen zu interessieren beginnt? Nein, nein – nichts Bösartiges. Sicher verstehst du, dass es natürlich ist, dass er sein Interesse dem zuwendet, was er noch nicht kennt. Bist du darauf vorbereitet und kannst du damit umgehen, dass du plötzlich nicht mehr das Zentrum seiner Aufmerksamkeit bist, dass seine unschuldige Liebe und Neugier auch anderen zuteil wird? Ich will dich nicht verunsichern, aber hast du dir eure Entscheidung auch mal unter diesem Blickwinkel angesehen?!"

Klara fasste sich verzweifelt an den Ohren, schloss ihre Augen und begann in ihrem Inneren zu schreien: „Ich werde wahnsinnig, ich werde wahnsinnig! Das alles wollte ich nicht hören, das alles wollte ich nicht wissen! Ich will endlich mein Leben so leben, wie es kommt! Ich war bereit, mich auf Herausforderungen einzulassen, ich war bereit mein Schicksal anzunehmen, aber ich bin nicht auf zwei, drei, oder vielleicht hundert verschiedene Klaras in mir vorbereitet. Wer soll sich da auskennen? Wie soll ich je wissen, was das Richtige ist, was ich tun soll? Kann mir nicht jemand diese verrückten Gedanken abnehmen und mir helfen Klarheit zu bekommen und zu einer Erkenntnis darüber zu gelangen, was ich wirklich will? Was ist die Lösung, der mittlere Weg aus diesen ganzen Bedenken,

Sehnsüchten und Wünschen? Lieber Gott, wenn es dich gibt, bitte ich dringend um deine Hilfe! Bitte! Bitte hilf mir, mich selbst zu finden, mich selbst in mir auszukennen, bitte! Bitte hilf mir, den inneren Wahnsinn zu entwirren und in diesem Irrenhaus in mir Ordnung zu schaffen. Bitte, bitte!"

Und wieder, wie schon so viele Male zuvor, flossen Tränen der Verzweiflung aus Klaras schönen Augen. Diesmal waren es stille Tränen und Jan hatte keine Ahnung, was in diesem Moment in Klara vorging, was für einen inneren Kampf sie im Badezimmer mit sich austrug. Welches Bild würde wohl aufgrund dieser Situation in seinem Geiste entstehen? Was würde er mit seiner Fantasie, seiner Vorstellungskraft, seiner Wahrnehmung und seiner Intuition sehen? Was würde ihm die Blume in Klaras Herzen verraten? Aber Jan war nicht da. Sie sperrte sich in einen noch engeren Raum – als wäre der isolierte Container nicht eng genug – zwischen vier Badezimmerwände ein und presste sich in ihrer schwangeren Körperfülle in die Badewanne – enger ging es in diesem Haus nicht mehr.

***

Jan schaute unruhig auf die Uhr. Schon längere Zeit hatte er von Klara nichts mehr wahrgenommen. Ein unruhiges Gefühl machte sich in ihm breit. Er verließ den Garten und machte sich auf die Suche nach ihr. Alle Zimmer waren leer, also konnte sie nur im Badezimmer sein. Vorsichtig klopfte er an die Tür: „Alles in Ordnung? Kann ich reinkommen?". „Ja, alles in bester Ordnung – danke – ich komme gleich raus", antwortete ihre leise Stimme. „Ist wirklich alles in Ordnung?", fragte er sicherheitshalber noch einmal, weil ihn dieses merkwürdige Gefühl im Bauch noch immer nicht verlassen hatte. „Aber ja doch, alles bestens. Ich komme gleich."

Endlich war es ruhiger in ihr geworden. Langsam sammelte sie sich wieder. Letztendlich hatte das Bad doch geholfen. Während das Wasser aus der Badewanne abfloss, blieb sie noch liegen und beobachtete ihren Körper, wie er immer schwerer und spürbarer wurde. Sie beobachtete das abfließende Wasser und stellte sich vor, wie es ihre gesamte Verzweiflung, ihren Ärger und ihre Verwirrung mitnimmt und wegträgt. Entschlossen stieg sie aus der Badewanne, trocknete sich ab, kontrollierte ihr Gesicht im Spiegel, schminkte sich, und so erfrischt – sofern man das unter diesen Umständen überhaupt sagen konnte – ging sie hinaus.

Jan wartete im Wohnzimmer, schaute sie neugierig an. Er wollte etwas sagen, aber Klara kam ihm mit ihren Fragen, die einen stacheligen Unterton hatten, zuvor: „Was ist? Warum schaust du so? Willst du doch nicht mitkommen?“ Sie war sich bewusst, dass die Fragen ziemlich provozierend und ätzend wirken mussten, aber so war sie eben in diesem Moment. „Nein, nein. Ich dachte nur, dass es dir vielleicht nicht gut geht“, sagte Jan und bewunderte gleichzeitig ihre Kriegsbemalung im Gesicht, die sie im Container nur sehr selten anlegte. „Ich habe schon alle deine Sachen gepackt, du kannst es durchsehen, ob es für dich so passt“, sagte Klara bemüht neutral, um seinen prüfenden Blick von sich abzulenken, und sie fuhr fort: „Wir haben noch einige Stunden Zeit, also schlage ich vor, wir essen etwas Gutes, und dann legen wir uns hin, ruhen uns ein wenig aus und stellen den Wecker auf zwei Uhr. Die Nacht wird sicher anstrengend sein, also am besten erholen wir uns jetzt noch ein wenig.“

Das klang vernünftig. Klara war der Organisator und der „Chef“ in dieser Sache. Sie wusste wie es außen zuging und was man brauchte. Und in Klaras Zustand konnte keine Minute zum Ausruhen zu viel sein. „Okay, machen wir es so. Wer macht etwas zum Essen? Wenn das für dich in Ordnung ist, würde ich gerne kochen – wer weiß, wann ich meine Küche wieder betreten kann", sagte Jan und war auch schon auf dem Weg in die Küche. Klara atmete tief durch. Jetzt konnte sie sich entspannen und musste nicht auf ihren Gesichtsausdruck achten. Manchmal konnten Jans Blicke, die sie richtig durchleuchteten, sehr unangenehm und nervig sein.

***

Sie aßen. Jan hatte sein Lieblingsgericht aus seiner Kindheit zubereitet. Es war das Einzige, was sein Vater einst kochen konnte, sonst war immer die Mutter das Oberhaupt in der Küche. Er hatte sich Mühe gegeben. Er hatte den Tisch wunderschön und feierlich gedeckt, Kerzen aufgestellt, das Licht gedämpft und Klara mit einer kleinen Kostprobe zum Esstisch gelockt. Gleich nach dem Essen legte sich Klara ins Bett, sie wollte noch ein wenig allein für sich sein. Jan beschäftigte sich noch in der Küche, und erst als alles aufgeräumt und alles wieder an seinem Platz war, legte er sich unbesorgt neben Klara ins Bett, die schon fest schlief. Der Wecker auf dem Nachttisch war bereits auf zwei Uhr gestellt. Es konnte nichts schief gehen. Selbst wenn sie verschlafen sollten, kein Problem, dann würden sie einfach einen Tag später weggehen – es kam jetzt doch nicht auf einen Tag an.

In dieser Nacht waren Jans Träume bunter und lebendiger denn je. Er sah viele Menschen in verschiedenen Situationen. Er beobachtete sie und freute sich, sie endlich in Natura, aus direkter Nähe erleben zu können. Jeder einzelne Mensch, ob jung oder alt, Mann oder Frau, faszinierte ihn, von der Vielzahl an unterschiedlichen Gesichtszügen konnte einem schwindelig werden. Erst eine Sekunde vor dem Aufwachen wurde Jan bewusst, dass er sich noch nicht wirklich zwischen den Menschen befand, sondern dass es nur ein Traum gewesen war. Erschrocken und eilig verließ er den Traum und schaute mit einem verschlafenen Blick auf die Uhr. Sie zeigte acht. „Also doch, wir haben verschlafen!“, dachte er sich, während er sich langsam zu Klara umdrehte, um sie zu wecken. Aber das Bett neben ihm war leer. „Sicher hat sie bemerkt, dass wir verschlafen haben, ließ mich weiter schlafen und macht jetzt das Frühstück“, dachte sich Jan. Er weilte noch einen Moment in seiner Welt und versuchte die letzten Traumaugenblicke zu erhaschen, noch einen Blick auf sie zu werfen, sie vielleicht noch für einen Moment zu beleben, um so einen bewussten Einblick in die Traumwelt und die vielen unterschiedlichen Menschen zu bekommen. Es ging nicht. Er versuchte es immer wieder, aber er kannte das schon – es war ihm nur selten gelungen, nach dem Aufwachen in den gleichen Traum noch einmal einzutauchen. Aber irgendwas stimmte an dem Morgen nicht! Jan ließ seine Träume sein und kehrte wieder in den Tag zurück und lauschte. Er spitze seine Ohren. Aus der Küche kamen keine gewohnten Geräusche. Im ganzen Haus herrschte eine ungewöhnliche Stille. „Vielleicht ist Klara im Bad“, dachte er sich, während er aus dem Bett aufstand und sich mit diesem bekannten, unguten Gefühl im Bauch auf den Weg in die Küche machte.

Kaum hatte er die Schlafzimmertür geöffnet – so schmerzlich es auch war – war ihm sofort alles klar: Klara war weg. Sie war ohne ihn gegangen. Direkt vor seinen Augen schauten ihn traurig seine in zwei Koffer gepackten Sachen an. Sie waren alleine, Klaras Sachen fehlten.

Obwohl es ihm sofort klar war, konnte er es nicht glauben. Er rannte durch das Haus, aus dem Haus in den Garten. Sie war weg. Sie war tatsächlich weg. Auf dem Tisch in der Küche lag ein Zettel – herausgerissen aus Klaras Notizbuch:

Ich gehe alleine. Entschuldige, aber ich kann nicht anders. Ich komme wieder, sobald ich kann. Mach dir keine Sorgen. Ich liebe dich!

Klara

So wie er mit dem Zettel in der Hand mitten in der Küche stand, wurde ihm schwarz vor den Augen, er fiel auf die Knie. „Wieso? Wieso?" Eine tiefe Trauer und ein unbekannter Schmerz überkamen Jan. Er war wieder alleine in seiner Welt.

„Wieso? – Warum?"

FreiSein

In der Stille der Morgendämmerung quartierte sich Klara in einer kleinen Pension abseits des Rummels der Hauptstraße ein. Es war ein nettes Haus, alles war sauber und bequem. Alles, was sie so benötigte schien da zu sein. Sie hatte Glück, es war das letzte freie Zimmer. Vorsichtig buchte sie zuerst nur für drei Tage, wie lange sie dann letztendlich bleiben würde, wollte sie erst nach der ärztlichen Untersuchung entscheiden.

Klara stellte ihr Gepäck vorsichtig in der Ecke des Zimmers ab und legte sich erleichtert auf das frisch bezogene, blumige Bett. Hinter dem Fenster wurde es immer heller, die Gegend begann zu leben – der Tag erwachte aus seiner Nacht. Nach langer Zeit begegnete sie wieder dem echten Leben auf der Straße. Sie hörte, wie ein Lieferwagen gerade beim nahen Lebensmittelgeschäft angekommen war und die Arbeiter, die im schnellen Tempo die bestellte, frische Ware entluden. Die erste Straßenbahn ließ die Erde erzittern, ein Paar Stöckelschuhe eilten die Straße entlang und ein Duft von frischem Brot stieg Klara in die Nase, eine Bäckerei musste irgendwo in der Nähe sein. Wie lange war es schon her, dass sie ein richtiges, ofenfrisches Brot geschmeckt hatte? Wie lange war es her, dass sie eine echte Steinofenpizza gegessen hatte, von einem echten Espresso ihres Lieblingsitalieners um die Ecke ganz zu schweigen? Menschen! Überall begannen die Menschen auf die Straße zu schlüpfen. Die Welt von Klara lebte wieder! Sie saß beim Fenster und beobachtete. Was für ein Wunder – sie war wieder da!

Genüsslich drehte sie sich im Bett auf die Seite und begann mit dem Kind zu kommunizieren. Sie erzählte ihm über die verschiedenen

Menschen, ihre Berufe, ihre Hobbys und all die Leidenschaften, die es in Fülle in dieser Welt gab. All die schönen Parks, Ecken und Landschaften nicht zu vergessen – Springbrunnen, Straßencafés, Straßenmusikanten, Eisdielen. Das war das pure Leben!

Plötzlich erinnerte sich Klara an Jan. Ihr Gesichtsausdruck veränderte sich, die Mundwinkel fielen herunter, die Augenbrauen verdunkelten den Blick. Eine Wolke kam über ihr Gemüt. Sie wurde traurig. Ob er schon gemerkt hatte, dass sie weg war? Was dachte er jetzt? Wie fühlte er sich? Ging es ihm gut? Konnte er es verstehen? „Habe ich ihn verraten? War es richtig, sich so heimlich wegzuschleichen? Ich weiß, ich weiß, es ist normalerweise nicht mein Stil … – aber was ist schon mein Stil? Ich konnte doch nicht anders. Ich wäre verrückt geworden. Ich hätte es nicht ertragen, ihm in die Augen zu schauen und ihm zu sagen, dass ich nicht will, dass er mitkommt. Ich hätte seinen Blick, seine Trauer, seine Enttäuschung nicht ausgehalten. Ich hätte seine Argumente, die automatisch darauf folgende Diskussion und den Versuch, es mir auszureden, nicht verkraftet. Ich hätte sicher wieder nachgegeben, um es in der nächsten Minute zu bereuen. Ich wäre sicher explodiert und hätte ihn wieder nur unnötig verletzt. Ich musste dort einfach raus. Ich musste! Ich wollte. Was hätte ich tun sollen? Ich wusste es doch nicht anders. Liebster, ich hoffe, du verzeihst mir. Ich hoffe, du vergibst mir, ich hoffe, ich habe dir nicht zu sehr wehgetan.“ Der Stress und die Anspannung der letzten Tage löste sich allmählich bei Klara. Schon während der letzten Worte begannen die Tränen wieder zu fließen. Sie war sehr müde. Sie hatte vorhin, im Container, kein Auge zugedrückt, sie tat nur so, als würde sie schlafen, stattdessen hatte sie stundenlang ihren inneren Kampf ausgefochten, ob sie mit Jan oder ohne ihn gehen sollte. Bis zum letzten Augenblick waren für sie beide Alternativen gleich. Immer wieder hatte sie sich selbst belächelt und beschimpft, dass sie nicht

fähig war, eine Entscheidung zu treffen. Kurz vor zwei Uhr, einige Minuten bevor der Wecker läuten sollte, hatte es ihr endgültig gereicht. Sie hatte die Nase von sich selbst gestrichen voll. So konnte es mit ihr nicht weitergehen. Sie war aufgestanden, hatte vorsichtig, damit Jan nicht geweckt wurde, den Wecker ausgeschaltet, hatte sich schnell angezogen, ohne viele Geräusche zu machen, was mit dem riesigen Bauch nicht so einfach war. Irgendwo in sich hatte sie sich wie ein Kidnapper, ein Verbrecher gefühlt, der dabei war, dem Vater sein Kind und dem Mann seine Frau, seine Familie zu entführen. Aber es war doch auch ihr Leben, ihr Kind. Warum fühlte sie sich so mies?
Entschlossen hatte sie dann endlich ihre Koffer geschnappt, einen letzten Blick auf den ruhig schlafenden, nichts ahnenden Jan geworfen, ihm in Eile eine kurze Nachricht geschrieben und das eigentlich nicht viel (oder doch?) sagende Stück Papier auf den Küchentisch gelegt. Ihre Gedanken und ihre Gefühle hatte sie absichtlich unter Verschluss gehalten. Es war nicht die geeignete Zeit zum Denken, oder zum Fühlen. Es hatte ihr endgültig von dieser Jammerei und Nichtwisserei gereicht. Sie hatte endlich etwas getan – sie war gegangen.

Es waren noch nicht einmal vier Stunden vergangen, seitdem sie den Container verlassen hatte. Tränenüberströmt lag sie jetzt im fremden Bett, zitterte vor innerer Kälte und dachte nach: „Warum ist das Leben so schwierig? Warum ist in meinem Leben alles so schwierig? Wie komme ich dazu? Womit habe ich das verdient?“ Die Oma hätte sicher eine Antwort oder zumindest ein tröstendes Wort für sie parat, aber sie war leider nicht da. Nicht einmal das Kind bewegte sich in ihrem Bauch. Trotz der Straßengeräusche war sie total alleine. Ganz alleine. Genau wie früher – damals in ihrer Wohnung, nach der Arbeit, in Momenten der wohlverdienten Pause, wie viele andere meinten – Momente, denen sie nicht viel abgewinnen konnte. Wie war es möglich, dass sie sich so schnell auf das Leben zu zweit – abseits des „Normalen“ – gewöhnt hatte? Und noch dazu nicht irgendein Zusammenleben! Vierundzwanzig Stunden täglich in einem kleinen Raum, ohne ausweichen zu können. Hätte ihr früher jemand gesagt, dass sie einmal fast glücklich in so einer verrückten Partnerschaft leben würde, hätte sie herzlich gelacht. Jemand anderer vielleicht, aber sie? Sicher nicht. Sie brauchte doch ihren Freiraum, ihren Abstand, ihre Arbeit, andere Menschen um sich. Sie brauchte immer wieder etwas zu unternehmen, ohne dass ihr jemand dauernd im Nacken saß, wie groß die Liebe auch sein mochte. Und außerdem! Rein psychologisch gesehen war es nicht normal oder empfehlenswert, dass zwei Menschen alles miteinander unternahmen und teilten, dass sie keine eigenen Welten, Freiräume hatten, dass sie voneinander abhängig waren. Jeder Mensch brauchte es doch immer wieder für sich selbst, alleine zu sein. Sich zurückzuziehen, eine eigene Privatsphäre und vielleicht auch eigene Geheimnisse zu haben, die den anderen nichts angingen. Oder? So war zumindest die gängige Meinung.

„Seltsam. Wenn ich so nachdenke, fühle ich mich aber nicht abhängig. Ich fühle mich von Jan nicht bedrängt und ich fühle mich in meiner Privatsphäre respektiert. Ich bin glücklich, dass jemand so viel Interesse an meinem Innenleben zeigt, dass er interessiert war und ist, sogar auch das, was ich selbst noch gar nicht erfasse, zu verstehen. Wie konnte es sein, dass ich mich eigentlich in der Containerisolation freier fühlte, als es mir draußen je möglich war? Wie kann es sein? Es ist doch unlogisch, oder? Auf einmal konnte ich „ich sein“, musste nicht wetteifern, musste nicht genügen, nicht irgendetwas Besonderes bieten! Kein Druck von außen, keine Erwartungen, denen ich gerecht werden musste. Wird das je jemand verstehen können?“

Verloren in dieser Selbstbefragung beruhigte sich Klara, schlief ein und träumte einen kurzen Traum:

„Sie sah ein Baby. Ziemlich frisch. Ein Säugling. Es war sie selbst. Sie lag ruhig auf einem großen Bett, in einer Miniaturausgabe von einem menschlichen Körper. Neugierig beobachtete sie die Welt um sich. Alles war in Ordnung, alles lief nach Plan. Ganz nackt strampelte sie freudig mit den kleinen Händchen und Beinchen um sich umher. Alles war so wahnsinnig aufregend. Es zu schaffen, diese komischen Glieder im Raum um sich zu bewegen, war schon amüsant genug. Und wenn sie sich zufällig mit den kleinen Fäustchen direkt auf die Nase schlug, das war erst ein Erfolg! So konnte sie ihre eigenen Fäuste spüren. Die erlebte Freude ging durch den kleinen Körper und rief erneute Bewegungen hervor. Sogar den schweren Kopf konnte sie bewegen. Der süße Mund öffnete sich immer wieder, schnappte nach Luft, da das kleine Näschen bei der ganzen Aufregung es nicht schaffte, die Lungen mit genug frischer Atemluft zu versorgen. Alles war in Bewegung. Alles kribbelte und kitzelte, einfach nur so, für sich alleine. Immer wieder berührte sie eine frische Brise aus dem offenen Fenster, die unglaublich interessant duftete. Die kleine Klara krümmte und rümpfte ihr Näschen. Der Hauch des Windes streichelte immer wieder ihren nackten Körper – das war erst ein Erlebnis! So viele tolle Sachen an einem Platz, fast wie in einem Erlebnispark. Da kam plötzlich eine Frau herein. Scheinbar die Mutter. Sie nahm eine schwere Decke und deckte den Säugling vorsichtig zu. Das war aber nicht geplant! Die Decke kratzte, juckte, der Körper wurde ganz heiß. War so etwas vereinbart? War das im Plan? „Nein, das gefällt mir gar nicht“, dachte sich der kleine Zwerg, sammelte seine ganze Kraft, um auch unter der Decke mit dem Körper weiter experimentieren zu können. Abenteuerlich! Es ging. „Aha! Das war sicherlich nur eine höhere Schwierigkeitsstufe.“ Sie strampelte und strampelte um die Wette und plötzlich ... Plötzlich war sie wieder frei. „Hurra!" Die Decke war weg, sie ist auf die Seite gefallen. Was für eine Erleichterung. Alles war wieder leichter, freier. Die herrliche Brise streichelte wieder die nackte Haut, kühlte die unangenehme Hitze, der Juckreiz wich. Was für ein Spiel! Voll von Glück strampelte sie erneut und fast gelang es ihr, so etwas wie ein kleines Lächeln auf ihr Gesicht zu zaubern – ein kurzes Gekicher kam aus der dünnen Kehle. „Na so was? Hören kann ich mich auch?"

Das Spiel ging aber weiter. Die Mutter kam wieder ins Zimmer, runzelte ihre Stirn, nahm wieder diese furchtbare Decke und deckte die Kleine zu. Diesmal aber besser. Irgendetwas tat sie, man konnte es nicht genau sehen. Die Decke fühlte sich schwerer und fester als vorhin an. Nicht einmal die Fäustchen konnte man zum Mund heben. Nur der winzige Kopf ragte aus dem unförmigen Bündel heraus. „Das ist nicht fair! Das ist eine zu hohe Schwierigkeitsstufe! Ich bin hier doch neu! Ich bin doch noch in diesem kleinen Körper gefangen, bindet mich los! Sofort!" Der Körper spannte sich, wand sich, beugte sich. Das Gesicht wurde ganz rot. Eine unmenschliche Anstrengung! „So was?!" Die Hitze unter der Decke wurde immer unerträglicher. Die Luft konnte kaum in die Brust fließen, auf der die ganze Schwere der Decke lastete. Es juckte höllisch, langsam reichte es ihr aber mit diesem Spaß. Erfahrung hin oder her, irgendetwas musste man doch tun können! Plötzlich kam von irgendwo ein geheimnisvoller Schub. Eine tolle Kraft erfasste den Körper. Der Säugling öffnete den Mund und ein lauter Indianerschrei kam heraus. Gleichzeitig – keine Ahnung wie – spannten sich die Glieder und alle auf einmal traten gegen den Feind. So etwas Schweres und Böses ... „Pfui!" Und nicht zu glauben – die Decke war auf einmal weg. Erleichterung. Es geht doch! Schwere Arbeit war es, aber es ging doch. „Nicht dass jemand auf die Idee kommt, noch einmal mit mir so ein Spiel zu spielen!" Der

Mund öffnete sich und ein lautstarkes, langes Geschrei folgte. Die Beinchen und Fäustchen strampelten jetzt in einem höheren Tempo. Sicherheitshalber. Man kann nie wissen, wann jemand kommt und den Spaß erneut verdirbt. Bei diesen Bewegungen und dem Tempo sollte es doch unmöglich sein, die Decke darüberzulegen. Jeder neue Schrei aus dem Hals half, die Bewegungen noch stärker und deutlicher zu machen. Sie hörte sich zu und beobachtete, wie die Töne schriller und lauter wurden – eine Wahnsinnskraft war es, die schon jetzt in dem kleinen Körperchen steckte.

Die Mutter kam wieder herein. Sie war gar nicht erfreut. „Warum honoriert sie nicht die Leistung des kleinen Körpers und was der schon alles kann? Es war doch nur ein Spiel, oder? Sieht sie nicht, wie bravourös ich diese Schwierigkeitsstufe meisterte?" Scheinbar nicht. Sie war böse. Sie sprach ziemlich streng und laut, runzelte abwechselnd ihre Augenbrauen und die Stirn. „Was sagt sie da? Ich bin ein böses Kind? Ich mache sie traurig? Die Nachbarn werden sich beschweren und ihr meinetwegen das Leben zur Hölle machen? Ich muss ruhig und brav sein? Was bedeutet ruhig und brav? Was ist böse und traurig? Was ist eine Hölle?" Nein, die Mutter hatte dabei nicht sehr lustig ausgeschaut. Nein, ihre Finger und Hände fühlten sich ziemlich kalt, unangenehm an. Ihre Stimme war alles andere als wohltuend und umarmend. „Habe ich das etwa verursacht?" Die Mutter nahm wieder die Decke und wickelte das Kind noch fester ein. Die kleinen Augen spiegelten viele Fragezeichen, aber die Mutter sah es nicht. Dann war die Mutter wieder weg. Das war überhaupt nicht mehr lustig. Die Hitze und das Jucken wurden unerträglich. Aber … „Der Mutter schien es nicht zu gefallen, dass ich mich befreite, dass ich brüllte. Was soll ich jetzt tun? Was soll ich tun? Wenn ich jetzt was Falsches tue, wird sie mich vielleicht nicht mehr lieb haben." Irgendwann und irgendwie hörte die Hitze unter der Decke doch auf, das Jucken und Brennen auch. Nur, diese eigentümliche Kraft, die vorhin die Befreiung ermöglichte, war noch immer da. Immer wieder fühlte sie diese in ihrem Bäuchlein und die Glieder einfließen und sie zu erneuten Entfesselungsversuchen zu animieren. In letzter Sekunde hielt sie letztendlich den helfenden Kampfschrei zurück. Die Kraft schwand langsam und sie fand keinen Katalysator, keinen Willen, keine Begeisterung mehr.

Klara sah sich, besser gesagt das Klarababy, wieder aus der Weite. Ein normal wirkender Säugling, vielleicht in eine Winterdecke gepackt, nur das Köpfchen aus dem Bündel herausschauend. Ganz traurige Augen, matt und verloren, versuchten noch mit dem Köpfchen und Näschen irgendwie ein wenig Spaß und Freude aus der Welt außerhalb der Decke für sich zu erhaschen. Es war keine Wut, keine Aggression mehr da, die geholfen hätte, sich aus der „Verwicklung" zu befreien. Ab diesem Moment war diese seltsame Kraft verbannt und stattdessen nahm die Trauer Platz in dem Babykörper von Klara."

Erschüttert erwachte Klara aus diesem Traum und versuchte sich zu bewegen. Gott sei Dank war sie frei – es war keine schwere Last da, die sie zusammenschnürte. Dann merkte sie, dass der Tag draußen schon voll im Gange war. Dank des Traumes glaubte sie endlich zu verstehen, woher ihre Wutausbrüche kamen und wozu sie dienten. Vielleicht sollte sie lernen, mit diesen so genannten negativen Emotionen ohne Angst umzugehen. Wer weiß, in welchen alltäglichen Situationen sie ihr, ähnlich wie im Traum, helfen konnten, sich zu befreien und beweglicher zu fühlen.

Schon früher hatte Klara einiges über Traumdeutung und die Symbolik des Traumes gehört, es hatte sie aber nie wirklich umgehauen, sie fand die benutzte Symbolik klischeehaft und für sie uninteressant, sie konnte dem Ganzen für sich selbst nichts abgewinnen. Bis heute betrachtete sie ihre Träume als Fantasiebilder, die ihr Verstand über die Nacht produzierte, die zwar immer wieder auch etwas Faszinierendes an sich hatten – vielleicht war immer wieder eine Idee, ein neuer Gedanke darin versteckt – aber dass man so einen direkten, sogar praktischen Nutzen aus einem Traum beziehen konnte, sich selbst so direkt erkennen konnte, das war für sie etwas gänzlich Neues. Keine versteckte Symbolik, nichts, worüber sie zuerst in fremden Büchern nachschlagen musste, nein – der Traum hatte genau ihre Sprache gesprochen, so wie sie fähig war, es ohne einen Übersetzer zu verstehen. Fantastisch!

***

Den Rest des Tages verbrachte sie mit Genießen und Spazieren zwischen Menschen, Geschäften und Lokalen. Ein Teil ihrer alten, weltlichen Klara, der im Container scheinbar stillgelegt worden war, wurde wach. Sie fühlte sich herrlich. Sie schaute von einem Schaufenster zum anderen. Wenn sie Lust hatte, oder ihr irgendwas gefiel, ging sie in das Geschäft hinein und ließ sich von dem Angebot ganz gezielt beeindrucken. Aus den Lautsprechern dröhnte laute Musik. Immer wieder wurde sie durch verschiedenste Werbeansagen unterbrochen. Mit einer bis in die Knochen durchdringenden Stimme wurden die besten und noch bessere Artikel, die neueste Ware, das, was man noch heute unbedingt brauchte, worauf man schon sehnsüchtig eine Ewigkeit lang wartete, angepriesen. Die Container-Klara lächelte bei jedem neuen, einschmeichelnden Ton der Werbung in sich hinein. „Wenn die Menschen wissen würden, wie wenig man eigentlich von dem ganzen Zeug, das einem da ans Herz gelegt wird, wirklich braucht“, dachte sie sich. Sie fühlte sich stark. Sie konnte das ganze Geschehen aus einem ungewöhnlichen

Abstand beobachten. Sie hatte keinen Drang, irgendetwas, was ihr im Container fehlte, zu kaufen. Sie hatte keinen Heißhunger. Sie schlenderte einfach zwischen den menschlichen Träumen, Sehnsüchten, Erfindungen, Errungenschaften und Ablenkungen, die sich in Form von Tausenden Gerätschaften, Kleidungsstücken und anderen Produkten materialisierten. Sie spazierte zwischen den Dingen, als wollte sie aufgrund der neuen Sachen, die inzwischen auf den Markt gekommen waren, die Entwicklung der Menschen, ihren Fortschritt erahnen, den sie vielleicht gemacht hatten, seit sie im Container gewesen war.

„Hat sich in den Menschen auch etwas bewegt und verändert, während ich selbst in dieser kurzen Zeit eine so intensive Metamorphose durchmachte? Meine Welt wandelte sich gänzlich. Meine Gefühle, meine Gedanken, mein Interesse, meine Ausrichtung und meine Prioritäten sind nicht wieder zu erkennen. Was hat sich in dieser Zeit zum Beispiel im Kopf dieses schrulligen Mannes da drüben, mit dem viel zu alten Hut, getan? Wie hat sich die Welt der eleganten Lady, die unbedingt in einen viel zu engen Mantel zu schlüpfen versuchte, verändert? Und was ist mit dem jungen, verliebten Pärchen? Haben die etwas bemerkt? Steht ihre Welt auch auf dem Kopf, oder hat sie sich sogar gedreht – endlich auf die Füße gestellt? Und was ist mit meinen früheren Klienten? Haben sie festen Stand gefunden, oder sind sie wieder abgerutscht? Und die ganze Politik und die von mir früher so gern verfolgte Ärzteszene? Wurde inzwischen das Allheilmittel gefunden oder ist alles noch beim Alten und so mancher sucht hauptsächlich seine eigene Position zu festigen, die Kollegen und Chefs mit eigenem Können oder mit Tricks zu beeindrucken, zu überbieten? Herrscht jetzt unter den Menschen mehr Ruhe und Frieden oder hat sich der Kampf ums Überleben und einen festen Platz in der Gesellschaft noch verstärkt?“

Eigentlich konnte sie keine Veränderung außer ihrer eigenen feststellen. Die Menschen drängten sich wie immer, die meisten versunken in ihrer eigenen Welt, nur den engsten Kreis um sich wahrnehmend. Nur einige schenkten dem Gegenüber einen kurzen Blick oder sogar ein Lächeln, wenige spazierten mit erhobenem Kopf und weit geöffneten Augen. Alleine das Warenangebot war es, das sich seit Klaras letztem Besuch in Kaufhäusern verändert hatte, aber das war letztendlich auch nichts Neues.

Einige Zeit später kaufte sich Klara eine frische Tageszeitung und setzte sich in ein Straßenlokal, um die Passanten gut im Auge behalten zu können. Sie war sehr müde. Der Rundgang durch die alte Welt schien sie mehr erschöpft zu haben, als sie erwartet hatte, aber eine elegante Speisekarte an dem kleinen Cafétisch ließ die Müdigkeit schnell vergessen. Ein Überangebot an verschiedenen Getränken und kleinen Köstlichkeiten amüsierte sie sofort. Im Container hatte sie gelernt, aus den immer gleichen Lebensmitteln, die durch die Luke täglich – man muss dazu sagen: frisch – geliefert worden waren, eine begrenzte Palette an verschiedenen Gerichten zu zaubern. Die riesige Auswahl, die ihr auf mehreren Seiten aus der Karte entgegensprang, überraschte sie allemal. Sie war nicht mehr gewohnt, so eine Wahl zu haben. Was sollte sie denn bestellen? Alles schien interessant und köstlich zu sein. Am liebsten würde sie die Bedienung bitten, ihr eine kleine Präsentation, eine kleine Kostprobe der verschiedenen Kaffeezubereitungen zu bringen, damit sie alle probieren und kosten könnte. Auf einmal sah sie Jan vor sich und sie musste schmunzeln. Sie konnte sich vorstellen, was er in diesem Fall sagen würde. Sie hörte seine Worte: „Wie kann man sich für irgendwas entscheiden, das man nicht kennt, wenn man es vorhin noch nie probierte?" Ja, das war seine Logik. Es schien, dass sie sich mittlerweile einiges davon angeeignet hatte. Sie wusste nicht, wie und von wo es gekommen war. Irgendein Spaßvogel in ihr, vielleicht das Kind oder irgendein bis jetzt unerkannter Teil von ihr selbst, lächelte kurz und entschied sich, für einen Moment zum staunenden und unschuldigen Jan zu werden. Warum denn nicht? Warum sollte sie nicht ausprobieren, wie es ist, in Jans Haut zu stecken und dieser „verrückten“ Menschenwelt zu begegnen, sie zu erforschen?

Der Kellner stand bereits bei ihr und wartete auf ihre Bestellung. Sie musste sich zusammenreißen, dass sie nicht anfing, gleich laut zu lachen, so lustig und verrückt kam ihr das vor, was sie gleich zu tun vorhatte. Sie schluckte, schaute den Kellner ernst an, verstellte ein wenig ihre Stimme – das musste sein, das gehörte zum Spiel, sonst hätte sie es nicht geschafft – und mit einer ernsten Mine fragte sie ihn: „Wissen Sie, ich habe noch nie eine solche Auswahl an Kaffees gesehen. Ich habe noch nie etwas anderes als den Milchkaffee meiner Oma getrunken. Können Sie mir helfen und mir sagen, wie ich mich für einen ihrer Kaffees entscheiden kann, wenn ich keinen kenne und noch keinen ausprobiert habe? Wie machen das all die anderen Menschen? Kennen die all diese Getränke bereits?“ Sie glaubte, sie würde gleich explodieren. Irgendetwas kitzelte sie so gewaltig im Bauch und diese ungeahnte, plötzlich entfesselte Fröhlichkeit war so im Kontrast zum Gesichtsausdruck des Mannes mit der frisch gebügelten, weißen Schürze, der ihr gegenüberstand. Einen kurzen Moment hatte er sicher gedacht, sie wäre gerade vom Mond gefallen, aber dann kam er wieder zu sich, schaute ihren großen Bauch an und vielleicht aufgrund seiner Erfahrung mit der eigenen schwangeren Frau schob er wahrscheinlich alles auf die Hormone. Mit einem höflichen Lächeln schaute er sie an und wollte beginnen, etwas zu sagen. Sie unterbrach ihn aber, bevor die erste Silbe aus seinem Mund kam und sagte mit verstellter Stimme und in einem ein wenig affektierten Ton: „Wissen Sie was? Wie wäre es, wenn Sie mir von den Kaffees, die Sie mir selbst empfehlen würden, in so fünf, sechs kleinen Tässchen eine kleine Kostprobe bringen würden? Ich könnte dann gustieren und mir aussuchen, welchen ich dann bestelle. Und ... einen Moment noch ... vielleicht könnten sie das Gleiche für mich mit den verschiedenen Kuchen machen, die Sie da in der Auslage haben. Was sagen Sie dazu? Ist das eine Idee?" Schweißperlen traten auf die Stirn des armen Mannes und Klara fühlte sich gleichzeitig wie eine alte, verrückte Pensionistin. Wie Miss Marple, die aus einer eigenen Welt plötzlich in der Welt dieses jungen, im Moment schwer geprüften Mannes auftauchte. Aber er ließ sich nichts anmerken – dachte er. Professionell wechselte er sein weißes Tuch von linkem Arm zum rechten, strich es glatt und während er sich auf seinem Absatz umdrehte, murmelte er irgendsowas wie „Ich muss den Chef fragen ..." – und schon eilte er erleichtert von ihrem Tisch.

Klara jubelte in sich: „Ich habe eine Verrücktheit gemacht! Ich habe eine Verrücktheit gemacht. Ich habe mich dumm gestellt. Ich habe Spaß gemacht!" Sie konnte sich vor Freude kaum im Stuhl halten. Das Kind schien mitzufeiern. In dem wenigen Raum, der ihm noch blieb im Bauch, boxte es lustig mit seinen Fäustchen gegen die Bauchwand und jubelte mit Klara mit. „Na, was sagst du zu deiner Mama? Das gefällt dir, was?"

Unglaublich, aber wahr. Statt dem jungen Kellner stand auf einmal ein waschechter älterer Italiener der alten Schule, so wie man es heutzutage nur mehr aus dem Kino kennt, vor Klara. Der Chef persönlich kam, um sich die Dame anzuschauen und – wen wundert es – auf einem Tablett hatte er, der Maestro persönlich, nicht fünf, sondern zehn verschiedene Espressotässchen. Altmodisch, theatralisch verbeugte er sich vor Klara und begann, ihr die Tässchen zu servieren. Er musste schon über siebzig Jahre alt gewesen sein. Nach jeder Tasse warf er einen Blick zur Signora und machte eine kurze Einweihung in das Innenleben des jeweiligen Getränkes, das sie gerade zum Mund führte. Dann blinzelte er ihr mit dem Charme zu, zu dem nur lebenserfahrene, südländische Männer fähig sind und wartete, bis sie die Tasse zu ihren Lippen hob und nippte. Gespannt hing er an ihren Lippen und wartete auf ihren ersten Gesichtsausdruck, als würde sie jeden Moment ein Urteil über sein gesamtes Leben sprechen. Dachte er vielleicht, dass sie eine, mit schwangerem Bauch getarnte Gourmetkritikerin ist? Dann setzte er sich sogar ihr gegenüber, legte das leere Tablett auf den Nachbartisch. Der junge Kellner brachte noch einen Teller mit klein geschnittenen Kuchenstücken und stellte ihn vor den Ehrengast. Und Signor Alfredo – diesen Namen zumindest trug das Lokal – begann Klara seine Lebensgeschichte zu erzählen. Offensichtlich freute er sich, dass jemand so großes Interesse an seinen Kunstwerken zeigte.

Erst jetzt merkte Klara, was sie mit ihrem kleinen Spaß angestellt hatte. Sie wollte eigentlich in Ruhe die Tageszeitung durchblättern, um zu sehen, was bei den Menschen los war und jetzt saß ihr gegenüber ein Mensch, der echter gar nicht sein konnte und erzählte ihr sein gesamtes Leben. Autsch!

Nach der fünften Tasse merkte sie, dass sich das Kind unruhig zu bewegen begann. Es schien schon viel zu viel Koffein in ihr Blut geflossen zu sein. So viel Kaffee war auch nicht geplant. Nur, wie käme sie jetzt aus dem Schlamassel raus? Würde sie jetzt die Tässchen stehen lassen, würde sie sicher diesen netten, alten Schmeichler beleidigen oder sogar verletzen und … nein, das wollte sie nicht.

Endlich kam die Erlösung. Jemand rief Signor Alfredo in die Küche.

Er wurde dort dringend gebraucht. Puuhh … atmete Klara tief aus. Jetzt musste sie schnell handeln. Was sollte sie tun? Sie zog schnell ihre Geldbörse aus der Handtasche, legte ein paar Scheine auf den Tisch, stand auf und flüchtete um die Ecke. In der Sicherheit der Ecke, wo man sie vom Café aus nicht mehr sehen konnte, blieb sie stehen und atmete durch. Schon wieder war sie wo geflüchtet. Noch nicht einmal zwölf Stunden waren vergangen, seitdem sie Jan verlassen hatte und schon wurde sie ungewollt zum zweiten Mal zu einem Flüchtling. Hatte das etwas zu bedeuten? War ihr ganzes Leben eigentlich nur eine einzige, große Flucht? War ihre Entscheidung, in den Container zu ziehen, auch nicht nur eine Flucht? Vor was? Damals war sie wahrscheinlich genau vor dieser Welt geflohen, in der sie gerade so genüsslich spazierte, und letzte Nacht hatte sie sich heimlich aus der Containerwelt herausgeschmuggelt und jetzt ist sie sogar noch vor diesem Alfredo geflohen. Flieht sie eigentlich jedes Mal vor dem Gleichen? Vor sich selbst? Oder flieht sie vielleicht nicht, sondern ist eher auf der Suche nach etwas Bestimmten, das immer dort zu sein scheint, wo sie selbst gerade nicht war – war es das?

Um was auch immer es ging, jetzt hatte sie keine Lust auf tiefsinnige Grübelei. Das Kribbeln im Bauch war trotz der Flucht noch immer da. Sie stand angelehnt an eine Hauswand, wie ein Verbrecher, der sich vor seinen Verfolgern im Schatten der Wand versteckte und konnte nicht der Versuchung widerstehen, einen Blick um die Ecke, hin zum gerade von ihr verlassenen Tatort zu werfen. Irgendwie war diese Flucht anders. Sie war spannend, amüsant, fast lustig. Enttäuscht merkte sie, dass ihr Tisch schon abgeräumt war und das Leben um Alfredos Lokal nahm wieder seinen gewohnten Lauf. Nichts mehr deutete darauf hin, dass sie dort gerade irgendeine Verrücktheit gemacht hatte. Schade! Das Abenteuer schien vorbei zu sein.

Unterwegs zur Pension kaufte sich Klara beim Chinesen eine Mahlzeit und nahm sie mit aufs Zimmer, um sie in Ruhe und im Schutz der vier Wände zu genießen und endlich die gekaufte Zeitung durchblättern zu können. Für mehr reichte ihre Kraft an diesem Tag sowieso nicht.

Begegnung

Am nächsten Tag wachte Klara mit leichten Unterleibsschmerzen auf. Sie war nicht so frisch und munter, wie sie es nach dem Aufwachen im Container gewohnt war. Ihr schien die tägliche Behandlung von Jan zu fehlen. Ihr Gemüt trübte ein Schleier aus vergangenen Gedanken. Sie fühlte sich plötzlich in der Zeit einige Jahre zurückversetzt. Sie war wieder die Klara, die alleine und verlassen in ihrer alten Wohnung aufgewacht war und sich aus der Verwirrung, den Zweifeln und nicht greifbaren Ängsten in ihrem Kopf zu befreien versucht hatte. Besonders an freien Wochenenden fühlte sie sich wie in einem Spinnennetz gefangen. Je mehr sie sich zu befreien versuchte, umso mehr war sie in die festen, gnadenlosen Fäden eingewickelt worden. Sie hatte sie zwar nicht sehen können, aber sie wusste: Irgendwo war diese riesige Spinne, die geduldig wartete, bis sie aufgab, bis sie ihre letzte Energie verlor, bis sie eingemottet, in eigener Angst erstarrt war. Nur eine Ablenkung half, dieses zu vergessen, nur eine Ausrichtung, ein Ziel konnte sie an jenen Tagen retten. Und an diesem Tag hatte sie ein klares Ziel: sie wollte die private Geburtsklinik in der Nähe der Pension besuchen. Trübe Laune hin oder her – sie zog sich langsam an. Das Wetter vor dem Fenster schien die Wolken in ihrem Kopf zu spiegeln. Mit einem tiefen Seufzer zog sie sich regenfeste Kleidung an. Sie war schon gespannt und gleichzeitig hatte sie Angst vor der Untersuchung. Schlechtes Gewissen plagte sie. Wie sollte sie dem Arzt erklären, warum sie nicht schon früher gekommen war. „In Ihrem Alter ist das sehr unverantwortlich“, hörte sie schon die urteilende Stimme des Arztes sprechen. Und was, wenn etwas Schlimmes herauskäme? Was, wenn das Kind einen Schaden hätte? Was würde sie dann tun? Wie würde sie es verkraften? Ganz alleine – ohne Jan? Alle würden mit dem Finger auf sie zeigen, alle würden sie abstempeln, in eine Schublade mit allen anderen Rabenmüttern stecken. Wie konnte sie sich dagegen wehren? Wie konnte sie es nur erklären?

Sie tat sich selbst Leid. Mit den ersten Regentropfen vor dem Fenster stiegen ihr – ach, wie ungewohnt! – die Tränen in die Augen. „Ich bin keine Rabenmutter! Ich bin kein schlechter Mensch! Ich wollte eigentlich etwas Gutes tun. Ich wollte helfen. Ich bin doch von Jan weggegangen, weil ich verantwortungsbewusst bin und das Kind nicht unnötiger Gefahr aussetzen wollte. Ich bin doch nicht ein böser Mensch, oder?"

Klara musste sich überwinden, dass sie sich nicht gleich wieder, wie ein kleines Kind, unter der Bettdecke verkroch. Weil es so mit ihr nicht weitergehen konnte, kam Klara zwei an die Oberfläche und übernahm das Kommando: „Schau dich nur an! Schon wieder bist du eine Heulsuse, schon wieder verschwendest du deine Energie und Kraft für Selbstmitleid. Was erwartest du eigentlich? Es ist hier niemand, der kommt und dich tröstet. Jan kommt jetzt nicht angerannt, nimmt nicht deine Hand und wird sie verständnisvoll streicheln, bis du wieder Lust hast am Leben teilzunehmen. Oh, nein! Jetzt sammle dich doch! Du bist eine erwachsene Frau! Du bist verantwortungsbewusst. Du bist in Ordnung. Du wirst das schon machen. Lass dir von niemandem etwas einreden. Was interessieren dich andere Menschen und ihre Meinung, ihr Urteil? Du bist doch kein kleines Kind! Du bist doch nicht von ihnen abhängig, ihnen ausgeliefert. Du weißt doch, was du tust und warum du es tust. Stehe einfach zu dir! Wenn sie auch vielleicht auf dich mit Fingern zeigen, na und … ihr Problem! Was kümmert dich das? Du bist gekommen, um dich untersuchen zu lassen. Wegen dir und wegen des Babys. Das war deine Absicht! Nicht mehr und nicht weniger. Bleib dabei! Die Klinik ist eine Servicestelle, du bist der Kunde. Du gehst jetzt dorthin, du sagst was du brauchst und du nimmst ihre Leistungen in Anspruch. Du bekommst eine Auskunft, eine Information und bildest dir dann dein eigenes Urteil darüber. Nicht mehr und nicht weniger. So läuft es in der Welt der Erwachsenen. Du gehst doch nicht dorthin, damit sie dich verstehen, damit sie dich lieb haben. Du wirst ihnen wohl nicht dein Innerstes auf den Altar legen? So hättest du einen Anspruch auf die Menschen, auf die Ärzte, eine Erwartung, die sie dir nicht erfüllen könnten. Die sollen dir nicht die Mutter – die du nie hattest – ersetzen. Die sind nicht Jan. Das sind ganz normale Leute, die ihren Job als Ärzte machen. Nicht mehr und nicht weniger. So einfach ist das. Du erwartest von ihnen, dass sie dich verstehen und annehmen, so wie du bist? Dass du nicht perfekt und trotzdem okay bist? Das meinst du doch nicht ernst, oder? Was können diese vierundzwanzig Stunden am Tag beschäftigten Menschen schon von dir wissen, wie sollen diese übermüdeten Frauen und Männer auf dich eingehen können? Und unabhängig davon, wenn du schon solche Ansprüche an sie hast, dann versuche du mal, sie als Menschen zu sehen und anzunehmen – mit all ihrer Menschlichkeit. Sieh, dass sie nicht perfekt sind, dass sie, obwohl sie Ärzte sind, ihre Macken, Launen und was weiß ich, was noch alles haben. Jetzt hab dich nicht so! Ich weiß, ich weiß – das Weinen hilft dir irgendwie, eine Erleichterung zu finden, aber war das für jetzt nicht genug? Es ist alles in Ordnung. Schau dich im Spiegel an, wasche dir das Gesicht, geh nach unten schön frühstücken und dann … los geht's!"

Völlig fertig setzte sich Klara auf den Bettrand. Wie ferngesteuert zog sie ihre Schuhe an, wusch sich noch einmal das Gesicht, cremte und puderte es, besserte ihr Augen-Make-up nach, nahm ihre

Handtasche und versuchte, mit erhobenem Kopf aus dem Zimmer in den Frühstücksraum zu marschieren.

***

Die Klinik war ein mittelgroßes Gebäude. Ein Solitär, der mitten in einer gepflegten Parkanlage stand. Der Regen hatte die Zufahrtstraße frisch gewaschen, sie glänzte als wäre sie poliert. Ein großes Glastor lud zum Hineingehen ein. Keine große Aufmachung, keine Werbeplakate schmückten den Eingang, im Inneren herrschte ein schlichtes, angenehmes und ruhiges Ambiente.

An der Rezeption meldete sich Klara an. Weil sie keinen Termin hatte, schob sie die diensthabende Schwester zwischen andere Termine ein, zu einem Arzt, der gerade zu dieser Zeit eine Terminlücke hatte. Sie würde ca. eine Stunde warten müssen, bis sie an der Reihe wäre – informierte sie die hilfsbereite Schwester. Sie würde mit ihrem Namen aufgerufen, wenn der Arzt für sie bereit sei.

Klara setzte sich neben einen Springbrunnen, der mit vielen exotischen Pflanzen dekoriert war. Eine kleine, lieblich gestaltete Erholungsoase. Aus den geschickt versteckten Lautsprechern strömte eine leise, angenehme Melodie durch die hellen Warteräume. Überall gab es große Fenster, durch die man den grünen Park beobachten konnte. Sie ersetzten zu dieser Tageszeit die sonst in vielen öffentlichen Gebäuden so gerne benutzte, unangenehme, flimmernde, künstliche Beleuchtung. Ein großes Regal mit verschiedenen Büchern und Zeitschriften lenkte Klaras Aufmerksamkeit auf sich. Sie nahm sich eine Zeitschrift, füllte ein Glas mit Mineralwasser aus Flaschen, die für die Wartenden an einem Tisch samt frischem Obst und Gebäck bereitstanden. Sie beruhigte sich, versuchte sich zu entspannen. Jetzt waren ihre Schritte getan, jetzt musste sie nichts anderes tun, nur warten, alles Weitere war die Sache des Arztes. Mit diesen Gedanken versuchte sie sich für den Rest der Wartezeit in die ausgeliehene Zeitschrift zu vertiefen und zu lesen. Trotz der scheinbaren Gemütlichkeit und Entspannung vermischten sich all die bunten Bilder und Buchstaben vor ihren Augen miteinander, begannen ihre Form zu verlieren, bis sie nur zu einem großen, bunten Fleck wurden. Statt zu lesen, schaute Klara direkt in ihre Vergangenheit. Noch einmal erlebte sie die spannenden Minuten, als sie zum ersten Mal Jan von Angesicht zu Angesicht gegenüber gestanden war, sie erlebte nochmals ihre Gefühle und Gedanken von damals, bevor dies passiert war und was sie sich vorgestellt hatte, was sie erwarten würde – bevor es zu der Begegnung gekommen war. Wen hatte sie geglaubt im Container zu finden, wie hatte sie ihm begegnen wollen? Wie hatte sie im ersten Moment reagieren wollen? Sie erinnerte sich an das erste Lächeln von Jan, ihre ersten Tränen – damals für sie wirklich noch etwas Ungewöhnliches, dann die erste Berührung, der erste Kuss, der erste Streit, die erste gemeinsame Nacht. Wie ein Film lief dies vor ihren Augen ab, bis eine Stimme direkt vor ihr vorsichtig nach ihren Namen fragte. Langsam, wie gerade aus einem Traum aufwachend und nicht wissend, auf welcher Seite sich die Wirklichkeit befand, hob sie ihren Kopf und erst dann merkte sie, dass sie neben dem schönen Springbrunnen in der Klinik saß. Das Glas mit Wasser neben ihr unberührt, die Zeitschrift nicht weiter umgeblättert und sie hatte keine Ahnung, wie viel Zeit gerade vergangen war …

Ein mittelgroßer Mann in einem weißen Kittel stand vor ihr und fragte nach ihrem Namen. Entschuldigend lächelte sie ihn an, sagte ihren Namen und … Sie wollte es nicht glauben. Sie schaute noch genauer in sein Gesicht. „Das kann doch nicht wahr sein! Nein … das ist doch nicht möglich! Aber die Ähnlichkeit?“ und Klara wurde schwarz vor Augen und sie fiel ohne Vorwarnung in Ohnmacht.

Wieder bei sich, lag sie in der Ordination auf einem bequemen Bett. Das Gesicht von Max, direkt vor ihr, schaute besorgt und gleichzeitig auch ein wenig überrascht in ihre Augen. „Klara, bist du das?“ Sie fühlte sich, als wäre sie in einem Taucheranzug gefangen. Jemand klopfte an den Helm an und versuchte herauszufinden, ob sich hinter dem ganzen wasserfesten Material Klara befände. „Ja, ich bin es“, antwortete irgendetwas aus der Tiefe für sie. Sie schnappte nach Luft. Sie konnte wegen des dicken Glashelms nicht richtig sehen. Das Gesicht entfernte sich wieder. Sie musste sich mit aller Kraft halten, um nicht wieder in Ohnmacht zu fallen. Oder wäre eine nochmalige Bewusstlosigkeit eine rettende Lösung? „Wie kommt das denn? Was macht der denn hier? Warum schaut der mich so an? Warum hat er einen Arztkittel an? Wer macht sich da über mich lustig?“

Der große, starke, seriös wirkende Mann vor ihr schien es auch nicht leichter zu haben. Offensichtlich kämpfte er mit seiner Pflicht, einen Patienten zu versorgen und seiner persönlichen Neugier und Überraschung. Letztendlich gewann die Professionalität. Er nahm eine Spritze und ohne etwas zu sagen, stach er die Nadel in Klaras Arm. Sie spürte, wie sie mit ihrem Bewusstsein langsam wieder an die Oberfläche schwamm, wie sich der Helm und der Taucheranzug langsam auflösten, bis sie endlich wieder da war. Ja, Klara war wieder ganz sie selbst. Aber war das gut so?

Ihre erste und einzige wirkliche Liebe, die mit so viel Schmerz verbunden war, saß direkt vor ihr. Max. Die Liebe ihres Lebens, mit dem sie in jugendlicher Unschuld die Welt erobern und erkunden wollte. Max, das Licht und die Hoffnung in ihrem damaligen Leben, wie kitschig es auch klingen mag. Der Vater ihres ungeborenen, heißgeliebten und ungeduldig von beiden erwarteten Kindes. Es hätte alles nur noch gut sein sollen. Ja, so waren sie damals gewesen – jung und frisch verliebt, hatten sie noch an das Klischee von einer heilen Welt geglaubt. Für andere schien die Idee der Liebe, Harmonie, des Vertrauens und Verständnisses nur eine unerreichbare Illusion gewesen zu sein, sie wussten – es war möglich und sie waren ganz nah dran. Nur mehr ein kleiner Schritt hatte gefehlt, aber er war nicht geschehen. Mitten in ihrem größten Schmerz ließ er sie fallen und verließ sie. Mitten in der Besuchszeit im Krankenhaus, wo die Folgen einer unerwünschten und verpfuschten Abtreibung behandelt worden waren, war er – tief enttäuscht von Klara – mit seinem eigenen Schmerz aus dem Krankenzimmer hinausspaziert, in dem sie selbst wie ein Häufchen Elend lag und hatte all ihre Träume, Hoffnungen und Sehnsüchte mitgenommen. Sie hatte ihn niemals wieder gesehen. Bis jetzt …

Klara wurde wieder schwindelig. Sie tauchte wieder unter die Oberfläche. Von außen hörte sie jemanden laut und bestimmend zu ihr sagen: „Atmen Sie! Atmen Sie! Tief einatmen … und ausatmen … Und pressen! Pressen!“ Plötzlich dachte sie, die Stimme von Jan erkannt zu haben. Erleichtert atmete sie aus. „Jan! Ich bin bei Jan. Das ist gut. Das ist beruhigend.“ Jans Stimme streichelte sie weiter: „Du machst es gut. Genau so ist es richtig, meine Liebe. Nur weiter so. Gleich wird es soweit sein. Du bist sehr tapfer. Atme! Atme! So! So ist es gut …“

Beruhigt durch die vertraute Stimme begann Klaras Bewusstsein wieder an die Oberfläche zu kommen. Das Licht vor ihren Augen wurde immer heller. Sie nahm zwei Gestalten vor sich wahr. Enttäuscht erkannte sie die Klinikwände. „Also war Jans Stimme nur Einbildung, nur eine Halluzination.“ Erschrocken schaute sie die Schwester an, die direkt neben ihrer linken Hand stand. „Ich kriege doch nicht schon jetzt das Kind?", fragte sie mit leiser Stimme. „Nein, nein. Beruhigen Sie sich, es ist alles in Ordnung. Sie sind nur ein wenig erschöpft, wir untersuchen Sie gerade. Von einem Beruhigungsmittel sind Sie ein wenig eingenickt. Der Doktor wird gleich kommen und Ihnen alles erklären", sagte die Schwester, drückte ihre Hand und lächelte sie an. Ein unbekannter Arzt machte gerade eine Ultraschalluntersuchung und sagte zu ihr: „Das Baby ist kerngesund. Ein Prachtstück, aber es wird wahrscheinlich noch ein paar Tage dauern, bis es soweit ist. Der Kollege kommt gleich und erklärt Ihnen alles ganz genau. Ich bin hier gleich fertig."

Entfernt hörte Klara zu. Mit dem Baby war alles in Ordnung. Das war wichtig. Aber Max! War das keine Einbildung? „Er ist da?! Wie furchtbar. Wie konnte so etwas passieren? Wie ist so ein Zufall möglich? Ein göttlicher Witz?"

Wie viele Male hatte sich Klara früher gewünscht, Max zu treffen. Sie hatte sich verschiedene Umstände ausgemalt, unter denen sie ihn treffen, begegnen könnte. Sie hatte sich die ersten Blicke zwischen ihnen, mit denen sie sich nach so vielen Jahren zum ersten Mal wieder anschauen würden, sowie die ersten Worte, die sie zueinander sagen würden, vorgestellt. Aber das hier! Das war nicht drin. Soweit hatte ihre Fantasie nicht gereicht. Im Krankenhaus hatte er sie verlassen, in einer Klinik sah sie ihn nun wieder. Damals hatte sie sein Kind verloren, jetzt kam sie direkt mit dem Kind eines anderen zur Untersuchung zu ihm. Das konnte doch nicht möglich sein. Er wollte doch nie ein Frauenarzt werden. Er hatte doch nie studieren wollen!

***

In ihren späteren Jahren, als sie in ihrem Beruf schon eine angesehene

Person war, wollte Klara die Chance bekommen, Max nur einmal, ein einziges Mal zu treffen, um alles von damals besprechen, klären zu können. Die vielen unausgesprochenen Worte hatten auf ihrer Seele gelastet. Sie hatte das Gefühl gehabt, sie würde nie sterben können, bevor sie nicht mit ihm gesprochen und die Chance bekommen hätte, ihm zu erklären, was geschehen war. Nein, sie hatte ihn nicht wieder lieben wollen und hatte auch nicht gewollt, dass er sich wieder in sie verliebte. Dazu war es zu spät gewesen – hatte sie zumindest gedacht. Dafür waren zu viele schmerzliche Erinnerungen dazwischengestanden. Viel Misstrauen, Ablehnung, Unverständnis und Trauer gepaart mit Sehnsucht und Hoffnung. Sie hatte gewusst, gäbe es noch einen „Anfang" für sie, wäre sie nicht daran vorbeigekommen, ihm in schwachen Augenblicken Vorwürfe zu machen – ihn vielleicht unbewusst zu bestrafen, sich für all den Schmerz rächen zu wollen. Wie sehr sie sich auch bemühte, sie wusste, dass sie es kaum verdauen würde, dass er ihr nicht vertraute, dass er sie nicht kannte, dass er ihr keine Chance zur Klärung gab, dass er, ohne sich Gedanken zu machen, gleich das Schlimmste von ihr annahm. Das hatte wehgetan. Sie konnte sich nicht vorstellen, dies je vergessen zu können. Aber sie brauchte Klarheit. Sie hatte einige Male nach ihm geforscht und versucht, ihn zu finden. Sie hatte von früheren Bekannten gehört, dass er ins Ausland gezogen war und dann irgendwann gab sie endlich auf. Sie hatte sich abgefunden, sie wollte wieder leben, neue Anfänge wagen. „Und jetzt? Jetzt soll der Augenblick sein? Jetzt ist er da? Was soll ich mit ihm reden? Ich bin doch ein gänzlich anderer Mensch geworden. Das alles ist Vergangenheit, die ich hinter mir gelassen habe. Warum in aller Welt jetzt in alten Wunden, die langsam verheilt sind, stöbern?"

***

Max kam herein. Sichtlich nervös bemühte er sich um ein Lächeln.

Er sprach kurz mit seinem Kollegen, dann verabschiedete er ihn und die Schwester. Jetzt waren sie alleine.

Klara, immer noch liegend, beobachtete sein Gesicht, seine Körperhaltung während er die Notizen seines Kollegen studierte. Scheinbar hatte er es nicht eilig. Sie fragte sich, ob er etwas sah, während er das Papier anstarrte, oder ob er dabei nur die richtigen Worte, die richtige Stimme, den optimalen – nicht verräterischen – Gesichtsausdruck suchte. Seine Haare waren dünner geworden. Einige weiße Strähnchen verliehen ihm eine gewisse Seriosität. Das Gesicht war braungebrannt und vital. Einige Falten um die Augen und auf der Stirn definierten das sorgenvolle Bemühen um seine Patienten. Seine Augen hatten noch immer einen scharfen, alles umfassenden Blick, aber sie waren auch traurig und müde. Eine gewisse Müdigkeit strahlten nicht nur die Augen, sondern seine gesamte Körperhaltung aus. Ob das wohl den anderen auch aufgefallen war, oder war es nur für Klara sichtbar, die ihn zuletzt in seiner jugendlichen Entschlossenheit und Vitalität gekannt hatte?

Plötzlich entschloss er sich, die Liste zur Seite zu legen. Er setzte sich auf einen Stuhl und rollte mit ihm zu Klara. Neben dem Bett drückte er auf einen Knopf. Das Bett unter ihrem Kopf begann sich zu heben, bis sie endlich sitzen konnte. Jetzt waren sie sich ganz nah. Ein Kopf gegenüber dem anderen – auf gleicher Höhe. Klaras Herz begann schnell und laut zu schlagen. Am liebsten wäre sie wieder in Ohnmacht gefallen. Ihm schien es nicht anders zu gehen, aber da mussten sie jetzt scheinbar durch. Oder konnte jetzt auch noch einer von ihnen weglaufen?

Wie zwei kleine Kinder, die nicht wussten, wie ihnen gerade geschah, saßen sie da. Die Luft wurde dicht. Irgendetwas musste passieren, sonst könnte man die Luft bald schneiden – dachte sich Klara, aber sie hatte keine Ahnung, was es sein sollte, was diesen Augenblick unterbrechen und beleben könnte. Alles stand still, die Zeit hörte entweder auf zu existieren oder wurde sehr langsam. Man hörte nur eine Wanduhr von einer Sekunde zur anderen die Zeit zählen, man hätte fast ein Gefühl für Zeitlosigkeit oder Ewigkeit bekommen können.

Endlich öffnete er seinen Mund. Erleichtert und dankbar schaute ihn Klara an, aber gleich stellte sie enttäuscht fest, dass er ihr nur die Untersuchungsergebnisse ganz kühl und neutral vorlas. Ganz unbeteiligt, als wäre sie nur irgendeine Patientin. Dann war sein Vortrag zu Ende. Schüchtern schaute er sie an und fragte: „Und was machen wir jetzt?"

Sie schauten sich an und plötzlich begannen sie beide zu lachen. Sie lachten und lachten. Es war die beste Methode von allen, die in dieser Situation zur Auswahl standen. Endlich sprach er weiter: „Wir werden wohl ein Wörtchen miteinander reden müssen. So geht das doch nicht. Ich bin hier ein angesehener Arzt und plötzlich benehme ich mich und habe Gefühle in mir wie ein kleiner Junge – als hätte ich was Furchtbares verbrochen. Und aufgrund deiner Werte darf ich annehmen, dass deine Schwäche, deine Ohnmacht hauptsächlich mit der schockierenden Begegnung mit mir etwas zu tun haben. Wir sind doch zwei Erwachsene, oder? Wir werden es doch irgendwie hinkriegen, uns auch so zu verhalten – was meinst du?"

Klara fiel ein Stein vom Herzen. Seine Art, wie er es gesagt hatte, ließ in diesem Augenblick allen Groll vergessen. Er war es! Noch immer der Max, so wie sie ihn von früher kannte. Dies war seine eigene Art, mit Schwierigkeiten und Problemen umzugehen, auch eine von seinen Seiten, für die sie ihn einmal geliebt hatte. Sie lächelte ihn an und nickte nur kurz mit dem Kopf und ließ endlich auch ihre Lippen sprechen: „Ich schlage vor, ich ziehe mich zuerst einmal an und dann setzen wir uns irgendwo hin, wo es gemütlicher ist als in diesem Liegestuhl da“, zeigte dabei auf das sterile Bett und die herumliegenden ärztlichen Instrumente, „wenn du Zeit hast“. Schon wieder mussten sie beide lachen. Er half ihr aus dem Bett und während sie sich im Umkleideraum anzog, räumte er die Instrumente weg, mit denen sie untersucht worden war.

***

Sie saßen auf einer Bank im Park, gleich hinter der Klinik unter einem riesigen, wunderschönen Kastanienbaum. Seine Krone und seine Blätter spendeten den beiden wohltuenden Schatten und Schutz. Ein Vorbeigehender konnte nur einen Mann und eine Frau sehen, die sich vertraut waren und die an diesem herrlichen Tag die Mittagspause gemeinsam, vertieft in eine aufgeregte Diskussion, die Welt um sich herum vergessend, verbrachten.

Sie sprachen miteinander wie zwei alte Freunde, die sich eine Ewigkeit nicht gesehen hatten und sich jetzt in zehn Minuten alles auf einmal erzählten, mitteilten, all die Zeit nachholen wollten. Jeder erzählte einige Abschnitte von seinem Leben, nur Klara konnte leider, was den Container betraf, nicht die ganze Wahrheit sagen. Wie schmerzlich es auch war, mogelte sie ein wenig und erzählte nur von einem Auslandsaufenthalt in einem Entwicklungsland, aus dem sie gekommen war, um sich hier untersuchen zu lassen und unter sicheren Bedingungen das Kind zur Welt zu bringen. Wenn sie genau überlegte, war es nicht einmal gelogen. Was spielte es schon für eine Rolle, ob die fremde Welt zwei Autostunden oder zehn Flugstunden entfernt war?

Erwachen

Am späten Nachmittag kam Klara wieder in die Pension zurück. Sie war hundemüde, aber glücklich. Nach der überraschenden Begegnung mit ihrer Vergangenheit und der lang ersehnten Möglichkeit, sich auszusprechen, zu erklären, gönnte sie sich eine ausgiebige Mahlzeit in einem avantgardistischen, gerade angesagten Lokal in der Innenstadt. Mitten in der Menge, gedankenverloren, aß sie die Kreation der Küche, die damit berühmt geworden war, dass jede Speise ein Original war, die kein anderer Gast in der gleichen Form und mit demselben Geschmack aufgetischt bekam. Sie beobachtete genussvoll die vorbeigehenden Passanten und Touristen, die sich um das Küchenschaufenster scharten und wie in einer Vorstellung das Entstehen der köstlichen Originale betrachten konnten. Das Restaurant war Tage im Voraus ausgebucht, nur Klaras unschuldige Art und der große Bauch schienen einen freien Platz kurzfristig gezaubert zu haben. Nach dem vorzüglichen Dinner spazierte sie direkt in ein Kino, setzte sich in einen halb leeren Saal und wie eine alte Verwandte beobachtete sie ihre Lieblingsschauspieler, von denen sie schon lange nichts gehört hatte und versuchte, sich ihre persönliche Entwicklung, ihren Schicksalslauf seit ihrem letzten Kinobesuch vorzustellen.

So viele Eindrücke und Erlebnisse an einem Tag, das war sie schon lange nicht mehr gewohnt. Erschöpft sank sie – in der Pension angekommen – in einen Sessel, der gleich neben dem Fenster stand, legte ihre Füße hoch auf den kalten Heizkörper unter dem Fensterbrett und schaute dem Sonnenuntergang entgegen. So ein Genuss! Im Container gab es experimentbedingt keine echten Fenster. Programmierte, künstliche Beleuchtung animierte die verschiedenen Tageszeiten und erst seit Jans erstem Ausbruchsversuch hatte sich die Welt um einen Garten mit frischer Luft und wahrem Sonnenlicht erweitert. Durch die hohe Mauer, die den Container von der Außenwelt trennte, sah man aber immer nur einen engen, menschenleeren Himmelsausschnitt. Jetzt saß sie hier, mitten im Leben, schaute nur so, direkt vor sich hin, aus dem geöffneten Fenster durch die Baumkrone, in der sich verschiedene Vögel eingenistet hatten, auf die Straße, welche von der untergehenden Sonne in ein orangerotes Licht gehüllt wurde. Wie durch einen Zauber schienen alle Menschen auf der Straße automatisch langsamer, lockerer und freundlicher geworden zu sein. Aber vielleicht kam es Klara nur so vor, vielleicht war es ganz einfach ihre innere Ruhe, die ihre Wahrnehmung veränderte und die Menschen auf der Straße ohne gewohnte Eile und Stress erscheinen ließ.

„Was ist heute eigentlich geschehen?", fragte sich Klara. Sie war sich nicht sicher, ob sie die Ereignisse des Tages, oder besser gesagt das Hauptereignis, das alle andere Erlebnisse überlagerte, wirklich realisiert hatte. Es war einfach so normal. Es war so, als wäre es schon längst geplant gewesen – die Begegnung mit Max. Es war eher nicht normal, dass sie ihn bis jetzt noch nicht getroffen hatte, dass sie sich bis jetzt nicht mit ihm aussprechen konnte. Eine unmögliche Vorstellung, die sie bisher verfolgte – dass sie ihm niemals mehr im Leben begegnen sollte und dass jeder mit seiner eigenen ungeklärten Wahrheit, ohne sich je zu versöhnen, gestorben wäre.

***

Das gemeinsame Gespräch zeigte, dass ihn über die Jahre diese unglückliche Geschichte genauso verfolgt, dass ihm irgendetwas gefehlt, irgendetwas nicht gestimmt hatte. Trotz seines neuen Lebens, seiner erfolgreichen Praxis, konnte er diese Vergangenheit nicht endgültig abhaken, vergessen, ad acta legen. Seine Ehe war kinderlos nach einigen Jahren zerbrochen, und nach erfolglosen Versuchen glücklich zu werden und einen Partner zu finden, mit dem man auf gleicher Wellenlänge schwingt, hatten sich seine Interessen und sein Leben auf die ärztliche Ebene verlagert. Eigentlich hatte er dann seinen Wunsch, in einer Partnerschaft zu leben, abgelegt und sich voll auf seinen Beruf konzentriert. Vor allem junge Frauen, die sich gegen das keimende, neue Leben in sich entschieden hatten, versuchte er besser, urteilslos zu verstehen, sie zu beraten, zu begleiten. Gleichzeitig bemühte er sich, das ungeborene, heranwachsende neue Leben, das noch nicht für sich selbst sprechen und entscheiden konnte, zu schützen, ihm so was wie ein Anwalt zu sein. Immer war er für eine optimale Lösung für die Mutter und das Kind bemüht, was in den seltensten Fällen einfach war. Immer wieder hatte er sich gezwungen gesehen, doch entgegen seiner persönlichen – unärztlichen Vorstellung und Überzeugung, unbefangen und neutral zu handeln. Als wäre er einem Geheimnis auf der Spur gewesen, das er aber nicht und nicht enträtseln konnte – bis heute. Wie groß war seine Überraschung, nach all den Jahren Klara wieder zu sehen und von ihr zu erfahren, dass sie damals das Kind hatte behalten wollen, dass sie als Unmündige, wie ein Gegenstand behandelt worden war, dem man einfach einige Teile aus dem Inneren entnommen hatte, damit er besser – entsprechend fremder Vorstellungen – funktionieren konnte. All die Jahre seiner Suche, all die Theorien, die er aufgestellt und die Vorstellungswelten, welche er erschaffen hatte, in denen ihm Klara die ganze Zeit hinters Licht geführt, ihn nicht wirklich geliebt und ihn nur ausgelacht, nicht ernst genommen hatte. Und es war alles nur ein Missverständnis gewesen. Eines von Millionen, die tagtäglich auf dieser Erde unter den Menschen passieren. Ein Kommunikationskurzschluss mit weitreichenden

Folgen, der das gesamte Leben von zumindest zwei Menschen einschneidend beeinflusst und eine unwiderrufliche Wende verursacht hatte. Die ganze Zeit hatte er in einer Dimension gelebt, in der er sich als Opfer einer Frau gesehen hatte, für die er bereit gewesen war, alles zu tun – sein Leben zu riskieren. Und jetzt? Jetzt erfuhr er, dass nicht er, sondern Klara die Leidtragende, die im Stich Gelassene gewesen war.

Erstaunt betrachtete Max in diesem seltsamen Augenblick Klaras Gesicht und hatte das merkwürdige Gefühl, dass er nach mehr als zwanzig Jahren zum ersten Mal zu sehen begann. Als hätte man ihm ein altes, löchriges, schmutziges Rollo hochgezogen, als hätte man ihm die Klappen von den Augen abgenommen. Im ersten Moment eine riesige Erleichterung, im nächsten – ein stechender Schmerz. Klara konnte nur erahnen, was in ihm vorging. Sie versuchte ihn zu trösten, zu beruhigen und ihm zu erklären, dass alles Vergangenheit war, die sicherlich ihren Sinn hatte – irgendwie alles so sein musste, wie es geschehen war, damit sie beide das werden konnten, was sie heute waren. Ohne dieses Ereignis wäre er doch nur ein Reisender gewesen, kein Spezialist – sogar der Beste auf seinem Gebiet, der sich mit seiner ganzen Seele um das Wohl all der jungen Mädchen, Frauen und werdenden Mütter bemühte.

***

Klara ließ ihren Blick durch das Zimmer wandern. Eine einfache Einrichtung – kein großer Schnickschnack, aber praktisch und auf eine gewisse Art gemütlich. Dann kehrte sie wieder zur Straße und der Sonne zurück, die schon fast untergegangen war. Nur eine typische Abendröte spiegelte sich noch in verschiedenen Tönen am Himmel, wurde immer schwächer, bis sie nach einer Weile gänzlich verschwand. Der Abend und die Nacht kamen wie jeden Tag um diese Zeit zu den Menschen, damit sich ihr Gemüt auf das Ausklingen, Erholen einstimmen konnte. Klara schaute wie jetzt die Laternen die Straße erhellten und kehrte zu ihren Gedanken zurück: „Wer wäre ich heute, wäre damals alles nicht so passiert, wie es passiert ist? Hätte ich mit Max nicht auf meinen achtzehnten Geburtstag gewartet, sondern wären wir gleich durchgebrannt? Oder was wäre, hätte er mich im Krankenhaus erhört, hätte ich die Chance bekommen, ihm alles zu erzählen? Hätten wir dann ohne Schicksalsschläge unsere Pläne eins zu eins verwirklicht? Wie würde ich mich heute, in so einer Welt fühlen? Wie würde ich denken? Was und wie wäre heute meine Welt?“

Klaras sonst so ausgeprägte Fantasie wollte ihr jetzt keine Bilder liefern. Wie sehr sie sich auch anstrengte, sie konnte sich kein anderes Leben als das, das sie bereits gelebt hatte und jetzt lebte, vorstellen. Um keinen Preis hätte sie all die Erfahrungen missen wollen, die sie im Container und mit Jan gemacht hatte. Sie merkte, dass sie eigentlich in den letzten Jahren mehr erlebt hatte, als sie sich je zu erträumen gewagt hätte. Nur die scheinbare Abgeschiedenheit, die graue Mauer und der Container hatten ihren Verstand vergessen lassen, dass es für sie mehr als das wahre Leben war. Oder sollte man behaupten, dass ihr früheres Leben außerhalb des Containers, innerhalb ihrer eigener vier Wohnungswände weniger abgeschieden, weniger isoliert gewesen war? Wo erfuhr sie mehr Lebendigkeit? Wo konnte sie sich mehr spüren? Dass sie heute auf der Straße mit erhobenem statt gesenkte Kopf und offenen Augen spaziert war, das war früher keine Selbstverständlichkeit. Diese Wandlung war doch auch mit Jans Hilfe geschehen. Früher eilte sie – wie so viele andere, die sie gestern beobachtet hatte – nicht links, nicht rechts schauend, mit dem Kopf zwischen den Schultern zur Arbeit, von der Arbeit wieder nach Hause, um sich vor der Lebendigkeit der anderen nicht bedroht zu fühlen, die sie selbst zu leben kaum fähig gewesen war.

Ich soll mir die Frage vielleicht anders stellen. Was oder wer wäre ich heute, wäre ich nicht in den Container gegangen? Und hätte Jan nicht so auf mich reagiert, wie er das getan hat. Ich wäre noch immer die, die ich vor ein paar Jahren war. Die heutige Klara fühlt sich aber besser, ist zufriedener und - traue ich mich das überhaupt sagen? - ist glücklicher als sie je für möglich gehalten hatte. Nein, es war schon alles gut, so wie es gelaufen ist. Es gab Schmerz, Enttäuschung, Trauer. Aber erlebt nicht jeder Mensch irgendwann in irgendeiner Form dies alles? Ja, klar fragt man sich: musste es so heavy sein? Hätte nicht die Hälfte der Traumen, Schocks und Erniedrigungen gereicht? Wer weiß? Hätte es weniger Ladung, weniger Schmerz gegeben, wäre Max vielleicht kein Arzt geworden und ich hätte nicht den Wunsch gehabt, vor allem zu fliehen. Hätte es mir nicht von allem gereicht, hätte ich nicht die Schnauze voll von mir selbst und meinem Leben gehabt, wäre mir nicht alles egal gewesen – hätte ich mich dann in den Container getraut? Ist es möglich, dass alles auf einer anderen Ebene so vorgeplant war? Ist es möglich, dass es genau auf mich abgestimmt war? Dass ich gerade diese Erschütterungen brauchte, um dorthin zu kommen, wo ich heute bin? Ist so etwas möglich? So etwas wie göttliche Fügung? Göttlicher Plan – Vorsehung?

Beeindruckt von den eigenen Schlussfolgerungen legte sich Klara ins Bett, öffnete noch zuvor gekaufte Schokolade, daneben salziges, käsiges Knabberzeug und schaltete den Fernseher an, wo gerade die allabendlichen Nachrichten liefen. Wie immer – als wäre Klara nie weg gewesen, als hätte sich auf der Welt nichts geändert, als hätte sie nichts verpasst – liefen die gewohnten, sogar fast die gleichen Schlagzeilen auf dem Bildschirm. Klara schmunzelte in sich hinein, streichelte das Baby durch den Bauch und ließ sich von mehr oder weniger schockierenden Bildern aus verschiedensten Ecken der Erde berieseln, während sie selbst mit den Gedanken in ihrer kleinen Ecke im Container, bei Jan weilte und sich nach seiner allabendlichen Massage, seinen Zärtlichkeiten sehnte. Sie hatte das Gefühl, endlich frei zu sein. Endlich war von ihr eine große Last, die sie die ganze Zeit mit sich herumgeschleppt hatte, abgefallen. Erst jetzt wurde ihr bewusst, dass sie die ganze Zeit über einen Schlussstrich unter ihre Vergangenheit ziehen wollte, was ihr scheinbar ohne Aussprache mit Max nicht möglich gewesen wäre. Über zwanzig Jahre und ein Reifeprozess hatten dieses wahrscheinlich möglich gemacht. Eine Klärung, eine Bereinigung des Grolls und der Missverständnisse. So wie der Morgenregen die Straße in neuer Frische erstrahlen hatte lassen, so schlief Klara mit einer Zuversicht in das, was kommen würde, für das sie jetzt frei war, ein und Frieden breitete sich über die Nacht in ihr aus.

***

In der Früh, schon beim Frühstück, packte Klara lebendige, innere Unruhe. Schon lange hatte sie dieses nicht gespürt. Diesen inneren Antrieb und diese Kraft. Genau zu wissen, was sie tun will und wie sie es tun soll. Plötzlich wusste sie – ihre Zeit in der „Zivilisation" war in diesem Moment abgelaufen. Ihr Platz war anderswo. Während sie sich fast verschluckte, so eilig hatte sie es mit dem Frühstück, packte sie in Gedanken schon ihren Koffer und machte sich auf den Weg zurück in den Container. Sie freute sich riesig auf Jan, kein Körnchen Angst war in ihr. Sie war mit purem Vertrauen auf diese seltsame Kraft, die sie zu Max und jetzt wieder zurück in den Container führte, gefüllt. Als hätte die Flucht aus dem Container nur diesen einzigen Zweck gehabt – mit der Vergangenheit Frieden zu schließen. Keine Bedenken wegen der Geburt, wegen des Kindes. Sie wusste nicht wie, aber sie wusste: es wird alles gut gehen. Sie hoffte, dass Jan ihr nicht sehr böse sein würde, aber sie war sich sicher, das würde sich auch irgendwie klären.

Nur eine Sache war da noch!

Während sie den letzten Schluck des koffeinfreien Latte trank, spazierte Max herein, direkt in den Frühstücksraum. Er strahlte. Er lächelte über das ganze Gesicht. Er sah so aus, als wäre über Nacht eine große Last von ihm gefallen. Mit ihm schien auch eine Wandlung passiert zu sein. Er sah aus, als wäre er plötzlich um zehn Jahre jünger.

Überrascht schaute Klara zu ihm, wie er sich, wie mit einem Tanzschritt – er schien fast zu schweben – ihrem Tisch näherte. Sie konnte es nicht fassen. „Was macht der jetzt da?", fragte sie sich und spürte, wie ihr Herz schneller zu schlagen begann. Er, sichtlich amüsiert über ihren Gesichtsausdruck, setzte sich unaufgefordert an ihren Tisch, brach frech ein Stück von ihrem Marmeladencroissant ab und stopfte es sich in den Mund. Wie ein kleiner Bub, der darauf aus war, irgendetwas anzustellen, damit sich alle anderen amüsieren konnten und er Beifall bekommt.

Klara konnte kein Wort über ihre Lippen bringen. Beunruhigt beobachtete sie von der Weite, wie er sie, so wie früher, an der Hand nahm, ihr aufzustehen half, sie aufs Zimmer schleppte, ihre Jacke und ihre Handtasche nahm. Und … sie folgte ihm einfach, ohne sich zu wehren, wie in Trance auf die Straße. Die ganze Zeit sprachen sie beide kein Wort.

Nur …! Es fühlte sich spannend, abenteuerlich und gut an. Wie früher, wenn er etwas ausgetüftelt und ein unglaublich großes Geheimnis daraus gemacht hatte und dann angespannt in ihre glänzenden, bewundernden, strahlenden, bis ins unendliche überraschten Augen blickte.

***

Klara vergaß gänzlich, dass sie hochschwanger war. Max hatte sie in seinen Bann gezogen. Wie früher war sie ihm plötzlich völlig „ausgeliefert" – als hätte sie keinen eigenen Willen. Die Uhr wurde zurückgedreht, während sie am Ufer standen. Es war ihr Ufer. Viele Male waren sie damals hier gestanden und hatten versucht, die weiten Länder, zu denen das Wasser floss oder von denen es kam, zu erahnen. Sie hatten geträumt und geplant, wie sie einmal diese Länder gemeinsam entdecken, bereisen würden. Sie hatten ihre gemeinsame Zukunft geträumt, in der sie frei sein würden, frei von jeglichen Vorschriften der Eltern, frei von starren Strukturen der Gesellschaft, frei vom Druck, etwas erreichen, beweisen zu müssen. Nur sie beide, ihre Liebe und die fremde Weite – das war ihre Zukunft.

An dem Platz, wo sie standen, hatte sich in der Zwischenzeit nicht einmal irgendetwas verändert. Alles war wie früher. Klara kannte sich plötzlich nicht aus. All die Gefühle, all die Hoffnungen von damals überrollten sie. Die Zeit zwischen damals und jetzt war wie verschwunden. Plötzlich gab es keine Klara-Therapeutin, keinen Container, keinen Jan. Und sie war guter Hoffnung – schwanger – wie damals.

Sie setzten sich in den Rasen, ganz ungezwungen, wie Kinder. Die ganze Welt um sie herum rückte zurück. Nur sie beide und ihr Fluss, der sie in eine gemeinsame Zukunft bringen sollte, existierten in diesem Moment. Alle gestauten, aufgegebenen Hoffnungen und Träume lösten sich. Sie begannen zu reden. Sie tauchten in ihre gemeinsame Vergangenheit ein und frischten alle ihre Ziele auf, die sie sich damals gesetzt hatten. Klara war glücklich. Ihr Traum war wahr geworden. Sie war mit Max wieder zusammen, wieder vereint. Die Liebe war noch immer da, als wäre sie nie weg gewesen. Alles dazwischen war wahrscheinlich nur ein Traum.

Das Kind in Klaras Bauch bewegte sich unruhig. Sie verspürte einen Schmerz und musste tief Luft holen. Erschrocken fasste sie sich am Bauch, dann kam der Schmerz wieder und sie bekam kaum Luft. Sie bemerkte noch die roten Backen von Max und seine glühenden Augen. Er lächelte sie an und sagte ruhig: „Das Baby kommt." Klara beruhigte sich. Sie hatte ja schließlich einen der besten Gynäkologen vor sich. Er half ihr sich zu beruhigen, sich am Stamm eines Baumes anzulehnen. Er atmete gemeinsam mit ihr eine Weile, bis sich in ihr alles beruhigte. Es schien ein falscher Alarm gewesen zu sein.

Erleichtert wischte sich Klara ihre schweißnasse Stirn ab, schüttelte den Kopf, als wollte sie es nicht glauben. „Was mache ich hier eigentlich? Wo war ich gerade? Habe ich gerade ernsthaft über eine mögliche gemeinsame Zukunft mit Max nachgedacht? Was geschieht hier? Was soll das? Gestern am Abend war ich der glücklichste Mensch auf Erden. Alles war in Ordnung, alles war so, wie es sein sollte. Ich konnte es fühlen, die Rückkehr zu Jan. Ich war auf dem richtigen, auf meinem Weg." Erschüttert über ihre verwirrten Gefühle, schüttelte sie noch einmal den Kopf und schaute Max prüfend an, der gerade dabei war ihr etwas besonders Wichtiges zu sagen und es ging auch gleich los: „Klara, die ganze Nacht habe ich nachgedacht. Keine einzige Sekunde habe ich meine Augen zugemacht, habe alle Möglichkeiten durchdacht. Das kann doch kein Zufall sein, dass wir uns wieder getroffen haben. Ich sehe es als ein Zeichen. Ich glaube, wir haben eine zweite Chance bekommen. Ich kann es fühlen in meinem Herzen. Es tut mir sehr leid, dass es so gelaufen ist, wie es gelaufen ist, ich weiß – man kann es nicht mehr rückgängig machen. Aber wir können noch einmal, klüger, auf einer neuen Ebene anfangen. Ich bin mir sicher, du fühlst es auch, dass zwischen uns diese ewige, unsichtbare Verbindung ist. Jetzt können wir alle unsere Träume von damals verwirklichen. Ich weiß, ich weiß – es kommt alles sehr plötzlich. Ich würde ja warten, gäbe es die Zeit dazu. Die Sache ist die, in einer Woche reise ich für drei Jahre ab. Ich habe einen Vertrag im Ausland unterschrieben, ich wollte einfach nur noch weg von hier. Es hat mich hier nichts mehr gehalten. Ich kann aus dem Vertrag nicht aussteigen, aber vielleicht … wenn du mitkommen würdest … könnten wir an einem neuen Ort – so wie wir es einst wollten – gänzlich neu, gemeinsam anfangen. Ich weiß, ich weiß – du hast einen Mann und du bekommst bald ein Kind von ihm … aber … ich musste es dir sagen. Auch wenn nur eine kleine Wahrscheinlichkeit besteht, dass du „ja" sagst, musste ich es dir sagen, es probieren – sonst würde ich für den Rest meines Lebens keine Ruhe mehr finden."

Klaras Augen waren weit aufgerissen. Ihr Herz pochte, das Kind bewegte sich unermüdlich in dem engen Bauch, als würde es ihr etwas sagen wollen. Sie wollte es nicht glauben. Zwei Zeitebenen, zwei Welten schienen sich zu kreuzen. Sie spürte deutlich zwei Klaras in sich. Klara eins, die vor Glück weinte – endlich ist das geschehen, nach dem sie sich so lange gesehnt hatte, endlich könnte sie wieder aufleben und alle ihre Träume wahr werden lassen. Klara zwei staunte, wie es so etwas – jenseits jeglicher Vernunft – überhaupt geben konnte. Eine göttliche Laune? Ein Zufall? Mit dem Verstand nicht erklärbar. „Hatte Klara eins die ganze Zeit über Recht, dass sie die Vergangenheit nicht loslassen, die Hoffnung nicht aufgeben wollte?", fragte sich Klara zwei verwirrt und kannte sich diesmal selbst überhaupt nicht aus. In solchen Momenten vertraute und hoffte Klara auf ihren vernünftigen Teil. Sie wartete, bis es ihm von dem emotionalen Durcheinander reichte und es bald kompromisslos einen kurzen Prozess mit der ganzen Träumerei machte. Und gerade solche vernünftige Vorschläge, Ratschläge wären in dieser Situation dringend notwendig. Aber nein! Klara zwei schien Klara eins entsetzt zuzuschauen. Sie schien sie um ihr eindeutiges Glücksgefühl zu beneiden. Klara selbst konnte es nicht fassen – Klara zwei in ihr war ratlos und begann verwirrt zu weinen. Sie wusste nicht, was jetzt das Richtige war. Es konnte doch nichts Falsches daran sein, wenn man glücklich ist, oder?

„So geht es nicht weiter! Klara eins, Klara zwei hin oder her. Mädels, wenn notwendig, erschaffe ich mir Klara drei oder ich übernehme einfach hier die Führung. In diesem Zustand können wir nichts sagen, nichts entscheiden, nichts wirklich fühlen. Ich weiß nicht, was hier los ist, aber ich brauche Ruhe und Abstand. Gefühle sind eine schöne Sache, aber ich kann nicht sagen, ob es echte Gefühle oder nur Vergangenheitssehnsüchte sind." Ein wenig traurig schaute Klara Max an und sagte zu ihm: „Max, ich weiß nicht. Das ist alles so verwirrend. Wäre es nur bei der gestrigen Begegnung geblieben, wäre alles perfekt gewesen. Ich kann dir nichts sagen. Ich merke, ich habe Gefühle für dich – aber! Ja klar, ich habe dich einmal aus ganzem Herzen geliebt. Glaubst du, das vergeht jemals? Glaubst du, wenn einmal irgendwo Liebe war, dass sie je vergehen kann? Ist Liebe nicht doch ein dauerhafter Zustand? Ein ewiger Zustand? Ich weiß es nicht. Bitte fahre mich ins Hotel. Ich wollte heute abreisen, aber ich bleibe noch eine Nacht. Ich rufe dich morgen an. Ich muss einen klaren Kopf bekommen. Dein Vorschlag macht mich sehr glücklich. Sicher ist ein Teil von mir da, der sich nach so etwas sehnte, der es als Genugtuung für die ganze schwere, traurige Zeit und als logische Folge unserer Begegnung und Bestätigung unserer Liebe sieht. Aber Max, dieser Teil, diese eine Klara ist nur einer von mehreren Teilen in mir, die inzwischen andere Träume, andere Sehnsüchte, andere Prioritäten haben, die, wie es mir auch gestern und dank dir erst bewusst geworden ist, glücklich sind. Und ich weiß wirklich nicht, was ich als Klara – in meiner Gesamtheit – will. Die ganze Zeit war ich gewohnt, mich auf das Vergessen und Loslassen auszurichten. Und jetzt? Ich habe echt keine Ahnung. Bitte fahre mich jetzt ins Hotel."

Die Stimmung im Auto war traurig, aber sehr ruhig. Sie hatten sich nichts zu sagen. Alles hing jetzt von Klaras Entscheidung ab.

Endlich auf dem Zimmer, wickelte sich Klara in die Bettdecken ein und weinte. Schon wieder! Stille Tränen spülten wie ein ausgiebiger Regen die unerfüllte, unbefriedigte Vergangenheit und erträumte Zukunft, die keine Zukunft mehr war, weg. Sie wusste gar nicht, warum sie weinte. Sie war leer. Innerlich leer. Alles war weg. Jedes Gefühl, jeder Gedanke, alles. Als wäre sie tot. Das Einzige, was in dem Moment in ihr lebendig war, war das Kind. Es wartete geduldig, bis der klärende Regen vorbei sein würde. Es wusste, dann würde die Sonne und mit ihr ein neuer Tag aufgehen.

Klara stand auf, füllte die Badewanne mit Wasser und tauchte ein. Sie fühlte das endlose Vertrauen des Kindes zu ihr. Das Kind wusste, egal wie sie sich entscheidet, es würde alles richtig sein. Das Kind stellte keine Bedingungen. Das Kind war bereit, Klara anzunehmen, so wie sie war, egal wie sie sich entscheiden sollte.

Das besorgte Gesicht von Jan tauchte vor ihrem inneren Auge auf. Ein tiefes Gefühl der Nähe und Vertrautheit erfasste Klara. Er war es! Er war es, der sie in allen ihren Teilen kannte, der jeden Teil von ihr liebte. Er war es, bei dem sie sie selbst sein konnte, ohne zu wissen, wer sie wirklich war, ohne jemand Bestimmtes sein zu müssen. Er war es, den sie in allen ihren Teilen liebte und fühlte. Er war es, mit dem sie ihr Jetzt und die Zukunft verbringen wollte.

Klara entschied sich: Sie würde nicht bis morgen warten. Nach dem Bad würde sie Max anrufen, ein Taxi bestellen und dann gleich losfahren. Zurück zu Jan und zu sich selbst.

Erleichtert entspannte sie sich. Das warme Wasser machte sie müde, sie nickte ein wenig ein. Ein seltsames Gefühl weckte sie wieder. Sie hatte keine Ahnung, wie viel Zeit vergangen war. Es konnte eine

Minute, aber auch eine Ewigkeit gewesen sein. Jans Gesicht sah sie aber immer noch vor ihren Augen. Ganz nah bei ihr. Halb lächelnd, halb besorgt schaute er sie an. Klara wollte sich bewegen, um ihre Augen frei zu wischen, erst dann merkte sie, dass sie nicht mehr in der Badewanne war. Sie lag in ihrem vertrauten Bett. Im gemeinsamen Bett mit Jan und …

… neben ihr lag ein winzig kleines Päckchen. Der kleine Zwerg schlummerte ganz zufrieden an ihrer linken Seite. Jan, sichtlich erschöpft, aber glücklich, hob das Kind und legte es ihr an die Brust. Klara kannte sich überhaupt nicht aus. Wie ist es geschehen? Wann ist es passiert und warum ist sie wieder im Container? War sie im Container?

Das Baby bewegte seine Händchen, streckte seine kleinen Fingerchen und rümpfte die Nase. Ein unbeschreibliches Gefühl, eine unbeschreibliche Wärme durchströmte Klara. Ja, sie war zu Hause!

Dankbar schaute sie Jan an. Alles war gut gelaufen. Sie blickte sich im Raum um und sah noch das Geburtschaos. Langsam begann ihr „normales" Bewusstsein zurückzukehren. Sie sah um sich alle Sachen, die sie selbst nach Anweisungen eines Ratgebers für Hausgeburten vorbereitet hatte. Sie erinnerte sich wieder, wie ihre Wehen gekommen waren und wie Jan das für die Geburt vorbereitete Becken mit warmem Wasser eingelassen hatte.

Konnte es sein? Konnte es sein, dass sie gar nicht weg war?

War das alles nur ein Traum?

Teil 3

Aus der Tiefe

Das Unbekannte

„Das Experiment“ S. 27

Aufgrund der Angst vor dem Unbekannten halten wir uns unbewusst an einem unangenehmen und auch oft verhassten Zustand fest. Er stellt eine bestimmte Sicherheit, eine wenn auch unangenehme Stabilität in unserem Leben dar, die wir schwer loslassen können.

Unbewusst unterstützen, provozieren, erneuern und fordern wir oft den ungünstigen Lebensumstand heraus, der ein Teil von uns geworden ist.

Die Angst davor, die letzte Sicherheit, das Bekannte und einen Teil von sich zu verlieren, ist häufig die Ursache, die uns daran hindert, unser Leben, unsere Situation zu verändern, auszubrechen und andere, neue Möglichkeiten zu entdecken.

Sinn

„Das Experiment“ S. 35

Das mangelnde Vertrauen in die übergeordnete Führung, das mangelnde Vertrauen, dass alles, was uns in unserem Leben begegnet, einen Sinn und einen Zweck hat, uns in eine bestimmte Erfahrung lenkt, um wachsen, erkennen, bewusster werden zu können, lässt uns wie automatisch viele Impulse und Möglichkeiten in einem bedrohlichen Licht sehen.

Wir bekommen es mit der Angst zu tun, hören auf, unserem Gefühl zu vertrauen, schalten um auf den Verstand, lassen unsere Wahrnehmung verkümmern und verwenden unsere gesamte Energie für das krampfhafte Aufrechterhalten des Alten, des Gewohnten.

Als Folge des Nichthörens auf die innere Stimme macht sich Frust und Schuldgefühl in uns breit.

Hilfe

„Das Experiment“ S. 39

Oft hoffen wir auf ein Wunder, flehen nach Hilfe, einem Impuls, einer Veränderung. Unbewusst halten wir aber an einer genauen Vorstellung davon fest, wie diese Hilfe, die Veränderung geschehen soll und lassen dadurch bestimmte kreative, klärende, heilende Energien und Situationen gar nicht zu.

Tage-, monatelang drehen wir uns in einem Kreis der Gedanken, aus dem wir beim besten Willen nicht aussteigen können und sehen das nicht, was in unserer unmittelbaren Nähe für uns bereit liegt. Wir ahnen, dass wir uns verfahren, dass wir in diesem Moment keinen Weitblick haben, dass wir in uns verfangen, benebelt und beengt sind und trotzdem glauben wir zu wissen, was für uns das Beste ist.

Wie können wir in einem solchen (verlorenen, verwirrten, luftigen, entfernten) Zustand wissen, welche Veränderung, welche Hilfe, welche Idee wir eigentlich brauchen? Wir sind doch blind, taub, benebelt, wir kennen uns nicht aus …

Warum geben wir den neuen Impulsen, die wir doch irgendwo erahnen, wie verrückt sie auch zu sein scheinen, nicht eine Chance? Wieso lehnen wir sie von vornherein ab? Haben wir denn nicht schon alles andere ausprobiert?

AUSRICHTUNG

„Das Experiment" S. 41

Es müssen scheinbar unerwartete Dinge geschehen, die wir uns augenblicklich nicht erklären können.

Das Ziel solcher Momente scheint zu sein, unser eingefahrenes Denken zu durchbrechen, unsere Vorstellungen aus der Bahn zu werfen, den erstarrten Blick zu verschieben, um unserem Geist eine neue Ausrichtung zu geben.

Unsere Angst, unsere Schuldgefühle, emotionale und mentale Programme, die in uns, unseren Zellen gespeichert sind, scheinen uns daran zu hindern, die reichende, helfende Hand hinter diesen Ereignissen zu sehen.

In Panikreaktion, Furcht und Sorge lehnen wir ahnungslos des Öfteren gerade die Hilfe ab, auf die wir so sehnsüchtig gewartet haben.

Heilung

„Rückholaktion" S. 47

Manchmal haben wir selbst erkannt, dass wir eine Heilung benötigen.

Nur unsere Vorstellungen, wie diese Heilung erfolgen soll, wie sie sich anfühlen soll und wie wir uns fühlen sollen, wenn wir gesund und heil sind, gerade diese Vorstellungen und Erwartungen, die unseren Ängsten, Mustern, Überzeugungen und vergangenen Erfahrungen entspringen, genau diese können den gesamten Heilungsprozess und das Heilwerden blockieren.

Die Umstände müssen sich scheinbar verschärfen, bis irgendetwas – der Verstand, die Überzeugung, die Vorstellung – in uns aufgibt, loslässt. Erst dann sind wir fähig, etwas Neues, Wunderbares, bis dahin Unbekanntes zu empfangen und durchfließen zu lassen.

Versprechen

„Rückholaktion" S. 53

Unsere eigenen Versprechen, Schwüre, Drohungen uns selbst, den anderen, oder sogar dem Leben gegenüber, entstehen oft in einem emotional stark geladenen Zustand. Dieser Zustand erzeugt ein Energiefeld, das mit uns möglicherweise, jenseits von Zeit und Raum, verbunden ist.

Egal, ob wir unsere Versprechen längst vergessen haben, sie als nicht mehr aktuell betrachten, die ursprüngliche Absicht, die starke emotionale Energie lebt oft noch und schreit nach Umsetzung, nach Verwirklichung.

Durch unser Unbewusstes werden wir dann in Situationen geführt, die von uns einen bestimmten oder besonderen Einsatz fordern, wo wir scheinbar gezwungen werden, gegen unseren Willen zu handeln. Währenddessen versucht aber ein unbewusster Teil von uns nur das, was er in früherer Zeit versprochen, sich vorgenommen hat, zu verwirklichen und/oder wir bekommen gleichzeitig die Chance in einer ähnlichen Situation wie damals unsere ursprüngliche Absicht aufgrund von Weiterentwicklung neu zu betrachten, zu überdenken, zu transformieren, zu heilen.

Antwort

„Besuch“ S. 61

Die ersehnten Impulse und Antworten, nach denen wir so lange gesucht, auf die wir gewartet haben, befinden sich oft in unserer unmittelbaren Nähe – in uns selbst.

Sie warten auf einen Augenblick, wenn Schichten von Trauer, Schmerz, alten Vorstellungen und Überzeugungen abfließen, von uns losgelassen werden und den Impuls, das Gesuchte für uns sichtbar, wahrnehmbar machen.

Es bedarf oft keiner speziellen Technik oder Erkenntnis. Es bedarf nur des Vertrauens auf unsere Führung, unseren Körper, uns selbst. Das Vertrauen, dass alles im Plan ist und zu jedem Zeitpunkt das Optimale passiert.

Wenn wir losgelassen haben, sind unsere Seele, unser Körper und unser Energiesystem im Stande, mit göttlicher Führung den notwendigen Reinigungsprozess zu starten und zu steuern, und das Gesuchte in unser Bewusstsein zu bringen.

Vertrauen

„Besuch" S. 63

Zu vertrauen heißt auch, darauf zu bauen, dass in jedem Augenblick gerade das Richtige für uns passiert, dass wir in dem jeweiligen Moment alle Mittel, Kräfte und Fähigkeiten zur Verfügung haben – auch wenn es uns gerade anders erscheint – um zu erkennen, zu ertragen, zu meistern.

Zu vertrauen heißt auch, darauf zu vertrauen, dass wir nicht alleine sind, dass wir in jedem Moment betreut, begleitet, geführt und beschützt werden und dass alles, was in unserem Leben passiert, zu unserem Besten ist.

Weltveränderung

„Besuch" S. 75

Seit Kleinkindtagen lebt in vielen von uns, wenn nicht in jedem, der motivierende, antriebgebende Gedanke, eines Tages durch eigenes Zutun unsere Welt verändern, verbessern zu wollen.

Der Impuls zur Weltveränderung scheint allgegenwärtig zu sein, und trotzdem lässt uns die Interpretation dieses Gedankens sich mit der Zeit wie ein Versager, Verlierer oder Schwächling zu fühlen.

Früher oder später, enttäuscht, ausgelaugt, desillusioniert, scheinbar am Ende der eigenen Kräfte, werfen wir möglicherweise das Handtuch, geben in einer Überzeugung auf, dass man selbst nichts taugt, dass man der Welt sowieso nicht mehr helfen kann und dass alle Bemühungen doch keinen Sinn haben.

Das Wesentliche

„Besuch“ S. 77

Die ganze große Welt verändern zu wollen scheint doch einer die menschlichen Kräfte und Möglichkeiten übersteigenden Sisyphusarbeit, einem Kampf gegen Windmühlen zu gleichen.

Die ganze Anstrengung und Mühe scheint von vornherein zum Scheitern verurteilt zu sein.

Eine bewusste Ausrichtung auf das Wesentliche, eine winzige Blickrichtungsverschiebung, eine bewusstere Sprache kann uns die ganze Problematik entschleiern und in einem klärenden Licht erstrahlen lassen.

Das Eigene

„Besuch“ S. 79

Die bewusste Verschiebung von der weiten, großen Welt zu der EIGENEN „kleinen“ Welt, der Welt der EIGENEN Gedanken und Emotionen, der Welt des EIGENEN Handelns und Tuns, der Welt der EIGENEN inneren Impulse, der EIGENEN Herzenswünsche und die Konzentration auf den sehnlichen Wunsch, die EIGENE WELT verbessern und verschönern zu wollen, sie friedvoller und liebevoller gestalten zu wollen, kann sich sehr schnell anfangen in unserer EIGENEN Einstellung, im EIGENEN Alltag, in der EIGENEN Umgebung zu spiegeln und die ersehnten Früchte zu tragen.

Nicht ohne Grund sagt man im Volksmund:
„Du bist deines Glückes Schmied“, „Veränderst du deine Gedanken, verändert sich deine Welt“, „Wie du säst, so wirst du ernten“,

und um sich auf das EIGENE auszurichten, kann man auch sagen:

– Ich bin der Schmied meines Glücks –

– Mit meinen Gedanken verändere ich meine Welt –

– Wie ich säe, so ernte ich –

Horizonterweiterung

„Trennung“ S. 87

Die Verschiebung unseres Blickwinkels, die Erfahrung einer neuen Ebene, die Begegnung mit einer fremden Welt, einer anderen Ansicht kann unseren Horizont, unser Verständnis, unser Bewusstsein erweitern.

Der Weg zurück zur alten, gewohnten Sicht der Dinge und der Welt, sowie zurück zum „alten Ich“, das noch nicht sah, nicht hörte, nicht erfahren hatte und sich nicht bewusst war, ist kaum oder nur mit viel Mühe, Selbstblendung und Selbstlüge möglich.

Wir sind so – wie wir sind. Jeden Moment in einer Erfahrung, jeden Moment in Entwicklung und Bewusstwerdung.

– Ich bin so wie ich bin –

Frage

„Vernunft“ S. 103

Fragen können die Welt und das Bewusstsein verändern. Eine Frage zu formulieren heißt, eine passende Telefonnummer in die Unendlichkeit zu wählen, ein Code, der das Gesuchte aus dem Meer der Informationen auf dem anderen Ende des „Hörers“ erklingen lässt.

Eine Frage zu stellen ist nicht leicht und eine „richtige“ Frage zu stellen, die einem das verrät, was man wirklich sucht, was man finden will, ist noch schwerer.
Hat man die Frage einmal gefunden, kennt man meistens auch schon die Antwort. Kennt man die Frage noch nicht, soll man zuerst nach ihr und nicht bereits nach einer Antwort suchen.

Die Vorstellung, wie eine Frage ausschauen soll, die Vorstellung, wie eine Antwort lauten soll, kann behindernd sein, sie lässt uns nicht hineinhören und nicht hineinsehen weil …

eine Frage kann doch auch sein:

„Was soll ich fragen?“, oder „Wie lautet meine Frage hier und jetzt?“

und eine gesuchte Antwort, in der die gesuchte Information enthalten ist, auch wenn es vielleicht nicht so scheint, kann lauten:

– Alles ist in Ordnung, alles ist im Plan –

Träume

„Traum“ S. 113

Was ist ein Traum und was die Wirklichkeit? Welche Träume sind dafür da, um wahr zu werden? Und hat man überhaupt einen Anspruch, ein Recht seine Träume zu leben, sie zur Realität zu machen, oder ist schon selbst das Streben nach so etwas eine reine Träumerei?

Kann es möglich sein, dass man seine Träume und Herzenswünsche, die eines Tages Wirklichkeit zu werden „drohen“ – aus Angst, dass die Realität anders als erträumt ist, aus Angst, dass man sich (ent)täuscht und damit die schöne „Einmalwirdallesgut“-Illusion für immer verliert, aus Angst, dass man plötzlich „traumlos“ bleibt – also kann es sein, dass man aus diesen Ängsten die Träume ewig unter Verschluss hält, ständig in gleicher unerreichbarer Entfernung vor sich schiebt, gar nicht wahr werden lassen will?

Kann es sein, dass die Funktion der Träumerei eigentlich „nur“ die Unterstützende, die Unterdiearmegreifende, die Nachvorschauende, die Treibende, Hoffnung-, Aussicht-, Lichtblickgebende ist?

Was würde passieren, wenn ein Traum wahr würde, wenn plötzlich alle Träume erfüllt wären? Ist es dann aus und vorbei? Keine Träume mehr? Kein Hoffen, kein Lichtblick? Erwartet einen dann nichts mehr? Kein großes Glück, keine große Liebe? Aber lebt man es dann doch nicht bereits? Befindet man sich dann nicht gerade mitten in der erträumten Wirklichkeit?

Erkennen

„Annäherung“ S. 135

Viele von uns tragen einen oder mehrere persönliche Container in sich und um sich.

Er entsteht beispielsweise aufgrund früherer Traumen, Situationen und Gefühle, bei denen wir uns augenblicklich nicht zu helfen wussten, von denen wir uns überrollt, überfordert fühlten, die uns nicht atmen, schlafen, leben ließen und genau von diesen wollen wir uns unbewusst trennen, abspalten.

Sie stellen Kräfte dar, die uns zu schwächen scheinen, die uns nicht den gewohnten Weg gehen, das gepflegte Image nicht wahren lassen.

Wir versuchen gewisse Teile von uns, welche mit diesen Erfahrungen verbunden sind, tief ins Unbewusste zu verbannen, damit sie endlich aufhören an uns zu rütteln, uns in Verlegenheit, Unsicherheit und Verrücktheit zu bringen. Wir versuchen um sie hohe Mauern zu erschaffen, wir verbarrikadieren den Rest von uns vor ihnen, damit unser Leben den Erwartungen und Vorstellungen entsprechend weitergehen kann.

So geteilt, gespalten beginnen wir die Welt um uns geteilt, gespalten – vor und hinter der Mauer zu erleben …

Getrennt

„Annäherung" S. 139

Diese getrennten Teile sind es, die wir zu erreichen versuchen, wenn wir uns selbst spüren, wenn wir kreativ, sensibel, schöpferisch sein, wenn wir endlich unseren eigenen Weg gehen wollen. Unglücklich stehen wir vor dicken, undurchdringlichen, gut bewachten Wänden und verstehen die Welt nicht mehr.

Wir fragen uns, weswegen haben wir es verdient, so eingesperrt, so isoliert, so unsichtbar und unerreichbar zu sein …

Endlich einmal über die selbst erschaffene Grenze geklettert, begegnen wir zuerst unserem verwundeten, abgelehnten, nicht geschätzten Selbst, das verständlicherweise manchmal, statt uns mit offenen Armen willkommen zu heißen, mit einem Vorwurf und Trotz in den Augen uns nicht näher zu sich lässt.

Sich in Liebe und Verständnis für eigene Grenzen, Wunden, Ablehnung, Vorwurf, Zweifel und Trotz anzunehmen, ist eine hohe Kunst, die mit Geduld erlernt werden kann.

Unzufriedenheit

„Kraft & Ohnmacht“ S. 169

Die permanente Unzufriedenheit mit uns selbst, mit dem, wie wir sind, kann eine treibende Energie sein, die uns zum Weitergehen, zum Umsehen, zum „Uns-selbst-bewusster-Werden“ motiviert. Sie kann uns aber auch (ver)leiten, (ver)führen, Lösungen für unsere gedachten Probleme statt bei uns selbst im Außen zu suchen, dort, wo wir in unserer Suche bestätigt werden und zu der „logischen“ Schlussfolgerung kommen, dass wir so, wie wir sind, nicht genügen, nicht in Ordnung sind.

Unbewusst springen wir auf einen Zug auf und fahren „hoffnungsvoll“, gemeinsam mit vielen anderen, die bereits im Zug sitzen oder noch einsteigen werden, in Richtung „besser, liebenswerter, kraftvoller werden“.

Diese Strecke scheint aber keine Station, kein Ende zu haben. Kaum ein paar Schritte nach vorne, zu unserer „Vervollkommnung“ gemacht, wollen wir noch mehr, noch besser werden, ein Ende ist nicht in Sicht. Die Landschaft und das Leben rauschen an uns vorbei, der ersehnte Lohn, die Zufriedenheit, die Freude und das Glück stellen sich selten oder nur kurzfristig ein.

Erkannt

„Kraft & Ohnmacht“ S. 171

Ein Teil in uns fragt sich: „Was muss ich noch alles tun, um endlich gut genug zu sein, um erkannt, geachtet und geliebt zu werden?“

Würden wir kurz stehen bleiben und in uns lauschen, könnten wir in uns vielleicht dieses hören:

„Du bist in Ordnung, so wie du bist. Erkennst du dich nicht? Achtest du dich nicht? Liebst du dich nicht? Warum denn nicht? Was steht dir im Wege?“

– Du bist in Ordnung so wie du bist –

Beginn

„Heilungsprozess“ S. 201

Im Heilungsprozess beginnen wir uns nach und nach auf eine neue Weise zu erkennen. Wir spüren hinter unseren Taten, unseren Gedanken, unseren Sehnsüchten und Träumen einen tieferen Sinn.

Auf der Suche nach diesem Sinn beginnen wir die Vergangenheit – uns selbst – neu zu bewerten, analysieren, einzuordnen, zu zerpflücken. Im Glauben – es gehört sich so – stellen wir uns oft selbst an den Pranger, in der besten Absicht, endlich so die Wahrheit über uns zu erfahren. Tapfer bemühen wir uns, alles Verborgene, alle Schatten zu entlarven. Wir gehen mit uns hart ins Gericht, aus unserem aktuellen Bewusstsein werten wir unsere vergangenen „Ichs“ und beginnen uns plötzlich zu schämen, dass wir damals nicht gesehen, nicht besser gewusst haben.

Zweifel

„Heilungsprozess“ S. 203

„Wieso habe ich es damals nicht so gemacht, wie ich es heute tun würde? Wieso habe ich damals nicht das gesehen, was ich heute sehe?“

Dieses Kurzschlussdenken verursacht weitere Schuldgefühle, Schmerzen, Bedrücktheit und ein Gefühl der Ausweglosigkeit. Schließlich wissen wir, wir können die Vergangenheit nicht umkehren, wir können es nicht mehr gut, besser machen.

Wie sollen wir jetzt mit der Last unserer Erkenntnis leben? Wäre es doch nicht besser gewesen, blind und unbewusst zu bleiben? Hätten wir dann nicht weiter frei und im besten Glauben an das Gute in uns leben können?

Gordischer Knoten

„Heilungsprozess“ S. 205

Der Gordische Knoten ist in unserem gewohnten Denksystem versteckt: wir bewerten, urteilen, wollen alles einordnen. Wir lernten in Dimensionen von „gut“, „besser“, „am besten“, „schlecht“, „noch schlechter“ und „böse“ zu denken,

… und möglicherweise ist es einfacher als wir glauben:

jeder Augenblick ist einfach so wie er ist.

– Es ist so wie es ist –

Es ist so wie es ist

„Heilungsprozess“ S. 207

Wenn wir eines Tages erkennen, dass uns alles, was wir erleben, jede unserer Handlungen, jede Emotion und jeder Gedanke ein einmaliges, bewusstseinserweiterndes Erlebnis beschert …

wenn wir einmal verstehen, dass wir in jedem Moment – immer! – so handeln, wie es uns in diesem Moment am besten möglich ist und nicht anders …

wenn wir einmal lernen unsere Schuldgefühle loszulassen und unsere Schritte als Erfahrung, ohne sie zu bewerten, zu betrachten …

… dann kann in uns innere Ruhe und Gewissheit, dass alles gut ist so wie es gerade ist, einkehren.

Schuld

„Heilungsprozess“ S. 209

Eine Heilung geschieht nicht im Erkennen von Schuld und

eine Heilung geschieht auch nicht im Loslassen von Schuld – aus dem Wissen heraus, dass es keine Schuld gibt,

eine Heilung beginnt nicht durch Vergewaltigung seiner Selbst, an die Schuld nicht mehr zu glauben, sondern …

eine Heilung beginnt mit dem Erkennen, dass man sich noch immer schuldig fühlt und

eine Heilung beginnt auch mit dem Annehmen des eigenen Selbst, das irgendwo noch an Schuldigsein glaubt, also dann, wenn man lernt, sich so anzunehmen, wie man gerade ist.

Heilungsprozess

„Heilungsprozess“ S. 211

In Heilung zu sein heißt auch, immer mehr zu vertrauen, dass man sich selbst und die anderen eines Tages in Unschuld bzw. Schuldlosigkeit erkennt.

In Heilung zu sein heißt auch, zu wissen und zu vertrauen, dass Heilung ein stetiger Prozess ist, der immer voranschreitet und nicht rückwärts laufen kann.

– Heilung ist ein stetig voranschreitender Prozess –

Bewusstwerdung

„Vergangenheit" S. 221

Uns selbst, den Sinn unseren Seins sowie die Sinnhaftigkeit unserer Vergangenheit können wir immer nur unseres Bewusstseins- und Entwicklungsstandes entsprechend erkennen und verstehen. Während der Bewusstwerdung lernen wir, den Botschaften der Vergangenheit zu lauschen, die wir in verschiedener Form (Erinnerungen, Blockaden, Überzeugungen ...) in den Zellen abgelegt haben. Wie Zwiebel schält sich in uns eine Schicht nach der anderen, um im richtigen Moment alle in den Zellen und im Energiefeld gespeicherten Wegweiser auf die Oberfläche, in unser Bewusstsein zu bringen.

Wie automatisch werden wir in verschiedene Lebenssituationen geführt, welche uns helfen, gespeicherte Informationen zu befreien, sie zu erkennen, zu erleben und zu verstehen.

Oft scheint sich einiges zu wiederholen, wir denken – das hatten wir schon, das war schon einmal da, das hat man bereits verarbeitet – ja, aber auf einer anderen Ebene, in einer anderen Schicht, aus einem anderen Blickwinkel, mit einem anderen Bewusstseinsstand, der uns geholfen hat, auf der aktuellen Stufe zu stehen und das noch Unbewusste wieder neu, aus heutiger Sicht, zu betrachten.

„ES“

„Schmerz“ S. 241

Wir speichern Traumen, Kränkungen, Frust in uns, heben es in der Hoffnung auf, eines Tages eine Lösung, eine Antwort auf das „Warum?“ zu finden, bis eine Zeit kommt, wo das „Fass“ übervoll wird, kein einziges Tröpfchen mehr aufgenommen werden kann.

Wir sind müde, ausgelaugt, wollen nicht mehr. Das nächste Tröpfchen bringt das Gefäß zum Überlaufen, zum Explodieren – man kann es nicht mehr kontrollieren – man kann es nicht mehr ertragen, in sich tragen – es muss raus! Egal wo und wann.

Jetzt!

Jetzt in diesem Moment. Egal was passiert …

Man hat Angst, aber! „ES“ zu kontrollieren – das geht nicht mehr.

Jetzt

„Schmerz" S. 243

Schmerz, Trauer, Wut, Aggression, Angst, alles Gestaute, Angesammelte, nicht Angesprochene, jede scheinbar noch so bedeutungslose, winzige Kränkung drängt jetzt an die Oberfläche, will endlich erkannt, befreit, ausgesprochen werden. Die Zeit der Verdrängung, der Selbstignoranz scheint sich für einen Augenblick aufheben zu wollen. Egal, wo man gerade ist, was man gerade tut, das eine Tröpfchen zu viel bestimmt den Zeitpunkt.

Es ist Jetzt!

Und wenn nicht jetzt – wann dann? Wohin mit dem Ganzen? Ein neues Gefäß errichten? Noch mehr schlucken? Sich noch mehr zurücknehmen, würgen, festhalten? Wieso? Warum? Warten? Auf was? Bis wir uns selbst nicht mehr ertragen, nicht aushalten, nicht anschauen können? Bis uns das Umfeld noch mehr unser Leid spiegelt? Bis wir unserer Familie, unseren Freunden aus Angst, gleich zu explodieren, nicht mehr in die Augen schauen können?

– Es ist Jetzt –

Loslassen

„Schmerz“ S. 245

Ahnt man das Gefahrgut, das man die ganze Zeit über in sich trägt? Fühlt man die Stärke der innewohnenden explosiven Ladung? Die tickende Bombe? DAS alles weilt in uns? Ist „ES“ das, womit wir uns tagtäglich bemühen zurechtzukommen, was wir vor der ganzen Welt zu verbergen, die Welt, oder uns davor zu schützen versuchen?

Ist das der Sinn unseres Lebens, „ES“ zu sammeln, zu stauen, zu wahren, zu wachen, zu kontrollieren?

All die Kraft und Energie, die wir für „ES“ aufwenden …

Sind wir müde? Können, wollen wir nicht mehr? Haben wir genug? Ist uns alles egal? Ist dies der Moment, wo wir „ES“ nicht mehr aushalten wollen, und/oder können?

Wieso haben wir so lange gewartet? Wieso musste „ES“ so groß werden?

Lassen wir „ES“ jetzt im Vertrauen los, dass wir geführt werden und dass das Optimale geschieht?

Aktuelle Informationen zu Seminaren, Workshops und anderen Veranstaltungen der BewusstseinsAkademie®, sowie zu weiteren Büchern, die im Verlag der BewusstseinsAkademie® erschienen sind, finden Sie unter:

www.BewusstseinsAkademie.com

Aktuelle Artikel der Autorin Kristina Hazler sowie Informationen zu Ihrer Beratungs-, Coaching-, Training- und Therapietätigkeit u.a. auch zum Thema Hochsensibilität, Genialität, Aspektologie ... und ganzheitlichen physischen, psychischen und energetischen Konditionsaufbau finden Sie unter:

www.KristinaHazler.com

Bücher der Autorin, aktuelle Textartikel und Ausbildungseinheiten zum Download, finden Sie in unserem online-Shop wo Sie auch Seminare und Beratung direkt buchen können:

www.BewusstseinsWelten.com

Der Mensch und seine Heilung

„Das göttliche Puzzle“

ISBN: 978-3-903014-00-8

Mit viel Gefühl und Phantasie führt die Autorin die Leserinnen und Leser mittels bunten Gedankenbildern und anschaulichen Beispielen durch die spannenden Zeilen des Buches und fordert sie auf, aus den eingefahrenen und vorgegebenen Vorstellungen, Überzeugungen und Verhaltensmuster auszusteigen, besser in sich selbst hinein zu hören und sich mehr bewusst zu werden. Akribisch, detailgenau und physisch fast spürbar legt sie den Beweis vor, wie der erste Schritt zur Heilung im eigenen Erkennen liegt.

BewusstseinsCoaching 1

„Das menschliche Paradoxon“

ISBN: 978-3-903014-04-6

Die als Bewusstseinscoach erfolgreiche Autorin beschreibt im Teil 1 der mitreißenden CoachingDialogen sehr persönlich und anschaulich die Möglichkeiten einer bewussteren Erfahrung unseres Selbst und unseres eigenen Lebens. Sie nimmt in ihren Geschichten den Leser mit auf eine packende Reise zum Verstehen und Erkennen des eigenen Ich. Durch eine ganz andere Betrachtungsweise und aus einem völlig veränderten Blickwinkel heraus leistet Kristina Hazler Hilfestellung, die Probleme etwas anders zu betrachten und zu erleben.

BewusstseinsCoaching 2

„Die verkehrte Logik“

ISBN: 978-3-903014-06-0

Dieses Buch ist der 2. Teil der aufbauenden Bewusstseins-Coaching-Reihe und spricht verschiedene „Virusprogramme“ unseres menschlichen Systems an, die wir in unserem Alltag unbewusst als „verkehrte Logik“ ausleben und aus ihr heraus eine Art verkehrter Welt um uns herum aufbauen. Der Weg aus dem „Verkehrten“, also zurück zu eigener Essenz und dem Natürlichen ist möglich, durch das Erkennen verdrehter Logik in unserem Leben und die Besinnung auf die natürliche, natürlich-logische Welt, die von der verkehrten nur überlagert wird.

BewusstseinsCoaching 3

„Die Kunst der bewussten Wahrnehmung“

ISBN: 978-3-903014-01-5

Dieses Buch ist der 3. Teil der aufbauenden Bewusstseins-Coaching-Reihe und beleuchtet die „Kunst der bewussten Wahrnehmung“, wie auch die vielen „Warum“-Fragen, die in unserem Leben auftauchen. Nach der verkehrten Logik aus dem Band 2 führt dieser Band wieder einige neue Begriffe, wie zum Beispiel den Wissenstransfer, ein und stellt die Technik der Kontrastmittel und der bewussten Wahrnehmung als weitere BewusstseinsInstrumente vor, während er uns nach und nach in einen Zustand begleitet, in dem wir fähig sind, unser eigenes „höheres“ Wissen ins Menschliche zu bringen, zu transportieren.

BewusstseinsCoaching 4

„Grenzgänger I"

ISBN: 978-3-903014-02-2

Wir leben in der Zeit der geistigen und seelischen Herausforderung. Wir überschreiten täglich unsere persönlichen (Schatten)Grenzen, die uns durch Erziehung und Ausbildung in die Wiege gelegt worden sind. Und doch sollen wir uns immer wieder ein Stück aus dem Geschehen herausnehmen, um kein gejagter und getriebener Grenzgänger zu sein und einen Augenblick in der Liebe zu all den Grenzen, die wir bereits passiert haben, zu verweilen, um uns selbst, dank ihnen, in einem Spiegel der erfolgreich gemeisterten Herausforderungen zu sehen und anzunehmen.

BewusstseinsCoaching 5

„Grenzgänge II"

ISBN: 978-3-903014-05-3

Dieses Buch ist der zweite Teil von „Grenzgänge", das als Teil 1 im Band 4 von BewusstseinsCoaching erschienen ist. Die „Grenzgänge" beleuchten verschiedene Arten von Blockaden, die uns unbewusst in Form von inneren Grenzen, energetischen Stauseen und Dämmen, die uns in einer Art künstlicher Welt einsperren, unseren Horizont verengen und das berühmte Hamsterrad am Laufen halten. Und was wenn die Grenzen fallen und die Dämme brechen und die Energie, das Bewusstsein, sich wieder zu bewegen beginnen? Worauf sollten wir achten um optimal auf „Neues" vorbereitet zu sein?

51378614R00196

Made in the USA
Charleston, SC
19 January 2016